G. Warneck

Pontius Pilatus, der Richter Jesu Christi

Ein Gemälde aus der Leidensgeschichte

G. Warneck

Pontius Pilatus, der Richter Jesu Christi
Ein Gemälde aus der Leidensgeschichte

ISBN/EAN: 9783743658585

Hergestellt in Europa, USA, Kanada, Australien, Japan

Cover: Foto ©Lupo / pixelio.de

Weitere Bücher finden Sie auf **www.hansebooks.com**

Pontius Pilatus.

Pontius Pilatus,

der Richter Jesu Christi.

Ein Gemälde aus der Leidensgeschichte.

Gezeichnet

von

G. Warneck,
Archidiakonus zu Dommitzsch.

Gotha,
Friedrich Andreas Perthes.
1867.

Inhalts-Verzeichniß.

		Seite
I.	Zur Orientirung	1
II.	Der Empfang der Kläger	11
III.	Das erste Verhör des Verklagten	24
IV.	Der Schlüssel zum Herzen des Richters	42
V.	Ich finde keine Schuld an ihm	60
VI.	Die Sendung zu Herodes	81
VII.	Barrabas oder Jesus?	99
VIII.	Züchtigen und Loslassen	114
IX.	Sehet welch ein Mensch!	137
X.	Noch einmal ins Gewissen	153
XI.	Der Ausschlag	179
XII.	Die Rechtfertigung	196

I.
Zur Orientirung.

Pontius Pilatus spielt ohne Zweifel eine hervorragende Rolle in der Leidensgeschichte Jesu Christi. Mit besonderer Ausführlichkeit berichten die heiligen Evangelisten, was vor seinem Richterstuhle geschehen ist. Wol hatte das höchste geistliche Gericht zu Jerusalem den Sohn Gottes des Hochgelobten bereits zum Tode verurtheilt und gern hätten die Richter des jüdischen Volks ohne Zuziehung des römischen Landpflegers das Todesurtheil auch vollzogen, wenn sie nur das Recht dazu gehabt und sich nicht andre erhebliche Gründe gegen eine ungesetzliche Hinrichtung geltend gemacht hätten. So unangenehm es ihnen auch war, sie mußten sich die Erlaubniß zur Kreuzigung von Pilatus holen, der damals an der Spitze der römischen Obrigkeit im jüdischen Lande stand und über Leben und Tod allein rechtmäßig zu entscheiden hatte. In seine Hand war also — menschlich geredet — Leben oder Tod des Sohnes Gottes, des Heilandes der Welt, gelegt. Daß aber der Mann, welchem der Vater alles Gericht übergeben hat, ja dem alle Gewalt gehört im Himmel und auf Erden, daß der vor das Gericht des Pilatus gestellt wird, das giebt diesem Richter eine Berühmtheit, die vor und nach ihm kein Richter auf Erden erlangt hat. Aber der feige Richter beugt das Recht, er kriecht nach unten vor der

Stimme der öffentlichen Meinung und erzittert nach oben vor den Launen des Kaisers — er verurtheilt den Heiligen und Gerechten, von dessen Unschuld überzeugt zu sein er wiederholt bekennt, und so begeht er den fluchwürdigsten Justizmord, von dem die Weltgeschichte zu erzählen weiß. Das hängt eine Schande an den Namen des Pilatus, wie sie keines andern Richters Namen entehrt. Unzertrennlich für ewige Zeiten ist nun der Name des Pontius Pilatus mit dem Bilde des Gekreuzigten verbunden und so oft wir mit der gesammten Christenheit, die unter dem Himmel ist, in unserm apostolischen Glaubensbekenntniß bekennen: „gelitten unter Pontio Pilato", so oft wird zu seiner Schande gesagt, was er an unserm HErrn Jesu Christo gethan hat, so daß also seine Sünde geschrieben ist „mit eisernen Griffeln und spitzigen Demanten an den Hörnern der christlichen Altäre".

Und doch war von Haus aus Pilatus nicht Christi Feind. Wegen seiner völligen Gleichgiltigkeit in religiösen Dingen nahm er überhaupt kein Interesse an Jesu Christo. Allein nicht blos der fanatische Haß eines Kaiphas, sondern auch die religiöse Gleichgiltigkeit eines Pilatus nimmt zuletzt Partei gegen den Heiland. Wer sich der Entscheidung für Christum enthalten will, folgt der allgemeinen Meinung, welche das Evangelium verwirft. Ein berühmter Vertheidiger der göttlichen Offenbarung hat gesagt: „nicht behaupten, daß Gott ist, heißt behaupten, daß Gott nicht ist". Sich nicht für Jesum Christum bestimmen, heißt sich gegen ihn bestimmen. „Wer nicht mit mir ist, der ist wider mich", sagt daher der Heiland. In jeder Entscheidungsstunde bewahrheitet sich dieser Ausspruch handgreiflich. Die religiöse Gleichgiltigkeit umgiebt sich zwar gern mit dem Heiligenscheine großer Friedensliebe und Duldsamkeit und wird daher nicht selten von der Welt als eine Tugend gepriesen. Allein in der Stunde der Entscheidung wirft sie die Maske ab und tritt mit ihrer verborgenen Feindschaft offen hervor. Ja, um ins Himmelreich zu kommen, ist die religiöse Gleichgiltigkeit — der Indifferentismus — am Ende noch ein größeres Hinderniß als der pharisäische Fanatismus. Die Geschichte lehrt uns wenigstens, daß aus dem Pharisäer Saulus ein Paulus geworden; aber die drei römischen Landpfleger, von denen das neue Testament erzählt und die in ihrer Gleichgiltigkeit gegen die Religion aufs Haar sich ähneln, haben sämmtlich das Zeugniß der göttlichen Wahrheit vergeblich gehört.

Pilatus war gleichgiltig gegen den Heiland, weil er überhaupt ohne religiösen Glauben war. „Wo aber erst der Glaube an die ewige Wahrheit ein eitler Schall geworden, da wird auch Gerechtigkeit und Tugend ein eitler Name." Wer dem Worte Gottes nicht mehr glaubt, der gehorcht auch den Geboten Gottes nicht mehr lange. Weder angeborene Gutmüthigkeit, noch natürliche Gerechtigkeitsliebe, noch Bildung, noch Ehrgefühl kann einem solchen Menschen festen Halt geben in der Stunde der Gefahr. Wer keinen lebendigen Gott hat, den er fürchtet, der handelt wie der Eigennutz oder die Furcht oder die Eitelkeit ihn treibt, der opfert Tugend, Recht und Gewissen, wenn sie irgend einem irdischen Interesse hinderlich im Wege stehen. Auch die Weisheit auf der Gasse hat das erkannt, daher das Sprichwort: Fürchte Gott — thue recht, scheue niemand. Freilich die Leute, welche dies Wort besonders gern im Munde führen und damit sagen wollen: man braucht gar keinen Glauben zu haben und kann doch ein rechtlicher Mensch sein — die pflegen sich am wenigsten darnach zu richten und sie sind sonderbar verblendet, daß sie sich auf ein Wort berufen, durch welches sie gerichtet werden, denn gerade sie fürchten Gott nicht und thun daher unrecht in Masse und stecken voll der feigsten Menschenfurcht. An Pilatus wird es recht klar, daß, wer Gott nicht wahrhaft fürchtet, auch nicht recht thut und nicht frei von Menschenfurcht und -knechtschaft ist. Weil dem Pilatus Gottesfurcht und Glaube fehlt, daher fehlt ihm auch die Entschiedenheit, die den Muth hat, unter allen Umständen recht zu thun, sich weder durch Lockungen noch durch Drohungen von dem rechten Wege abbringen zu lassen und auch unter den ungünstigsten Verhältnissen wider den Strom zu schwimmen. Pilatus ist ein schwankendes Rohr, ein charakterloser, unentschiedener Mann, der zwischen Wahrheit und Lüge, zwischen Recht und Unrecht noch eine goldne Mittelstraße sucht und sich auf die abschüssige Bahn der Zugeständnisse drängen läßt. Wer aber einmal die feste Stellung auf dem Grunde der Wahrheit und des Rechts verläßt und die schiefe Ebene der Vermittlungen und Zugeständnisse betritt, bei dem ist dann kein Halten mehr, der muß einen Posten nach dem andern preisgeben, bis er endlich das ganze Feld dem Feinde geräumt hat. Wer zu schwach ist Christi Freund zu werden, der wird zuletzt aus lauter Schwäche Christi Feind und wer's nur halb mit dem Himmel halten will, der verfällt am Ende ganz der Hölle.

Es hat nicht an Leuten gefehlt, welche den Pilatus weiß zu waschen versucht haben. Nun ist es ja fein und löblich, den Nächsten entschuldigen, Gutes von ihm reden und alles zum Besten kehren — allein es ist doch nicht minder falsches Zeugniß, jemandem Tugenden andichten, die er nicht hat, wie ihm Fehler nachsagen, die er nicht hat, ja es ist am Ende eine schwerere Versündigung, aus schwarz weiß, als aus weiß schwarz zu machen. Wenn man mit den sittlichen Begriffen Taschenspielerkünste treibt, den Sünden schöne Namen giebt; z. B. Unglauben — Aufklärung, Gleichgiltigkeit — Duldsamkeit, Menschenfurcht — Klugheit, Charakterlosigkeit — Milde, Gewissenlosigkeit — Menschenfreundlichkeit, auf zwei Achseln tragen — goldne Mittelstraße, Concessionenwesen — Brückenschlagen und dergleichen nennt, so bewirkt das entschieden ein größeres Verderben, als wenn man wirklich vorhandenes Gute zu sehr ins Graue malt. Schwarzseherei ist vom Übel und kann viel Schaden anrichten, aber Schönfärberei ist noch mehr vom Übel, denn sie untergräbt die Fundamente der Moral. Man muß dieser schlechten Kunst der Schönfärberei daher nachdrücklich entgegentreten, besonders in unserer Zeit, die es in ihr so weit gebracht und eine bewundrungswürdige Fertigkeit darin erlangt hat, den schlimmsten Sünden die schönsten Namen zu geben; man muß dieser Taschenspielerkunst entgegentreten auch auf die Gefahr hin, für einen Schwarzseher gehalten zu werden. Es ist eine verwerfliche Kunst, andre schwarz zu malen, um sich selbst dadurch weiß zu brennen, aber es ist eine mindestens ebenso verwerfliche Kunst, andre weiß zu brennen, um dadurch die eigne Schwärze zu übertünchen. Die rechte Liebe freuet sich allezeit der Wahrheit und übet Gerechtigkeit, auch wenn der Beurtheiler selbst unter ihr Gericht fällt. Wir wollen es daher versuchen, den Pilatus zu zeichnen, wie er wirklich gewesen ist, nicht schlechter, aber auch nicht besser, und dann den Muth haben, uns selbst in diesem Spiegel zu beschauen, ob nicht auch wir gewisse Züge dieses Bildes an uns tragen.

Selbstverständlich ist das die Absicht, welche wir mit der Charakterzeichnung des Pilatus verfolgen. Es kann sich nicht darum handeln, den Pilatus zu einer Art Romanhelden zu machen, der uns einige Zeit unterhalten soll, auch nicht darum, durch Erforschung seines Charakters nur unsre Menschenkenntniß zu bereichern, am wenigsten darum, unsre Selbstgerechtigkeit zu nähren, daß wir uns stolz in die Brust werfen und sprechen: „ich danke dir, Gott, daß ich nicht bin wie dieser Pilatus". Uns zur Lehre und Warnung wollen wir den Pilatus betrachten. Dazu hat uns Gott in der heiligen Schrift soviele Menschen zeichnen lassen, damit es uns an lebendigen Vorbildern und Warnungstafeln nicht fehle und daß wir uns desto gründlicher kennen lernen. An den Menschen, welche die Schrift uns zeichnet, soll uns offenbar werden, was im eignen Herzen steckt. Wie die größten Heiligen, welche die Schrift uns vorführt, Menschen sind wie wir, deren Tugenden wir nachahmen können, so sind auch die größten Verbrecher, die sie uns vorführt, Menschen wie wir, deren Laster dem Keime nach auch in unsrer Brust sich finden.

Man könnte die heilige Schrift eine Art Gemäldegallerie, ein Photographiealbum nennen, worin keiner sein eignes Porträt vergeblich sucht. Ja in jedem Bilde finde ich Züge, die ich auch an mir trage; leider sind sie nur viel häufiger verwandt mit Fehlern, die mir zur Warnung, als mit Tugenden, die mir zur Nachahmung vorgehalten werden. Wo ich daher an andern Sünden sehe, soll ich sie nicht anders richten, als daß ich die Sünden der eignen Brust mitrichte. Wir tragen alle im Grunde dasselbe Fleisch und Blut an uns, und dasselbe

Herz, das in deiner Brust schlägt, schlägt auch in der meinen.
Das ist nun gerade so meisterhaft an den Menschenzeichnungen
der heiligen Schrift, daß sie an den Eigenthümlichkeiten des ein=
zelnen Menschen immer das allgemein Menschliche hervortreten
läßt, so daß sie bei jeder Charakteristik für alle lehrreich schreibt.
Wol sind seit der Zeit, in welcher jene in der Schrift gezeich=
neten Menschen gelebt haben, viele Jahrhunderte verflossen, neue
Erfindungen und Entdeckungen in Menge gemacht und ist vieles
anders geworden an Sitten und Gebräuchen, aber das Men=
schenherz — wie es von Natur ist oder wie es durch die Gnade
wird — ist sich gleich geblieben und wird sich auch gleich bleiben,
so lange es in einer Menschenbrust schlägt.

Man braucht daher einen Charakter wie den des Pilatus
nur scharf und treu nachzuzeichnen, so stellt sich die Ähnlichkeit
von selbst heraus und es wird selbst ohne expresse Anwendung
offenbar, daß es erstaunlich viel Pilatussinn in der Welt giebt.
Besonders in unsrer Zeit ist das Geschlecht der Pilatusseelen
außerordentlich zahlreich vertreten, so zahlreich daß, wollte man
vornämlich den religiösen Charakter dieser Zeit mit einem Worte
bezeichnen, man es wol so ziemlich treffen würde, wenn man
Pilatus darüber schrieb. Beinahe unwillkürlich wird daher die
Charakteristik des Pilatus zu einem Spiegelbilde für unsre
Zeit; wenn also im Laufe unsrer Betrachtungen wiederholt
gewisse Richtungen und Gebrechen dieser Zeit und Menschen,
die ihnen huldigen, mitgezeichnet werden, so können wir nicht
dafür, wir machen die Ähnlichkeit nicht, sie ist eben da und
wir können dem Geiste dieser Zeit den Gefallen nicht thun,
dem Pilatus ein andres Gesicht zu malen, welches mit dem
Geiste dieser Zeit keine Ähnlichkeit hat.

Soll nun aber der Charakter des Richters Jesu Christi
nach allen Seiten hin richtig gezeichnet werden, so müssen wir
auch den Angeklagten wie die Kläger in den Kreis unsrer
Betrachtung hineinziehen. Erst im Verhalten gegen andre
Menschen, im Lebensverkehr tritt der eigne Charakter mit seinen
Licht= und Schattenseiten deutlich hervor. Ganz besonders
unserm HErrn Jesu Christo gegenüber wird offenbar, was an

und in einem Menschen ist. Auf diese Weise erhalten wir allerdings statt eines einzelnen Porträts, ein Gruppenbild, ein Gemälde, auf dem zwar Pilatus immer die Hauptperson bleiben, aber auch auf andre Personen unser Blick gerichtet werden wird.

Vor allen wird die majestätische Gestalt Jesu Christi unsre Aufmerksamkeit auf sich ziehen. Nur die nahe Berührung, in welche Pilatus zu Jesu Christo tritt, hat ja die Augen der Welt auf ihn gerichtet, und sein Verhalten gegenüber dem Heiland der Welt hat offenbar gemacht, weß Geistes Kind er gewesen. Das Bild Jesu Christi neben seines Richters Bild gestellt, das ist die schlagendste Kritik, die an dem Landpfleger geübt werden kann. Die heiligen Evangelisten haben keine andre geübt. Setzt an ihre Stelle gewöhnliche Geschichtsschreiber, denen das Andenken Jesu Christi und die Sache, für welche er starb, ebenso theuer und heilig gewesen, als dem Matthäus, Markus, Lukas und Johannes, wie viele Betrachtungen würden die anstellen über die Schlechtigkeit der Feinde ihres HErrn, über das himmelschreiende Unrecht, welches ihm zugefügt worden und dergleichen. Aber in den Evangelien findet sich von allem dem nichts. Mit der größten Einfachheit, die sich immer gleich bleibt, schildern sie die schändlichsten Handlungen der Feinde Christi und die erhabensten Worte und Thaten des Heilandes. Nichts thun die Erzähler dazu, um ihren Meister und HErrn mit Herrlichkeit zu umgeben. Nicht mit einem Worte rechtfertigen sie den schuldlos Verklagten. Sie wissen, auch als Angeklagter ist er der Richter. Ihn auch nur mit einem Worte zu rechtfertigen däucht ihnen Befleckung seiner himmelsreinen Unschuld und Verdunklung seiner erhabenen Majestät. Keinen Lorbeerkranz, wie sonst die Erzähler mit ihren Helden thun, winden sie um sein heiliges Haupt. Sie fühlen, er ist zu groß, als daß ihr Lorbeerkranz ein Schmuck ihm sein könnte. Der Dornenkranz ist sein königlicher Schmuck. Getrost überlassen sie es dem Urtheile der Jahrtausende, was sie von diesem dornengekrönten, zum Verbrechertode verurtheilten Manne halten wollen. Seine Haltung voll Majestät, seine Worte voll Geist und Leben sind die beredtesten Zeugnisse seiner Größe und — der ungeheure Abstand zwischen ihm und den Leuten, die ihn anklagen und verurtheilen, ist bis auf diese Stunde die vernichtendste Kritik seiner Feinde.

Während der Landpfleger dem glänzenden Lichtbilde Jesu Christi gegenüber als eine Nachtgestalt dasteht, scheint hingegen ein Vergleich mit den jüdischen Anklägern beinahe zu seinen Gunsten auszuschlagen. Allein es scheint nur so. Allerdings hat ein Kaiphas größere Schuld, aber die geringere des Pilatus wird dadurch nicht weggewaschen. Ein Kaiphas muß nach dem Gesetz, Pilatus ohne Gesetz beurtheilt werden, aber verurtheilt werden sie beide. Der Vorzug, welchen die Kinder der Welt dem ungläubigen Heiden vor dem fanatischen Juden gern einräumen, ist mindestens ein sehr zweideutiges Lob. Die religiöse Gleichgiltigkeit des ungläubigen Heiden ist nicht minder verwerflich als der religiöse Fanatismus des selbstgerechten Juden. Mag sein, daß Pilatus für viel besser sich hält, als die fanatischen Christusfeinde, aber spricht er sich nicht selbst das Verdammungsurtheil, indem er ihnen dennoch den Willen thut? Pilatus durchschaut die Absichten der Verkläger Christi; aber ist das nicht desto erbärmlicher, wenn er dennoch seine Entschließungen bestimmen läßt durch Menschen, die er verachtet und deren Haß und Heuchelei er kennt? Pilatus kannte die Juden und doch that er ihnen den Willen; das kam mit daher, daß die Juden den Pilatus kannten und recht gut wußten, wie man ihn nehmen müßte. Alle ihre Manöver beruhen auf einer genauen Kenntniß der schwachen Seiten des Pilatus; schon darum müssen wir sie aufmerksam verfolgen, denn sie liefern einen bedeutenden Beitrag zur Charakterisirung des Landpflegers.

Aber auch dem Herodes müssen wir im Hintergrunde unsres Gemäldes eine Stelle anweisen. Pilatus hätte ja gern die Entscheidung über Jesum ihm überlassen. Wol dir, Pilatus, wenn du ihn als einen gerechten Richter kanntest, der nicht die Menschen sondern Gott fürchtete und der darum mehr Muth hatte als du, einen mit Unrecht angeklagten Mann freizusprechen! Aber wehe dir, wenn du zu deinem Stellvertreter

einen Mann erfahfft, von dem bekannt war, daß er Gesetz und
Recht nicht achtete und der sich nichts daraus machte, mit Blut=
schulden sein Gewissen zu beflecken. Je nachdem das Urtheil über
Herodes günstig oder ungünstig ausfällt, muß sich auch das Ur=
theil über Pilatus gestalten.

Indem wir auf diese Weise statt eines einzelnen Porträts
ein Gemälde zu zeichnen versuchen, haben wir den Vortheil,
der meisterhaften Erzählung der evangelischen Berichterstatter
Schritt für Schritt folgen zu können. Wir erhalten auf
diese Weise ein Lebensbild, das frischer, treuer und frucht=
barer ist als eine nach bestimmten Gesichtspunkten construirte
Charakteristik. Der Verlauf der Geschichte selbst giebt unsrer
Darstellung ihre leitenden Gesichtspunkte; wir haben nur den
inwendigen Zusammenhang aufmerksam zu verfolgen und Hand=
lung mit Handlung und Wort mit Wort durch psychologische
Fäden zu verbinden. Sachgemäße Ordnung und Anordnung
ergiebt sich so von selbst. Jeder Zug der Geschichte, jedes Wort
des Textes kommt zu seinem Rechte; unser Gemälde wird
eine Schriftauslegung. Nicht eine unzusammenhängende
Nebeneinanderstellung auslegender Bemerkungen und erbaulicher
Betrachtungen, wie das meist in den Bibelstunden der
Fall zu sein pflegt, sondern eine in sich zusammenhängende
Entwickelung nach den Gesetzen der Psychologie, der Lebens=
logik, die, wie die Worte der Schrift, so auch unsre Ge=
danken, Reden und Handlungen regelt. Thema und Theile,
wie das in den Predigten üblich, brauchen wir für unsre
Betrachtungen auch nicht aufzustellen. Der Text selbst ist jedes=
mal die uns gegebene Disposition, sein Inhalt giebt der Dar=
stellung die ihr natürliche Gestalt. Eine Überschrift versucht den
Hauptinhalt jeder Betrachtung kurz anzudeuten. — Wo möglich
ist die größte Kürze angewendet, doch empfiehlt es sich nicht,
kurz zu sein auf Kosten der Klarheit, und so schlagend auch
oft der kurze Ausdruck ist, der sicherste Weg zum Herzen ist er
nicht allemal. — Hier und da bringts der Text mit sich, daß
ein bereits besprochener Gedanke noch einmal berührt werden muß,
möchte er dem vergeßlichen Herzen desto fester sich einprägen.

Der HErr aber helfe, daß die Auslegung seines Wortes zur Anwendung werde auf das eigne Leben und daß die Anwendung wiederum sein Wort uns auslege. Das ist die rechte Frucht von der Betrachtung andrer Menschen, daß wir uns selbst besser verstehen lernen, und das ist ein Gewinn der Selbstkenntniß, daß sie uns den Schlüssel zum Verständiß fremder Charaktere in die Hand giebt. Möchten wir nur klug werden, so lange es Zeit ist, durch fremden Schaden und nicht erst, wenn es zu spät ist, durch eignen Schaden. Was von Pilatus geschrieben, ist uns zur Warnung geschrieben; wenn wir den Weg verlassen, den Pilatus zu seinem Verderben gegangen, dann haben wir uns zum Segen die Inschrift der Warnungstafel gelesen.

II.
Der Empfang der Kläger.

Joh. 18, 28—32.

„Da führten sie Jesum von Kaiphas vor das Richthaus. Und es war früh. Und sie gingen nicht in das Richthaus, auf daß sie nicht unrein würden, sondern Ostern essen möchten. Da ging Pilatus zu ihnen heraus, und sprach: Was bringet ihr für Klage wider diesen Menschen? Sie antworteten und sprachen zu ihm: Wäre dieser nicht ein Übelthäter, wir hätten dir ihn nicht überantwortet. Da sprach Pilatus zu ihnen: So nehmet Ihr ihn hin, und richtet ihn nach eurem Gesetz. Da sprachen die Juden zu ihm: Wir dürfen niemand tödten. Auf daß erfüllet würde das Wort Jesu, welches er sagte, da er deutete, welches Todes er sterben würde."

An einem Freitage sehr frühe ist eine große Menge aufgeregter Menschen vor dem Richthause des Pilatus zu Jerusalem versammelt. Viele Vornehme und Angesehene in Israel sind unter dem tobenden Haufen und mit großem Eifer scheinen sie eine höchst wichtige Angelegenheit zu betreiben. Und was hat die Menschenmasse zu so ungewöhnlicher Stunde an die Stätte des Gerichts geführt? Ach, ihre Füße sind eilend Blut zu vergießen! Hätte es gegolten, ein Werk erbarmender, rettender Liebe auszuführen, sie würden schwerlich solche Eile gehabt haben. Aber leider ist der Mensch zur Sünde früher auf als zur Tugend, eiliger Böses als Gutes zu thun, bereiter dem Hasse als der

Liebe Opfer zu bringen. Und wessen Blut wollen sie vergießen? Sie, die dürsten nach dem Blute eines Mannes, der in ihrem Lande umhergezogen war und hatte wohlgethan, der ihre Kranken geheilt, ihre Kindlein gesegnet, ihre Hungrigen gespeist, der den Armen das Evangelium gepredigt und in die Welt gekommen war zu suchen und selig zu machen das Verlorene, eines Mannes, den auch seine Feinde keiner Sünde zeihen konnten, von dem selbst sein Verräther erklärt: „ich habe unschuldig Blut verrathen". Und warum verlangen sie seinen Tod? Sie haßten ihn, weil er die Sünder zur Buße gerufen, weil er die Heuchelfrömmigkeit und Selbstgerechtigkeit aufgedeckt und erklärt hatte: „es sei denn eure Gerechtigkeit besser als die der Schriftgelehrten und Pharisäer, so werdet ihr nicht in das Himmelreich kommen".

Auf verrätherische Weise hatten sie ihn gefangen genommen und in ihrem hohen Rathe bereits zum Tode verurtheilt. Aber um vor sich und der Welt zu erscheinen, als hielten sie sich gewissenhaft an Recht und Gesetz, so kamen sie vor den Landpfleger, daß der das Todesurtheil spreche. Unter der Maske der **Gerechtigkeitsliebe** verbergen diese Heuchler das himmelschreiendste Unrecht, das sie zu begehen im Begriff sind. Selbst das Laster, wenn es das Gesetz frech übertritt, sucht doch gern den Schein zu erwecken, als sei das Recht auf seiner Seite. Man meint eben nicht durchzukommen, wenn man nicht wenigstens gewissenhaft und rechtschaffen **scheint**. Muß der Sünder aber nicht gerade dadurch, daß er hinter dem Scheine des Rechts sein Unrecht verbirgt, aufs stärkste bezeugen, daß er die Sünde für Unrecht und für Schande hält?

Wie den Schein der Gesetzmäßigkeit, so suchen die Juden auch den Schein großer Heiligkeit um sich zu verbreiten. Daher „**gehen sie nicht in das Richthaus, daß sie nicht unrein würden, sondern Ostern essen möchten**". Durch die Befolgung solcher kleinlichen Äußerlichkeiten suchen sie dem Pilatus eine hohe Meinung von ihrer großen Religiosität beizubringen, daß er denken soll: was müssen das für gewaltige Heilige sein, die es schon mit solchen geringen Dingen so genau nehmen. Die Heuchler! Daraus machen sie sich kein Gewissen, einen unschuldigen Mann, ja den Sohn Gottes zu tödten; aber ein heidnisches Haus zu betreten — was doch gar nicht einmal im Gesetz verboten war — das hielten sie für ein schweres Verbrechen. Einen Mord auf die Seele sich laden, das rührte sie nicht; aber einen Flecken an die Schuhe bekommen, das verursachte ihnen Gewissensbisse. Das war die Scheinheiligkeit, die der Heiland so oft gezüchtigt und von der er gesagt hatte: „sie seigen Mücken und verschlucken Kameele"; „auswendig halten sie die Gefäße rein und inwendig sind sie voll Moder und Unrath".

Nun entrüstet man sich zwar mit großer Entrüstung über diese erbärmliche Scheinheiligkeit und doch wird ihrer genug auch bei uns gefunden und am meisten bei denen, die nicht arg genug auf sie schimpfen können und gerne alle Frömmigkeit als Scheinheiligkeit brandmarken möchten. Heißt es nicht auch Mücken seigen und Kameele verschlucken, wenn man z. B. sich ein Gewissen daraus macht, etwas zu genießen, ehe man zum heiligen Abendmahl geht: und darüber, daß man mit einem unversöhnlichen und unbußfertigen Herzen kommt, bleibt man ganz ruhig? Oder wenn man sagt, es verletze das Schamgefühl, wenn die Unzuchtsünden aufgedeckt und bei ihrem rechten Namen genannt werden; und unkeusch zu leben, daraus macht man sich kein Gewissen? Oder wenn erklärt wird, die Bibel eigne sich nicht zur Lectüre für die Jugend, es ständen so viele unsittliche Geschichten darin; und die leichtfertigsten Zeitungen und Bücher giebt man ihr ohne Bedenken in die Hände? Oder wenn's heißt: ich versündige mich an meiner Familie, wenn ich für christliche Zwecke soviel Geld ausgeben wollte, und für seine Vergnügungen und Liebhabereien spart man die Kosten nicht? Oder wenn es für eine heilige Pflicht gegen die Gesundheit erklärt wird, die kalte Kirche nicht zu besuchen, und um des Vergnügens und des Geldgewinnes willen scheut man weder Hitze noch Kälte? u. s. w. O irret euch nicht, ihr streut dem lieben Gott keinen Sand in die Augen, er sieht den Moder, der unter dem übertünchten Grabe steckt und auch die Menschen kommen bald hinter die Heuchelei.

Da aber die Juden nicht in das Richthaus gingen, „so ging Pilatus zu ihnen heraus". That er dies etwa, weil er ihre religiösen Vorurtheile schonen wollte, oder eine gewisse Achtung hegte vor den den Juden heiligen Gebräuchen? Das wäre ja kein übler Zug gewesen; denn wer selbst etwas hat, was ihm heilig ist, der bespottet und verachtet das nicht, was andern heilig ist, selbst wenn er sie bedauert, daß sie sich in Irrthum und Aberglauben befinden. Allein die Geschichte berichtet uns vielmehr von Pilatus, daß er mehr als irgend ein andrer Landpfleger die Juden und ihre religiösen Gebräuche mit Hohn behandelt. So erzählt uns Lukas (13, 1), daß er einen Haufen Galiläer, gerade während sie im Tempel opferten, habe umbringen lassen, und ein jüdischer Schriftsteller bemerkt, daß Pilatus, was keiner seiner Vorgänger gethan, bei seinem Einzuge in Jerusalem, um den Glauben der Juden zu verhöhnen, die Bilder des Kaisers auf den Fahnen der römischen Soldaten gelassen und diejenigen mit dem Tode bedroht habe, welche um Abnahme dieser abgöttischen Zeichen gebeten. Ebenso geht aus den mit Jesu Christo und den Juden geführten Gerichtsverhandlungen hervor, daß dem Pilatus nichts mehr heilig war und daß es ihm eine wahre Freude machte, die jüdischen Messiashoffnungen zu verspotten. Sein Herauskommen zu den Juden kann also nicht in einer edlen Rücksicht auf ihre religiösen Gebräuche seinen Grund gehabt haben.

Oder war Pilatus ein menschenfreundlicher, gutmüthiger, herablassender Mann, daß er denen, welche etwas von ihm begehrten, aus freien Stücken halbwegs entgegenkam? Auch darauf muß mit nein geantwortet werden. Er war vielmehr barsch, grausam und übermüthig, wie die oben angeführten Züge aus seinem Leben beweisen, und in den Verhandlungen mit den Juden ist es ihm eine nicht geringe Genugthuung, sie wiederholt fühlen zu lassen, wie abhängig sie von ihm sind.

Warum aber begiebt sich denn der stolze Römer hinaus zu den von ihm verachteten Juden? Es mögen mehrere Gründe zusammengewirkt haben. Mit einer gewissen Neugierde war er auf den ganzen, ihm theilweise schon bekannten Handel gespannt und aus Klugheit und Politik hielt er es für gut, dieses Mal den Juden ein wenig entgegenzukommen, um sie nicht unnöthigerweise zu reizen und sich zu noch schlimmeren Feinden zu machen. Auch mochte ihn sein böses Gewissen bewegen, sich zuweilen ein wenig zu erniedrigen und denen gefällig zu zeigen, welche seine Schlechtigkeiten kannten. Wenn stolze, vornehme Leute auch noch so steif halten auf ihren Rang und Respect vor den Leuten, haben sie unrecht gehandelt, so nöthigt sie das böse Gewissen bisweilen demüthig und zuvorkommend aufzutreten, damit man ihnen ihre Übelthaten nicht vorwirft. Das böse Gewissen macht auch die herrischsten Menschen unterwürfig und die kecksten feig. Das sündige Menschenherz ist überhaupt ein schwankend Ding voller Widersprüche, heut ist es trotzig und morgen verzagt, jetzt herrisch und bald knechtisch, hier übermüthig und dort muthlos. Gerade im Herzen und Handeln des Pilatus wird uns dieser Widerspruch noch häufig entgegentreten. Es ging ihm ähnlich wie dem König Herodes, dem Mörder Johannis des Täufers. Der hatte den bösen Einflüsterungen der Herodias nachgegeben und Johannes ins Gefängniß geworfen und doch verwahrte er ihn sorgfältig gegen die Nachstellungen des buhlerischen Weibes, die dem Propheten nach dem Leben trachtete. Während Matthäus uns berichtet: „Herodes hätte den Johannes gerne getödtet, er fürchtete sich aber vor dem Volke, denn sie hielten ihn für einen Propheten", sagt uns Markus: „Herodes aber fürchtete Johannem, denn er wußte, daß er ein frommer und heiliger Mann war und verwahrete ihn und gehorchte ihm in vielen Sachen und hörte ihn gerne". Es ging dem Herodes wie es eben allen Sündern geht, seine Stimmung wechselte. Respect hatte er vor dem gewaltigen Bußprediger, darum wollte er ihn das eine Mal aus dem Wege räumen, das andre Mal fürchtete er sich vor ihm. Das eine Mal folgt er seinem Worte, das andre Mal erstickte die Liebe zur Sünde und die Fleischeslust alle bessern Gedanken. Herodes wollte und wollte wieder nicht, er achtete und haßte den Johannes zugleich, er schmiedete selbst Mordpläne und ließ doch die Herodias die ihrigen nicht ausführen. Pilatus handelt in ähnlicher Weise widerspruchsvoll. Er verachtet die Juden und fürchtet sie doch; er läßt sie ihre Abhängigkeit von sich fühlen und macht sich doch zu ihrem Knechte, er widerspricht ihren Wünschen und thut ihnen doch den Willen. Das ist gerade an den Menschenzeichnungen der Schrift so meisterhaft, daß sie die Widersprüche des schwankenden Herzens aufs treuste schildert. Oberflächliche Leser oder boshafte Gegner der Bibel, wenn sie auf solche Widersprüche und Inconsequenzen stoßen, sind gleich mit der Beschuldigung da, daß die Schrift nicht mit sich übereinstimme — und sie sehen nicht, daß der Widerspruch sich nur im schwankenden Menschenherzen, nicht aber in der Bibel findet. Wenn sie nur eine genauere Kenntniß des eignen widerspruchsvollen Herzens hätten, so würden sie, statt die Bibel anzuklagen, sie vielmehr bewundern, daß sie eine so feine und treue Kenntniß des Menschenherzens an den Tag legt.

Der Landpfleger findet es also für gut zu den Juden hinauszugehen. Alsobald macht er aber sein richterliches Ansehen geltend und fragt: „was bringet ihr für Klage wider diesen Menschen?" Das scheint ja ein guter Anfang und die Frage erweckt die Hoffnung, daß der Richter gerecht und gewissenhaft in diesem Prozesse verfahren werde. Allein da uns sonst bekannt, daß Pilatus viele Personen hat unverhört zum Tode führen lassen, da ferner die ganze gerichtliche Verhandlung mit den Anklägern des Heilandes von Gewissenlosigkeit und Ungerechtigkeit des Richters zeugt, so wird auch hier die Frage weniger in aufrichtiger Liebe zur Gerechtigkeit, als in Gehässigkeit gegen die Ankläger und einer gewissen gewohnheitsmäßigen Beobachtung der Form der Gerechtigkeit ihren Grund haben. „Es war der Römer Weise nicht, daß ein Mensch ergeben wurde umzubringen, ehe denn der Verklagte habe seine Ankläger gegenwärtig und Raum empfahe sich der Anklage zu verantworten" (Ap.-Gesch. 25, 16). Es läßt sich dem Pilatus ein gewisses Rechtsgefühl nicht ab=

sprechen, aber was hilft es, daß er die äußerlichen Formen des Gesetzes genau beobachtet und sich doch nicht scheut, ein Unrecht nach dem andern zu begehen? Die Juden mag der auf sein Rechtsgefühl eingebildete Römer oft genug Heuchler gescholten haben, aber ist er nicht derselbe Heuchler, wenn er sich ein Gewissen daraus macht, die Formen der Gerechtigkeitspflege zu umgehen und der Gerechtigkeit selbst ins Angesicht zu schlagen, daraus macht er sich kein Gewissen? Heißt das nicht auch Mücken seigen und Kameele verschlucken? Und wie oft wird bis auf den heutigen Tag gegen Recht und Wahrheit aufs ärgste gesündigt, während man steif über der Form und den Buchstaben derselben hält! Wird die äußerliche Form nicht vielfach heiliger gehalten als das Recht selbst? Wird dem Rechte nicht oft geradezu ins Angesicht geschlagen, indem man sich auf die Form beruft? Werden Formfehler nicht oft aufs härteste gestraft, während offenbare Ungerechtigkeiten straflos hingehen? Ach, daß die Richter und Obrigkeiten und wir alle nicht nur auf die Formen sondern auf die Sachen hielten, daß wir nicht meinten, es sei genug die Form des Gesetzes, der Wahrheit, der Gottseligkeit zu beobachten, sondern daß wir das Gesetz, die Wahrheit, die Gottseligkeit selbst zu üben trachteten!

Wie es nun zu geschehen pflegt, wenn Menschen miteinander zu thun haben, die unter äußerlichen Formen innerliche Heuchelei verbergen, so werden die Juden ärgerlich, daß der Landpfleger auch nur die Form der Gerechtigkeit beobachtet. Sie hatten erwartet, Pilatus werde sich in diesem Falle nicht so spröde stellen und ohne Verhör und Untersuchung ihnen den Willen thun. Denn was sie wollten, das wußte Pilatus; hatte er doch seine eignen Soldaten mit dazu hergegeben, den Heiland gefangen zu nehmen. Gereizt antworten daher die Juden: „wäre dieser nicht ein Übelthäter, wir hätten ihn dir nicht überantwortet". Es verdroß diese heiligen Leute, daß der Richter sich unterstand, nach der Anklage zu fragen; sie spielen daher die Beleidigten und fassen die Sache so auf, als ob Pilatus einen Zweifel in ihre persönliche Redlichkeit setze. „Du fragst noch?" — wollen sie sagen — „meinst du, daß so heilige Leute, wie wir, die nicht einmal deine Schwelle betreten, um sich nicht zu verunreinigen, meinst du, daß wir fähig sind, irgend etwas Übles zu thun? Uns mußt du blindlings glauben; daß wir diesen Menschen bringen, das ist Anklage genug." Durch dieses Spiel mit sittlicher Entrüstung wollen sie dem Pilatus imponiren und jedes weitere Fragen verhindern. Für den tiefer Blickenden aber stellen sie sich aufs ärgste bloß und legen im Grunde nur das Bekenntniß ab: „wären wir nicht Übelthäter, wir hätten diesen dir nicht überantwortet".

Es ist dies ja eine bekannte Taktik, wenn Gefahr da ist, daß die eigne Sünde an den Tag komme, da stellt man sich aufs äußerste entrüstet, wie einem überhaupt ein Unrecht zugetraut werden könne, faßt eine etwaige Frage als persönliche Beleidigung auf und hofft auf diese Weise noch um Verzeihung gebeten zu werden, statt daß man selbst ein Bekenntniß der Sünde abzulegen braucht. Ferner, je weniger die Leute auf dem Boden der Wahrheit und des Rechts stehen, desto unverschämter geberden sie sich, als ob sie drauf stünden, und je weniger sie Stichhaltiges zu sagen haben, desto mehr werfen sie mit **nichtssagenden allgemeinen Redensarten** um sich. Je voller von imponirenden Phrasen man den Mund nimmt, desto mehr meint man die fehlenden Beweise zu ersetzen. Bis zu dieser Stunde wissen die Feinde unsres HErrn Jesu Christi keine stichhaltige Anklage wider ihn vorzubringen, gerade deshalb fahren sie aber so auf, wenn man ihren absprechenden Meinungen nicht ohne weiteres zustimmt. Eben weil sie stichhaltige Sachen nicht vorbringen können, sind sie so gewaltige Helden im Phrasenmachen, die im Grunde gar nichts besagen, und dabei werfen sie sich so zuversichtlich in die Brust, als ob sie im Besitze der unfehlbaren Wahrheit und es ein Majestätsverbrechen wäre, solchen großen Propheten und untrüglichen Orakeln nicht blindlings zu glauben. Es passirt nichts neues unter der Sonne. Die heute angewendeten Kunstgriffe sind meist alte Manöver. Gerade wie damals die Juden Kläger und Richter in einer Person zu sein begehrten, so machen's die Feinde des Evangeliums bis zu dieser Stunde, und welche Fluth von Verdächtigungen ja Schimpfreden gießen sie über diejenigen aus, welche sich erlauben, erst nach dem Grunde der Anklage zu fragen und an der Richtigkeit des Vorurtheils zu zweifeln.

Der welterfahrene Pilatus kannte aber dieses Manöver und ließ sich durch die ungezogne Antwort nicht irre machen. Er verachtete die Pharisäer, wie sie's verdienten, und der Schein ihrer Heiligkeit blendete ihn nicht. Aber er verachtete überhaupt alle Frömmigkeit, weil er so viel Beweise von Heuchelfrömmigkeit hatte. Welche schwere Verantwortung laden doch alle diejenigen, welche mit der Religion ein heuchlerisches Spiel treiben, dadurch auf sich, daß sie die Religion überhaupt bei ihren halben oder ganzen Feinden in völligen Mißkredit bringen. Weil es Leute giebt, die Heuchelei mit ihrem Glauben treiben, das kann ja freilich diejenigen nicht entschuldigen, welche allen Glauben und alle Gläubigen verachten — wer wird denn alles Geld für gefälscht erklären, weil etliches falsche Geld von Falschmünzern in Umlauf gesetzt wird? —; aber von der Hand der Heuchelchristen wird das Blut derer gefordert, welche durch ihre Heuchelei am ganzen Christenthum Schiffbruch gelitten.

Pilatus kannte seine Leute; er läßt sich durch ihr Spiel mit sittlicher Entrüstung nicht imponiren, sondern kehrt vielmehr seine ganze Macht hervor und rächt sich, indem er im Tone feinen Hohnes und vornehmen Unglaubens antwortet: „so nehmet ihr ihn hin und richtet ihn nach eurem Gesetz". Er will die Juden nicht geradezu vor den Kopf stoßen, aber deutlich zu verstehen will er ihnen geben: in dieser Weise läßt der Landpfleger nicht mit sich umspringen. Den Anklägern ins Gesicht zu sagen: „euch Heuchlern glaube ich nimmer aufs bloße Wort" oder ihr Unrecht ihnen geradezu vorzuhalten, dazu hatte der feige Mann keinen Muth; er handelt daher als ein feiner Diplomat und begnügt sich damit, die Vornehmen in Israel dadurch zu höhnen, daß er sie fühlen läßt, wie abhängig sie von ihm sind. Daß der oberste Richter kein bloßer Scharfrichter sein will, der willig die Hand zu einem Bubenstreiche bietet, das ist ja durchaus zu loben; aber leider bekommt man den Eindruck, daß Pilatus nicht sowol deshalb empfindlich ist, weil man ihm zumuthet, ohne Kenntniß der Anklage ein Urtheil zu sprechen, als vielmehr deshalb, weil die Juden sich so stolz benehmen und ihm nicht reinen Wein einschenken wollen. Soll Pilatus ihrem Hasse dienen, so will er, daß man wenigstens offen mit ihm rede. Pilatus weiß, daß die Juden seine Hilfe jetzt nicht entbehren können; daher thut er, als ob ihm an der Sache nichts gelegen sei, und es kitzelt ihn, daß sich so hübsche Gelegenheit bietet seinem Spotte freien Lauf zu lassen. Je nöthiger die Juden seine Unterstützung brauchen, desto weiter kann er in seinem höhnischen Betragen gehen. Soll er zu einem Bubenstreiche die Hand bieten, so will er wenigstens klaren Wein eingeschenkt haben, damit er, wie man zu sagen pflegt, die Juden auch im Sacke habe, wie sie ihn im Sacke hatten.

Aber indem der Landpfleger den Juden ihre Machtlosigkeit recht fühlbar werden läßt, spricht er zugleich in feiner Weise seine vornehme Geringschätzung über ihre Religionsangelegenheiten aus, die nicht weniger verletzen mußte. „Die Sache gehört am Ende auch gar nicht vor mein Gericht, sie geht ja eure Religion an und darüber zu urtheilen habe ich weder Recht noch Lust; das sind abergläubische Dinge, die ich für zu unbedeutend halte, als daß ich die Zeit mit ihnen zubrächte; also geht nur, verschont mich, richtet ihn nach eurem Gesetz."

Und o wie gerne hätten das die Juden gethan, wenn sie nur Todesurtheile hätten vollstrecken dürfen! Machte Pilatus Ernst damit, sie mit ihrer Klage abzuweisen, so war ihr ganzer Mordplan gescheitert und der von ihnen tödtlich gehaßte Jesus blieb leben. Größer als ihr Stolz gegenüber dem Landpfleger ist ihr Haß gegen den Heiland; daher nehmen sie den Hohn des Pilatus, so bitter er auch schmeckte, ruhig hin. Wenn man zur Ausführung einer Schandthat die Hilfe eines andern braucht, da kann man im Punkte der Ehre so empfindlich nicht sein und muß sich manches gefallen lassen, worüber man innerlich empört ist. Man darf die Faust nicht sehen lassen, die man in der Tasche macht. Auch in dem Stücke macht die Sünde den

Menschen zum Knechte, der seinem sündlichen Begehren Ehre und Unabhängigkeit opfern muß.

„**Wir dürfen niemand tödten**", antworten die Juden auf die verletzende Äußerung des Pilatus. Damit sprechen sie nun deutlich aus, was sie wollen: den Tod Jesu wollen sie, aber nicht eine **Untersuchung**, ob er schuldig oder unschuldig ist, und so geben sie dem Landpfleger einen deutlichen Wink, was man von ihm für einen Freundschaftsdienst erwarte. Abgesehen davon, daß sie die Todesstrafe gar nicht ausführen durften, es war auch viel sichrer, wenn Pilatus ihr Scharfrichter wurde. So hatten sie sich auf jeden Fall den Rücken gedeckt und Pilatus allein mußte für alle Folgen stehen; dazu blieben ihre Hände rein von Blut und sie konnten die ganze Schuld auf den Landpfleger schieben, wie denn viele Menschen in dem Wahne stehen, für diejenige Sünden keine Verantwortung zu haben, welche sie durch andre ausführen lassen.

Aber das ist der **Triumph des weltregierenden Gottes**, daß selbst die größten Verbrecher, ohne daß sie's wissen und wollen, seinen heiligen Absichten dienen müssen. Das größte Verbrechen, das begangen ist, so lange die Erde steht, ist der Mord des eingebornen Sohnes Gottes und gerade aus diesem größten Verbrechen hat die Weisheit der Liebe Gottes den größten Segen kommen lassen, nämlich die Versöhnung für die Sünden der Welt. Gerade dadurch, daß die Juden auf den Tod Jesu bestanden und daß sie den Pilatus zur Vollstreckung des Todesurtheil angingen, mußten sie den Rath Gottes verwirklichen helfen. Das hat der heilige Geist dem Johannes begreiflich gemacht und uns wiederum macht es Johannes begreiflich, indem er schreibt: „**auf daß erfüllet würde das Wort Jesu, welches er sagte, da er deutete, welches Todes er sterben würde.**".

Als der Heiland sein Leiden ankündigte, hatte er nämlich ausdrücklich gesagt, daß er den **Heiden** überantwortet und gekreuzigt werden würde. Nach Gottes vorbedachtem Rath und Willen war es dahin gekommen, daß zur Zeit Jesu das jüdische Volk unter einer heidnischen Obrigkeit stand. Schon dem

Kindlein Jesus hatte der römische Kaiser Augustus seine Krippe im Stalle zu Bethlehem bereiten müssen, damit die Weissagung Micha's in Erfüllung ginge. Wieder ein Heide, Pilatus, mußte das Werkzeug werden, daß sich das Wort vom Kreuz erfüllte. Die Juden pflegten niemals zu kreuzigen, sie steinigten meist die zum Tode Verurtheilten. Der Sohn Gottes sollte aber nicht gesteinigt sondern gekreuzigt werden. Daher ließ es die göttliche Vorsehung nicht zu, daß der eingeborne Sohn, wie später der erste Märtyrer Stephanus, durch einen Akt jüdischer, tumultuarischer Volksjustiz gesteinigt würde. Es ist hier nicht der Ort darauf einzugehen, weshalb unser HErr Jesus Christus gerade gekreuzigt werden mußte; für unsern Zweck ist es genug zu ersehen, wie alles dienen muß, „daß die Schrift erfüllet werde". Es giebt kaum einen zwingenderen Beweis für die Göttlichkeit der heiligen Schrift und für die Wahrheit unsres Glaubens als die Erfüllung der Weissagungen. Die dennoch nicht glauben, haben wenigstens keine Entschuldigung.

Sollte also Jesus Christus gekreuzigt werden, so mußte ein Heide das Todesurtheil aussprechen und vollziehen. Heiden und Juden sollten die Hand im Spiele haben bei dem Tode Jesu, zum Zeichen daß dieser Tod die Versöhnung für die Sünden der ganzen Welt, der Juden und auch der Heiden. Es ist hier kein Unterschied, sie sind allzumal Sünder, die Sünden der Juden wie die der Heiden haben den Tod Jesu nöthig gemacht, und wiederum ist hier kein Unterschied, sie sind allzumal gereinigt durch das Blut Jesu Christi, die Sünden der Juden wie die der Heiden sind nun aus dem Mittel gethan.

Seht da, wie wunderbar die Weisheit der göttlichen Liebe alles nach ihrem Willen zu regieren versteht. Die Feinde Jesu durften nicht thun, was sie wollten, sondern sie mußten ausführen, was Gott wollte. Dadurch wird die Größe ihrer Schuld freilich nicht verringert, daß Gott seinen Erlösungsrath durch sie ausführen ließ; sie gedachten es böse zu machen; aber wir müssen die Weisheit des weltregierenden Gottes anbeten, die oft gerade dann ein Meisterstück ihrer Vorsehung zu machen versteht, wenn die Sünder ein Meisterstück ihrer Gottlosigkeit vollbracht zu haben sich rühmen.

Nun „eben diese Vorsehung", schreibt ein vorzüglicher Ausleger der Leidensgeschichte, der gottselige Rambach, „welche über unserm gesegneten Heilande von seiner Geburt an bis in seinen Tod gewaltet hat, die wird auch über uns und unsern Lebens- und Todesumständen walten, wo wir uns nur ihr gänzlich überlassen. Werden wir aufhören, unser eigen Glück machen zu wollen und Gott in sein Regiment zu greifen, werden wir ihm allein alle unsere Wege befehlen, so werden wir auch erfahren, daß alles gehe nicht nach den Rathschlüssen unsrer Feinde, sondern nach den Rathschlüssen der ewigen Liebe und Weisheit."

III.
Das erste Verhör des Verklagten.
Luk. 23, 2. Joh. 18, 33—36.

"Da fingen die Juden an ihn zu verklagen und sprachen: diesen finden wir, daß er das Volk abwendet und verbietet den Schoß dem Kaiser zu geben und spricht: er sei Christus ein König."

"Da ging Pilatus wieder hinein in das Richthaus und rief Jesum und sprach zu ihm: Bist du der Juden König? Jesus antwortete: Redest du das von dir selbst? Oder haben es dir andere von mir gesagt? Pilatus antwortete: Bin ich ein Jude? Dein Volk und die Hohenpriester haben dich mir überantwortet; was hast du gethan? Jesus antwortete: Mein Reich ist nicht von dieser Welt. Wäre mein Reich von dieser Welt, meine Diener würden darob kämpfen, daß ich den Juden nicht überantwortet würde; aber nun ist mein Reich nicht von dannen."

Wollten die Juden nicht unverrichteter Sache wieder abziehen, so mußten sie sich jetzt bequemen eine **bestimmte Anklage** wider Jesum vorzubringen. Wessen aber sollten sie ihn beschuldigen, daß Pilatus ein Todesurtheil fällte? Würde der römische Landpfleger etwas darauf gegeben haben, wenn sie Christum der Gotteslästerung anklagten? Ohne Zweifel wäre diese Anklage zurückgewiesen worden. Was kümmerte es den heidnischen Richter, ob ein Jude den Gott lästerte oder fürchtete, an den er selbst nicht glaubte! War der Jude nur ein guter Unterthan des Kaisers, so mochte er's mit der Religion halten, wie er wollte. Das wußten die Ankläger des Heilandes

recht gut; daher schwiegen sie über die vermeintliche Gottes=
lästerung, um welcher willen der jüdische hohe Rath bereits das
Todesurtheil ausgesprochen. Vor Pilatus zogen nur bürgerliche,
politische Vergehen; wolan, so muß man eine politische An=
klage stellen, die wird am sichersten die gewünschte Wirkung haben.

Können die Feinde des HErrn nun ihren Zweck erreichen,
so ist ihnen jedes Mittel recht. Sie passen ihre Anklage den
Menschen an, bei denen sie den Heiland verdächtigen wollen.
Den Mächtigen hält man vor: Christus und das Christen=
thum untergräbt eure Macht; den Reichen: Christus und das
Christenthum gefährdet euren Besitz; den Genußsüchtigen:
Christus und das Christenthum raubt euch eure Freuden; den
Gebildeten: Christus und das Christenthum ist wider den
geistigen Fortschritt u. s. w. Kurz, andern Menschen gegenüber hat
man immer andre Anklagen bereit, und so ungegründet diese An=
klagen auch sind, treffen sie nur den Fleck, wo die Menschen verwund=
bar sind, schon die blose Verdächtigung hat die gewünschte Wirkung.

Pilatus konnte nur zu einem Todesurtheil bestimmt werden,
wenn man ihm Christum als einen politischen Verbrecher
darstellte. Worauf aber konnte man eine solche Anklage stützen?
War es nicht bekannt, mit welcher Vorsicht sich der Heiland
vor jeder Einmischung in die politischen und bürgerlichen Ver=
hältnisse gehütet hatte? Hatte er nicht ausdrücklich erklärt:
„gebet dem Kaiser, was des Kaisers ist?" Hatte er es nicht
sogar abgelehnt, auch nur der Erbschichter zwischen Brüdern zu
sein? Ja hatte er nicht erst vor wenigen Stunden bei seiner
ungerechten Gefangennehmung dem Petrus befohlen: „stecke dein
Schwert in die Scheide"? Und einen solchen Mann sollte
man des Aufruhrs beschuldigen können?

Wäre auch nur ein Fünkchen Wahrheitsliebe in den An=
klägern gewesen, sie hätten es nicht gekonnt. Aber weil man
keine Anklage wider den Heiland erheben kann, wenn man bei
der Wahrheit bleibt, so nimmt man ungescheut seine Zuflucht
zu Lüge. Mit frecher Stirn „fingen daher die Juden an,
ihn zu verklagen und sprachen: diesen finden wir,
daß er das Volk abwendet und verbietet dem Kaiser

den Schoß zu geben und sagt, er sei Christus ein König". Es ist keine Lüge zu grob, die man sich nicht gegen den Heiland erlaubte. Wenn ihn nun sein heiliges Leben ohne Gleichen vor den Lügen seiner Feinde nicht schützte, wie viel weniger dürfen wir erwarten, mit erlogenen Verdächtigungen verschont zu bleiben, die wir uns doch nicht auf ein sündloses Leben berufen können! Der Jünger ist nicht über seinen Meister, und haben sie den Meister einen Rebellen geheißen, so wird man uns nicht Friedensboten nennen. Ist nun auch leider das unanstößigste Leben durchaus kein Schutz gegen Verleumdungen und Lügen, so ist es doch der Jünger Jesu heilige Pflicht, vorsichtig und unsträflich zu wandeln, damit man wenigstens mit Grund der Wahrheit nichts auf sie bringen kann. "Selig seid ihr", hat der Heiland zu seinen Jüngern gesagt, "wenn euch die Menschen um meinetwillen schmähen und verfolgen und reden allerlei Übels wider euch, so sie daran lügen."

Die vor Pilatus lügnerischerweise gegen den Heiland erhobene Anklage ist denn auch gegen seine Jünger reichlich vorgebracht worden. Gegen die Apostel suchte man Volk und Obrigkeiten einzunehmen, indem man sagte: "diese Leute, die den ganzen Erdkreis bewegen, sind auch hierher gekommen". Unsere gesegneten Reformatoren sind für Aufrührer verschrieen worden, und bis zu dieser Stunde sucht man die öffentliche Meinung gegen die gläubigen Christen aufzuhetzen, dadurch daß man sie als Friedensstörer brandmarkt. Gar zu gern sucht man auch der Obrigkeit eine üble Meinung von ihnen beizubringen, als ob sie halsstarrige Leute wären, die nur Unruhe und Bewegung verursachten, und während man die Übertreter göttlicher und menschlicher Gebote ruhig gewähren läßt, werden die Stillen im Lande oft als staatsgefährliche Leute verfolgt, wenigstens streng überwacht.

Die Ankläger Jesu verbanden aber mit der Lüge noch einen schändlichen Kunstgriff. Es lag ja ein Fünkchen Wahrheit in der Anklage. Jesus Christus ist wirklich ein König. Die Juden wußten nun sehr gut, daß dieser Ausdruck zweideutig war und daß der Heiland im geistlichen, nicht im weltlichen

Sinne ein König sein wollte. Aber absichtlich verschweigen sie
das und drücken sich so aus; daß ein Mann wie Pilatus nur
an einen irdischen König denken konnte, der Aufruhr wider
den Kaiser machte. Auch dieses heuchlerische Spiel mit
zweideutigen Worten hat noch nicht ausgespielt. Als
Störer des Friedens werden die gläubigen Christen hingestellt,
und man weiß recht gut, daß sie nur den sicheren Gewissen
ihren falschen Seelenfrieden nehmen wollen. Feind der Freude
wird das Christenthum geheißen und man weiß recht gut, daß
es nur statt der Scheinfreude der Welt die wahre Freude im
heiligen Geiste geben will. Als unvereinbar mit der Vernunft
wird der Glaube verschrieen und man weiß recht gut, daß er
keineswegs die wahre Bildung sondern nur die hochmüthige Ein=
bildung des Verstandes bekämpft, die alles besser wissen will,
als der allein weise Gott — anderer noch schlimmerer Zwei=
deutigkeiten gar nicht zu gedenken.

Aber wie verdächtig! Die Juden beschuldigen den Heiland
einer Sünde, in welcher sie selbst bis über die Ohren stecken.
Stellten sie nicht gerade das Recht des Kaisers in Frage,
Steuern zu erheben? Waren sie es nicht, die das Volk zur
Rebellion aufwiegelten? Wünschten sie nicht gerade ihren Messias
als einen irdischen König, der die Römer aus dem Lande jagte?
Waren sie nicht jede Stunde bereit, einen Aufstand zu machen,
wenn sie nur die geringste Aussicht auf einen günstigen Erfolg
gehabt? Und jetzt stellten sich diese Menschen als so gute
Unterthanen des Kaisers, daß sie Jesum wegen Aufruhrs wollten
zum Tode verurtheilt haben! Wahrlich dieses Manöver war
sehr verdächtig und es gehörte nicht viel Scharfblick dazu, um
zu erkennen, daß dahinter ganz was anderes stecken mußte.
Wollten sich etwa die Juden weiß brennen vor Pilatus, damit
er von ihrer Unterthanentreue eine recht gute Meinung bekommen
sollte? Allerdings ist das ein sehr beliebtes Mittel, sich zu
reinigen zu suchen, indem man andre gerade der Sünden be=
schuldigt, in denen man selbst tief drinnen steckt. Werfen nicht
z. B. die Verdreher der biblischen Wahrheit den gläubigen
Christen vor, sie entstellten das Christenthum? Stellen die

Umsturzmänner in Staat und Kirche die Treuen im Lande nicht gerne als Revolutionäre hin? Die ihren eignen Willen an die Stelle des Rechts und der Verfassung setzen, lieben die es nicht, diejenigen des Bruchs des Rechts und der Verfassung anzuklagen, welche fest auf dem Boden derselben stehen? Menschen, die selbst bis über die Ohren in Geiz, Hochmuth und Eitelkeit stecken, wie gerne klagen die andre dieser Laster an, und die selbst nur aus Eigennutz handeln, wie pflegen die auf den Eigennutz zu schimpfen! Des Balkens im eignen Auge wird man nicht gewahr, aber den Splitter in des Nächsten Auge, der von demselben Holze ist, sieht man durch ein scharfes Vergrößerungsglas und dann glaubt man, daß auch andre Leute den eignen Balken nicht sehen, wenn man nur recht bissig über einen wirklichen oder erdichteten Splitter herfällt. Indeß dieses Mal wollten sich die Juden nicht weiß brennen, indem sie den Heiland anschwärzten; es lag ihnen herzlich wenig daran als gute Unterthanen des Kaisers zu gelten; es gehörte vielmehr zum Lobe eines jüdischen Patrioten, wenigstens in Worten sich gegen die römische Obrigkeit zu setzen, wie es denn leider auch bei uns beinahe dahin gekommen ist, daß nur der für einen Volks- und Vaterlandsfreund gilt, der es nicht mit dem Könige und der Regierung hält. Die Juden trieb etwas anderes zu ihrer heuchlerischen Anklage. Sie haßten die Römer, aber ärger haßten sie Jesum Christum; daher erniedrigten sie sich vor Pilatus und verleugneten ihre wahren Überzeugungen, gerade wie man bis auf den heutigen Tag selbst große principielle Unterschiede opfert, wenn man durch ein Zusammengehen mit dem Gegner nur hoffen kann, seinen Haß gegen den noch größeren Feind zu befriedigen. Lieber machen die Juden mit Pontius Pilatus gegen Jesum Christum als mit diesem gegen die Römer gemeinschaftliche Sache. Das ist auch eine Erfahrung, die sich noch immer wiederholt sowol auf dem Gebiete des staatlichen wie des kirchlichen Lebens. Wie oft reichen sich Personen oder Parteien die Hand, deren Grundanschauungen sich entgegengesetzt sind wie Feuer und Wasser, und wie oft treten sich die aufs heftigste gegenüber, die nur in untergeordneten Punkten von einander ab=

weichen. Aber statt dem natürlichen Bundesgenossen nachzugeben, schließt man ein Bündniß mit dem natürlichen Gegner. Möchten Christen sich nie durch solche unnatürliche Bündnisse beflecken; wenn die Welt sie schließt, das kann nicht Wunder nehmen, ihr heiliget der Zweck die Mittel. Besonders unserem HErrn Jesu Christo und seinen Jüngern gegenüber entwickelt die Welt ein großes Geschick im Eingehen unnatürlicher Allianzen. Sie weiß sich oft die Hilfe der Christen zu verschaffen, um dem Christenthum zu schaden. So schlägt sie sich zu den Anhängern der Union, nicht um die Confession sondern um das Christenthum zu bekämpfen; sie hält es mit den Orthodoxen gegen die Pietisten und mit diesen gegen die Orthodoxen, mit den Sekten gegen das geistliche Amt und mit diesem gegen die Sekten u. s. w. Da heißt es vorsichtig sein und sich für solche Bundesgenossenschaft bedanken. Wo sich die Welt etwa zu gläubigen Christen schlägt, da thut sie es nur, um eine noch gehaßtere Frömmigkeit mit ihrer Hilfe anzugreifen. Wo nur das Christenthum angegriffen wird, immer schlägt sich die Welt zu den Angreifern. Ihr Angriff gilt aber niemals blos christlicher Engherzigkeit und Einseitigkeit, sondern es gilt dem Christenthum selber. Also niemals eine Allianz mit ihr eingehen; haben wir auch wirklich den und jenen Widerspruch mit ihr gemein, allemal lieber die Hausfehde ruhen lassen und den von ihr angegriffenen Brüdern die Hand reichen, um den Kampf gegen die christusfeindliche Welt gemeinsam zu kämpfen.

Pilatus ist auch gar nicht so kurzsichtig, daß er nicht merken sollte, wie die Juden nur aus Haß gegen Jesum sich so stellen, als ob die Auflehnung gegen die römische Obrigkeit in ihren Augen ein Verbrechen sei, und wie sie die Anklage auf Rebellion nur deshalb vorbringen, weil sie damit bei dem Landpfleger Gehör zu finden erwarten. Pilatus hat kein Vertrauen in die Aufrichtigkeit der Ankläger, die Anklage selbst überrascht ihn — aber obgleich er die Absichten der heuchlerischen Juden wol durchschaut, so muß er sich doch jetzt auf eine Untersuchung einlassen, wenn er nicht den Schein auf sich laden will, als verhalte er sich gleichgiltig gegen eine Auflehnung wider den

Kaiser. Nicht weil er die Anklage für wahr gehalten, sondern um sie lächerlich zu machen und Kläger wie Angeklagten zu verspotten, fragt er nun, die andren Anklagepunkte übergehend: „bist du der Juden König?" Es kam dem Landpfleger doch etwas komisch vor, daß man diesen Jesum, der so demüthig vor ihm stand und auf dessen Angesicht nichts als Sanftmuth und Gedanken des Friedens zu lesen waren, daß man den beschuldigte, er hätte sich zum Könige machen wollen. „Nein", sagt sich Pilatus, „so sieht ein Mensch nicht aus, der meinem Kaiser könnte gefährlich werden, entweder haben es die Juden erlogen, daß er sich habe einen König genannt, oder sollte er es wirklich gethan haben, so ist er ein unschädlicher Schwärmer, mit dem eine ernstliche Untersuchung anzustellen sich nicht der Mühe verlohnt."

Pilatus erwartet, Jesus werde den Königstitel aufs entschiedenste zurückweisen und damit den ganzen Handel beendigen, aber zu seiner großen Überraschung erwidert der Angeklagte mit feierlicher Ruhe: „du sagst es, ich bin der König der Juden". Jetzt beginnt die Angelegenheit dem Landpfleger räthselhaft und interessant zu werden. Wie merkwürdig, ein solcher Mann bezeugt unter solchen Umständen vor einem solchen Richter, daß er wirklich der König der Juden sei. Statt die Anklage zu entkräften, bestätigt er sie vielmehr und hört doch, daß man gerade durch sie das Todesurtheil über ihn zu erhalten begehrt. Wahrlich, das ist nicht das Benehmen und die Sprache eines Mannes, der sich schuldig fühlt. Der Richter will Klarheit haben, deshalb beschließt er den Angeklagten weiter zu vernehmen und damit er ungestört mit ihm allein reden konnte, begiebt er sich mit Jesu hinein in das Richthaus. Dort fragt er ihn abermals: „bist du der Juden König?" In dieser wiederholten Frage des Pilatus wie in der Verwandlung des öffentlichen Verhörs in ein vertrauliches Gespräch lag nicht blos müßige Neugierde, auch nicht blos richterliche Wißbegierde, es lag noch etwas unbestimmt Edleres darin, beinahe als ob Jesus auf das Herz seines Richters einigen Eindruck gemacht und das Verlangen bei ihm hervorgerufen hätte, durch eine private Unterredung dieses unklare Gefühl zu einer Klärung zu bringen.

Und der Heiland hilft dazu durch die Gegenfrage, mit welcher er dem Landpfleger antwortet: „Redest du das von dir selbst oder haben es dir andre von mir gesagt?"

Es soll offenbar werden, was im Pilatus ist; daher sondirt Jesus sein Herz durch eine Gegenfrage, wie er das mit so vielen Fragern gethan hat. Es ist dies auch ein feiner Zug der bewundernswürdigen Kunst, mit welcher der Heiland die Menschen zu behandeln, das Verborgene ihrer Herzen ans Licht zu ziehen und sie zu ihren eignen Richtern zu machen versteht. Man weiß nicht, was man bei der dem Pilatus vorgelegten Frage mehr bewundern soll, die Schärfe oder die Milde, die Weisheit oder die Seelsorgerliebe, die Würde oder die Ruhe, die in ihr liegt. Es kam jetzt alles darauf an klar zu legen: fragte Pilatus nur aus richterlichem oder auch aus Herzensinteresse, verstand er das Wort König nur im weltlichen Sinne oder ahnte er, daß es Jesus in geistlicher Bedeutung brauche? Je nachdem das eine oder andre der Fall war, darnach mußte sich das weitere Verhalten Christi gegen den Landpfleger bestimmen. Mit der Liebe des guten Hirten, die das Verlorne sucht, wirft der Heiland seine Frage als eine Angel in die Seele seines Richters, ob er sich vielleicht gewinnen und selig machen lassen wollte.

Machen wir uns den verschiedenen Sinn der sondirenden Frage noch klarer. „Hältst du mich für einen König im weltlichen Sinne des Worts, so sage mir" — meint der Heiland —, „ist dir irgend etwas zu Ohren gekommen, woraus folgte, daß ich ein Rebell gegen den Kaiser sei? Oder sehe ich dir darnach aus, als ob durch mich der römischen Herrschaft Gefahr drohe? Kann aber dein in diesen Dingen so scharfblickendes Auge nichts derart entdecken, willst du dich von meinen Feinden, die du doch hinlänglich kennst, lassen ins Schlepptau nehmen und als ein unselbständiger Richter ihren unbewiesenen Anklagen glauben?" So gefaßt wendet sich die Frage an das Gewissen des Richters Pilatus. Sie wendet sich aber auch an das Gewissen des Menschen Pilatus. „Hast du vielleicht wirklich eine Ahnung, daß ich mich in einem andern Sinne König nenne,

als die Könige dieser Erde es sind? Hat dein Herz irgend
welchen Antheil an der Frage deines Mundes? Liegt das un=
bestimmte, unausgesprochene Verlangen in ihr, zur Klarheit zu
kommen über ein noch nie befriedigtes Bedürfniß deiner Seele?
Oder begehrst du gar nicht kennen zu lernen, wer ich eigentlich
bin und sprichst nur gedankenlos nach, was du von den Juden
gehört hast? O Pilatus, treibt dein Herz dich zu der Frage,
dir soll eine seligmachende Antwort werden; ist aber deinem
Herzen die Frage völlig fremd, wie willst du fähig sein, über
mich zu Gericht zu sitzen?"

Aber Jesu andringende Frage verletzt den stolzen Richter.
Der Mann schämt sich ordentlich, daß Jesus von ihm denken
könnte, er nehme ein Herzensinteresse an dem König der Juden.
Er fühlt etwas von der Liebe, die jetzt um seine Seele wirbt,
er ahnt auch wol, daß Jesus im andern Sinne, als gewöhnlich
dieser Titel gebraucht wird, sich König nennt, aber der arme
Mann glaubt sich eine Blöße zu geben, wenn er irgendwelche
Theilnahme seines Herzens verräth, und weil er's für unter
seiner Würde hält, auch nur zu scheinen, als ob er sich jemals
um Jesum und seine Sache bekümmert habe, so erwidert er
im gereizten, spöttischen Tone: „**Bin ich ein Jude? dein
Volk und die Hohenpriester haben dich mir über=
antwortet, was hast du gethan?**"

Wir müssen uns diese Antwort recht genau ansehen, denn
sie liefert einen bedeutenden Beitrag zur Charakteristik des Pi=
latus. Zunächst geht soviel mit Klarheit aus ihr hervor: Pi=
latus selbst hat niemals etwas über Jesum gehört, was diesen
politisch verdächtigen könnte trotz der scharfen Augen und feinen
Ohren, die ein römischer Landpfleger zumal im jüdischen Lande
in diesem Stücke zu haben pflegte. Wenn nun Pilatus den
vollständigen Mangel an eigner Kenntniß über ein Streben
Christi nach königlicher Würde gleichsam entschuldigt damit, daß
er kein Jude sei, so zeigt er damit offenbar an, daß nur die
Juden den Sinn des Königstitels verstehen könnten, den sich
Christus beigelegt, daß es sich folglich im vorliegenden Falle
um eine geistliche, religiöse Bedeutung des Namens König
handle. Das ist aber ein wichtiges Zugeständniß.

Achten wir zum andern auf den geringschätzigen Ton, in welchem Pilatus ausruft: "Bin ich ein Jude?" Was für ein wegwerfendes Urtheil fällt damit der Landpfleger über die Juden, ja was für ein wegwerfendes Urtheil fällt er überhaupt über solche, die mit Heilsbegierde nach Christo fragen! Kann ein Mann, der auf Jesu andringende Frage so verächtlich antwortet, auch nur die Spur von Herzensinteresse an dem Heilande haben? Pilatus gehört zu den Leuten, die so tief von Gott abgefallen sind, daß sie es als eine Beleidigung ihrer Bildung und Ehre ansehen, wenn man zu ihnen das gute Zutrauen hat, sie könnten sich auch einmal mit den religiösen Fragen aus Heilsbegierde beschäftigen. Pilatus ist ein Mann, der wegen seiner völligen religiösen Gleichgiltigkeit nicht etwa schamroth wird, sondern der im Gegentheil damit groß thut und dem's als eine Schwäche vorkommt, irgend etwas zu offenbaren, was als ein religiöser Zug aufgefaßt werden könnte. Leider hat er heutzutage unter denen, die auf der Höhe der Zeitbildung zu stehen prahlen, nicht wenige Gesinnungsgenossen.

Notiren wir zum dritten das Bekenntniß der **Unwissenheit** und der damit zusammenhängenden **Urtheilsunfähigkeit**, welches Pilatus in seiner Antwort ablegt. Wir wollen nicht unbillig gegen den Mann sein, er war ein Heide und von dem heidnischen Richter können wir nicht verlangen, was wir von dem jüdischen zu verlangen ein Recht haben. Was wir aber auf jeden Fall zu verlangen berechtigt sind, ist, daß der Richter ein **selbständiges Urtheil** habe in der Sache, in welcher er Recht sprechen soll. Um aber urtheilsfähig in einer Sache zu sein, muß man sie verstehen, und um sie zu verstehen, muß man sich Mühe geben sie kennen zu lernen. Und Pilatus rühmt sich förmlich seiner Unwissenheit und des völligen Mangels an Verständniß für Angelegenheiten der jüdischen Religion, über die er doch jetzt ein Urtheil fällen soll. "Dein Volk und die Hohenpriester haben dich mir überantwortet; ich sage nur nach, was ich von ihnen gehört." Merkwürdig, sonst verachtet der Mann die Juden und dieses Mal führt er sie als seine Gewährsmänner an. Und doch will er

Richter sein in einer Sache, die ihm nur oberflächlich durch Hörensagen, noch dazu aus dem Munde so unglaubwürdiger Zeugen bekannt ist! Pilatus weiß recht gut, daß es sich hier um eine geistliche Angelegenheit handle; ihm fehlt das Verständniß für sie, aber ein Urtheil in ihr zu fällen lehnt er doch nicht ab. Müssen denn aber geistliche Dinge nicht geistlich gerichtet werden? Wenn schon ein ungelehrter Mann die Streitfragen der Sternkundigen oder Sprachforscher nicht schlichten und ein Tauber nicht Richter sein kann in Sachen der Musik, wie will denn ein in geistlichen Dingen ganz unwissender Mensch über unsern HErrn Jesum Christum und seine heilige Sache zu Gericht sitzen! Wird er nicht urtheilen wie ein Blinder von der Farbe? Wäre Pilatus ein gewissenhafter Richter gewesen, hätte er sich nicht weigern müssen, in diesem Falle eine Entscheidung zu treffen?

Man hat das ungerechte Urtheil des Pilatus mit seiner Unwissenheit entschuldigt; allerdings mildert der Heiland die Schuld seines Richters im Vergleich zu der seiner Ankläger (Joh. 19, 11) und er schließt auch ihn mit ein, wenn er sterbend am Kreuze bittet: „Vater, vergieb ihnen, denn sie wissen nicht, was sie thun", — allein vergrößert es auf der andern Seite nicht gerade seine Schuld, wenn er doch ein Urtheil fällt in einer Sache, in der er nach seinem eignen Geständniß ganz unwissend war? Und ist diese Unwissenheit des Pilatus nicht eine selbstverschuldete? Sechs Jahre lang war der Mann bereits Landpfleger im jüdischen Lande, er hatte also die ganze Gnadenzeit mit durchlebt, in welcher Jesus Christus als „ein Prophet mächtig an Thaten und Worten vor Gott und allem Volk" geredet und gehandelt hatte. Die Worte des Heilandes waren nicht im Winkel geschehen und seine Worte nicht im Verborgenen geredet. Pilatus mußte von ihnen gehört haben. Ist es also nicht ganz seine eigne Schuld, wenn er jetzt so unwissend ist? Noch mehr — jetzt stand ihm der König in Israel gegenüber Auge in Auge, warum giebt er ihm eine so schnöde Antwort und verbittet sich förmlich, belehrt zu werden? Wenn Pilatus auch vorher keine Gelegenheit gehabt hätte, über Christum genaue

Kenntniß zu erlangen, die Stunde, in welcher er dem Könige der Wahrheit gegenüber stand und die er unbenutzt vorbeigehen ließ, die spricht ihn tausendmal schuldig wegen seiner Unwissenheit und Urtheilsunfähigkeit.

Aber obgleich das alles leicht einzusehen ist und schwerlich jemand den Pilatus wegen der ihm vorgeworfenen Gewissenlosigkeit in Schutz nehmen möchte, so giebt es doch, besonders in unserer Zeit, viel tausend Christenmenschen, die ganz derselben Sünde sich schuldig machen. Sie werfen sich zu Richtern Jesu Christi und des Christenthums auf, ohne ein selbständiges Urtheil in der Sache zu haben, ohne sie zu kennen, ja ohne sich auch nur Mühe zu geben, sie kennen zu lernen. In allen irdischen Dingen gesteht man doch nur Sachverständigen zu, in einer Sache zu urtheilen, und in geistlichen Dingen meint jeder urtheilen zu können, wenn er auch nicht das Geringste von ihnen versteht. Ohne selbst die Schrift zu studiren und ihre Wahrheit am eignen Herzen zu erproben, läßt man sich ruhig aufbinden, wessen ihre Gegner sie anklagen und während man dem Evangelio nicht glaubt, glaubt man den Orakeln seiner Feinde, als ob sie ein Evangelium wären. Meist ohne alle Prüfung schwatzt man nach, was etliche Schreier in die Welt posaunen, und obgleich man diese neuen Apostel oft verachten muß, werden ihre Lügen doch blindlings als unumstößliche Wahrheit gefeiert. Und dabei rühmt man sich mit nicht geringem Stolze seines selbständigen Urtheils! Wenn man sie alle, die so wegwerfend über unsern allerheiligsten Glauben aburtheilen, Mann für Mann aufs Gewissen fragen wollte: „redet ihr das von euch selbst oder haben es euch andere gesagt?" müßten sie nicht ganz dieselbe Antwort geben wie Pilatus? Es giebt zwei äußerst einfache, nüchterne und praktische Wege, sich ein selbständiges Urtheil in Sachen der christlichen Religion zu bilden und von ihrer Wahrheit zu überzeugen, sie heißen: komm und sieh und geh hin und thu. Wer sich herausnehmen will, über die christliche Religion zu Gericht zu sitzen, der studire also erst ihre Urkunde, die heilige Schrift, von A bis Z, damit er aus der rechten Quelle wisse, was ihr Inhalt ist, und der befolge aufrichtig und gewissenhaft, was sie fordert. „So jemand will deß Willen thun, der mich gesendet hat" — hat der Heiland gesagt — „der wird inne werden, ob meine Lehre von Gott sei oder ob ich von mir selber rede." Es kann keine billigere Forderung gestellt werden. Wer nicht Lust hat ihr nachzukommen, der sollte wenigstens so ehrlich sein zu erklären: ich habe kein Urtheil in christlichen Dingen. Wenn aber zahllos viele, die sich Christen nennen, über die Bibel richten, ohne sie gelesen, und die Grundwahrheiten des Christenthums verurtheilen, ohne sie am eignen Herzen erprobt zu haben, ist das nicht erbärmlich, ungerecht und gewissenlos? Und wie groß ist die Unwissenheit in christlichen Dingen heutzutage, besonders bei denen, die sich gebildet nennen! Die einfachsten Geschichten der Bibel, die ABC-Wahrheiten des Katechismus, die Grundbegriffe unsres Glaubens sind ihnen unbekannte Dinge. Aber mit einer Verächtlichkeit, wie sie noch nie dagewesen, wird über sie der Stab gebrochen. Gerade die Unkenntniß und die daraus folgende Urtheilsunfähigkeit ist es, die so vorschnell zum Verurtheilen und so befangen in Vorurtheilen macht. Aber wenn man die urtheilsunfähigen, vorurtheilsvollen Richter auffordert: höret doch das Evangelium, leset doch die Bibel, befolget doch „die christliche Moral", — „bin ich ein Jude?" lautet dann die Antwort, oder nach der Übersetzung in die heutige Sprache: „ich gehöre nicht zu den Muckern, Pietisten, Orthodoxen — oder wie man die gläubigen Christen sonst nennt —, zu den altgläubigen Predigern gehe ich nicht und das, was in der Bibel steht, habe ich längst an den Schuhen abgelaufen". O wenn man statt der ungläubigen Bücher, die wider die heilige Schrift geschrieben werden, die Schrift selbst lesen, wenigstens mit ihnen die heilige Schrift gewissenhaft vergleichen würde, das Urtheil über unsern allerheiligsten Glauben würde ganz anders ausfallen. So aber nährt die Unwissenheit die Vorurtheile und die Vorurtheile verstärken die Unwissenheit. Auf der einen Seite muß man allerdings viel Mitleid haben mit den vielen tausend unglücklichen Christen, die den Feinden des Evangeliums blindlings glauben und aus Unwissenheit den Heiland verwerfen; aber ist nicht auf der anderen Seite ihre Unwissenheit ganz ihre eigne Schuld? Haben sie nicht die Bibel in Händen? Ist ihnen nicht christlicher Unterricht zu Theil geworden? Können sie nicht sonntäglich und vielleicht noch öfter gläubige Predigten hören? Giebt's nicht eine Menge guter Schriften, die den Weg Gottes klar beschreiben? Ist nicht offenbar und am Tage, wie Großes der Heiland gethan hat, seitdem er der Welt das Evangelium gebracht? Geschehen nicht gerade in unserer Zeit Zeichen und Wunder auf dem Gebiete der äußern und innern Mission? O, Christen, forschet doch in der Schrift und suchet den HErrn, dieweil er zu finden ist; damit ihr in der wichtigsten Angelegenheit eures eignen Lebens, damit ihr über den Heiland eurer Seele ein selbständiges, richtiges Urtheil erlangt, eure Unwissenheit möchte sonst euer Verderben werden.

Achten wir zum vierten auf die boshafte Freude, welche es dem Pilatus gewährt, daß es das Volk und die Hohenpriester der Juden selber sind, welche ihm Jesum Christum überantwortet haben. Der Haß der Juden gegen den Heiland gewährt ihm eine gewisse Entschuldigung, wenigstens den Vorwand zu einer Entschuldigung wegen des eignen Unglaubens. Hassen die Juden ihren eignen Messias und überantworten ihn zum Tode, ist das nicht die beste Gewissensberuhigung für den Heiden Pilatus, wenn er von diesem König auch nichts wissen will? Zwar pflegen die Ungläubgen selten von ihrem Unglauben zu lassen, wenn sie das Beispiel lebendigen Glaubens sehen, aber — sie lassen sich in ihrem Unglauben bestärken, wenn gerade diejenigen Christum grimmig hassen, welche am ersten sich zu ihm bekehren, und wenn die voll Gottlosigkeit sind, die voll Gottseligkeit sein sollten. Und wie vielfach wird leider auch heute noch ganz auf dieselbe Weise dem Unglauben Vorschub geleistet! Ist nicht der Unglaube und die Gottlosigkeit so vieler Namenchristen schuld daran, daß, so oft Juden und Heiden die Annahme des Evangeliums verweigern, daß sie wenigstens einen Vorwand haben, sie zu verweigern? Giebt es nicht selbst unter denen, welche Pfleger der Frömmigkeit von Berufs wegen sein und die Ausbreitung des Reiches Gottes besonders fördern

sollten manche, die durch ihre gehässigen Angriffe auf biblisches
Christenthum und treue Zeugen des Evangeliums der ungläubigen
Welt das größte Aergerniß geben und sie in ihrem Unglauben
verhärten? Allein so schrecklich auch das Wehe ist, welches
der HErr über diejenigen ausruft, die Aergerniß geben, so ent=
schuldigt das doch diejenigen keineswegs, welche Aergerniß nehmen;
auch sie trifft ein gerechtes Gericht.

Endlich darf es nicht übersehen werden, daß Pilatus der Unter=
suchung eine etwas andere Wendung geben will. Vorher hatte
er den Heiland gefragt: „wer bist du?" jetzt fragt er: „was
hast du gethan?" Eine Aufklärung über die Person und
Würde Jesu begehrt er nicht weiter, das führt ihn auf ein
hohes, geistliches Gebiet, auf dem's dem Landpfleger unheimlich
wird. Die Thaten, meint er, die äußerlichen Thaten, die
sind etwas Sichtbares, Greifbares, die kann ich schon eher ver=
stehen. Allein der HErr Jesus ist anderer Meinung. Gerade
die Frage: „was hast du gethan?" beantwortet er nicht,
sondern er bringt abermals die Rede auf seine Würde und Per=
son und zeigt damit an, daß man seine Thaten nur richtig
beurtheilen kann, wenn man über seine Person ein richtiges
Urtheil hat. Damit ist denn zugleich über alle diejenigen der
Stab gebrochen, welche der Ansicht sind: „wer Christus eigent=
lich ist, das kann uns ganz gleich und einerlei sein, seine Lehre,
sein Beispiel, das ist uns die Hauptsache" — als ob die
Leute sonst gleich jedem glaubten und nachfolgten,
von dem sie nicht wüßten, wer er ist!

Was für eine schöne Gelegenheit hätte nun die letzte Frage
des Pilatus dem Heiland gegeben, rühmend aufzuzählen alle
seine herrlichen Thaten! Wie leicht wäre es ihm gewesen, sich
so die Bewunderung seines Richters zu verschaffen! Das ist
aber eben so groß an unserm HErrn Jesu Christo, daß er
sich niemals seiner Thaten rühmt, ja daß er selbst da von
ihnen schweigt, wo das Schweigen leicht eine üble Meinung
über ihn hervorrufen könnte. Er hätte Grund gehabt, sich
seiner großen Thaten zu rühmen, und doch schweigt er, weil
er keine Ehre sucht bei den Menschen. Wie müssen wir

uns dann schämen, die wir unsere guten Werke so gern
an die große Glocke schlagen und Ehre bei den Menschen
suchen, und doch sind unsre Werke so klein und erbärmlich,
und selbst wenn wir alles gethan hätten, sind wir doch nur
unnütze Knechte gewesen, die erst gethan haben, was sie zu
thun schuldig waren.

Und was für eine schöne Gelegenheit, die ganze Schlechtig=
keit seiner Ankläger aufzudecken, hätte dem Heiland der Ton
und Zusammenhang gegeben, in welchem Pilatus seine Frage
stellte! Gewiß hätte er bei dem Landpfleger ein offenes Ohr
gefunden, wenn er über die Hohenpriester tüchtig hergezogen und
sich selbst vertheidigt hätte, indem er seine Feinde anklagte. Wie
nahe hätte das einem gewöhnlichen Menschenkinde gelegen! Allein
weder sich rühmen, noch seine Feinde bloßstellen will
der Heiland, sondern den Pilatus will er gewinnen; die
Liebe, die sich nicht verbittern läßt und nicht das Ihre
sucht, die Seelsorgerliebe treibt ihn zu antworten: „Mein
Reich ist nicht von dieser Welt. Wäre mein
Reich von dieser Welt, meine Diener würden
darob kämpfen, daß ich den Juden nicht über=
antwortet würde; aber nun ist mein Reich nicht
von dannen."

Ziemlich gereizt hatte der Landpfleger die Unterredung über
die königliche Würde Jesu abgebrochen, der Heiland nimmt
sie freundlich wieder auf und um seinen Richter zum weitern
Nachdenken und Fragen zu bewegen, redet er jetzt von seinem
Reiche. Drei Mal bezeugt er feierlich, daß er ein Reich habe,
und alle drei Mal erklärt er, daß dieses Reich überirdischer Art
sei. Damit Pilatus sein ungerechtes Urtheil nicht mit einem Miß=
verständnisse entschuldigen könnte, so klärt ihn der Heiland völlig
darüber auf, daß er der König eines himmlischen Reichs, das
einen andern Ursprung, andere Gesetze, andere Eroberungs= und
Vertheidigungsmittel habe, als die Reiche der Könige dieser
Erde. Einer andern Welt gehöre es an. Das Wort ist die
Angel, die der weise Menschenfischer jetzt in seines Richters Seele
wirft. Also es giebt noch eine andere als diese irdische, sinn=

liche, vergängliche Welt, es giebt eine himmlische, übersinnliche, ewige Welt. Glaubst du das, Pilatus? Wenn du es glaubst, dann verstehst du auch, in welchem Sinne Jesus Christus ein König ist. — Sehet, wie deutlich der Heiland dem Verständnisse des Heiden die Sache zu machen sucht. Von einer ewigen Welt über dieser vergänglichen Welt mußte auch der Heide wissen, über sie Aufschluß zu erlangen, mußte auch der Heide verlangen. Und wie handgreiflich beweist der HErr dem irdisch gesinnten Landpfleger die Behauptung: „mein Reich ist nicht von dieser Welt"! „Bedenke doch, Pilatus", ruft er ihm zu, „was sich in dieser Nacht zugetragen, ohne Widerstand habe ich mich gefangen nehmen lassen, dem Petrus habe ich befohlen, das Schwert in die Scheide zu stecken, freiwillig habe ich mich in die Hände der Häscher gegeben, ganz wehrlos stehe ich jetzt vor dir — wäre ich im irdischen Sinne ein König, würden meine Diener, deren ich auf Erden zwar wenige, aber im Himmel desto mehr habe, nicht kämpfen, um zu verhindern, daß ich den Juden überantwortet würde?"

Aber es war dem Heiland nicht genug, den Pilatus auf die unsichtbare, ewige Welt hinzuweisen, nicht genug, ihn von der Grundlosigkeit der wider ihn erhobenen Anklage zu überzeugen; er versucht's noch auf eine dritte Weise, er will auf sein Herz einwirken. Merket, der Herr sagt nicht: „daß ich dir Pilatus", sondern „daß ich den Juden nicht überantwortet würde". Damit will er nicht blos ausdrücken, daß die Juden seine eigentlichen Mörder sind, will auch nicht blos das Gewissen seines Richters schärfen, daß er nicht wider bessere Überzeugung aus Feigheit den Juden nachgebe, sondern das will er damit andeuten: „O Pilatus, dir kann es zum Heile gereichen für Zeit und Ewigkeit, daß ich als ein Gefangener jetzt vor dir stehe; ich habe die Schlüssel des Himmelreichs in meiner Hand, sprich nur ein Wort, ein rechtes Glaubenswort, und die Thür wird dir aufgethan."

Und Pilatus? beugt er vor dieser andringenden Liebe das Knie und fleht: HErr Jesu, du König des Himmelreichs, erbarme dich meiner? Die nächste Betrachtung wird uns die

Antwort bringen. Wir aber, nach denen der Heiland sein Netz mit derselben Liebe auswirft, wie er's nach dem Pilatus ausgeworfen hat, wir wollen ungesäumt thun, was wir wünschen, das Pilatus gethan haben möchte, wollen dem Heiland zu Füßen fallen mit der ernstlichen Bitte: „Mache uns zu deines Himmelreichs seligen Bürgern!"

IV.

Der Schlüssel zum Herzen des Richters.

Joh. 18, 37 u. 38.

„Da sprach Pilatus zu Jesu: so bist du dennoch ein König? Jesus antwortete: du sagst es, ich bin ein König. Ich bin dazu geboren und in die Welt gekommen, daß ich die Wahrheit zeugen soll. Wer aus der Wahrheit ist, der höret meine Stimme. Spricht Pilatus zu ihm: Was ist Wahrheit! Und da er das gesagt, ging er wieder hinaus zu den Juden."

Drei Mal hatte der HErr Jesus vor dem Landpfleger von seinem Reiche geredet. Mit der größten Bestimmtheit hatte er also königliche Würde für sich in Anspruch genommen. Aber ein König, wie die Juden ihn wünschten, war er ebensowenig, wie ein König, den die Römer zu fürchten brauchten. Das war dem Pilatus eine völlig räthselhafte Sache. Daher fragte er: „so bist du dennoch ein König?"

Man würde den Sinn dieser Frage durchaus verkennen, wollte man in ihr nur Neugierde oder gar Spott und Hohn sehen. Es ist dem Landpfleger dieses Mal Ernst mit seiner Frage. Die bestimmte und würdevolle Erklärung des wunderbaren Mannes, der als Angeklagter vor ihm stand, hatte seltsame Gedanken in ihm hervorgerufen, Gedanken, mit denen er sich bis dahin so gut wie gar nicht beschäftigt hatte. „Wie? neben dieser sichtbaren giebt es es noch eine unsichtbare Welt? Neben irdischen Reichen noch ein Reich, das nicht dieser Erde angehört? Und dieses wunderbare Reich einer unsichtbaren Welt nennt dieser Jesus sein Reich? Ein König will er sein, und verschmäht es doch, mit Gewalt der Waffen sich die Herrschaft zu verschaffen?" Ist es nicht, als ob in dem Augenblicke, wo der König des Himmelreichs vor Pilatus stand, eine Ahnung von der Existenz, vielleicht von der Herrlichkeit dieses Reiches in der verweltlichten Seele des Landpflegers dämmerte?

Einer ungezählten Menge verirdischter Menschen ist die himmlische Welt eine völlig fremde Sache geworden, weil ihr ganzes Sinnen und Trachten auf die irdische Welt gerichtet ist. Wenn aber ein festes und ernstes Zeugniß über die unsichtbare Welt vor ihnen abgelegt wird, so werden oft selbst die verweltlichtsten Leute nicht nur in Staunen und Verwunderung gesetzt, sondern sie werden auch innerlich betroffen und getroffen und fangen an, einmal im Ernste nach ihr zu fragen. — Solch ein Augenblick, wo ein verlaufener Sonnenstrahl durch den Nebelschleier bringt, und von dessen Benutzung es dann meist abhängt, ob der Mensch für das Himmelreich gewonnen wird oder verloren bleibt, war jetzt für den Pilatus gekommen. Der Heiland benutzt ihn, um von neuem auf sein Herz einzuwirken. Auf die mit einer gewissen Bewegung des Gemüths gethane Frage seines Richters antwortet er weder: „ja", denn ein rundes Ja wäre mißverständlich gewesen und hätte das Räthsel nicht gelöst; noch „nein", denn das wäre wider die Wahrheit gewesen, — sondern Jesus giebt eine solche Antwort, welche die Eigenthümlichkeit seines Reiches in das hellste Licht setzt, die jedes Mißverständniß und Mißtrauen beseitigt, die mit Ernst und Freundlichkeit das Gewissen des Fragers zu erwecken und Verlangen nach dem Himmelreiche in ihm zu entzünden sucht. „**Du sagst es**", lautet sie, „**ich bin ein König. Ich bin dazu geboren und in die Welt gekommen, daß ich die Wahrheit zeugen soll. Wer aus der Wahrheit ist, der höret meine Stimme.**"

Das ist auch einer jener großen Aussprüche des Heilandes, die mehr bewundert als verstanden werden und die so tief sind, daß man sie kaum andeutend auszulegen im Stande ist.

Achten wir zunächst darauf, was für eine Majestät darin
liegt, daß der wehrlose, auf den Tod verklagte Jesus mit sol=
cher Bestimmtheit und Würde vor dem höchsten Richter seines
Landes sich wiederholt einen König nennt. Alle seine Jünger
haben ihn verlassen, schutzlos, allein, verachtet steht er als Ge=
fangener im Richthause, preisgegeben der Macht des römischen
Weltreichs, umtobt von der Wuth des eignen Volkes, über sei=
nem Haupte den gewissen Tod — und an diesem Orte, in
dieser Lage, in dieser Stunde nennt er sich König. Steht er
nicht da, als ob er der Richter und Pilatus der Angeklagte
wäre! Muß der Landpfleger nicht ehrfurchtvoll sich beugen vor
der Hoheit dieses Königs!

   „O mächtiger Herrscher ohne Heere,
   Gewaltiger Kämpfer ohne Speere,
   Du Friedensfürst von großer Macht;
   Es wollen dir der Erde Herren,
   Den Weg zu deinem Thron versperren,
   Doch du gewinnst ihn ohne Schlacht."

Und wie klar und überzeugend wehrt der Heiland jedes
Mißverständniß des königlichen Namens ab. „Ich bin
dazu geboren und in die Welt gekommen, daß ich die Wahrheit
zeugen soll." Mit Aufwiegelung gegen den Kaiser hat er also
ganz und gar nichts zu thun. Nicht mit Waffengewalt richtet
er auf sein Reich; das geheimnißvolle Mittel, durch welches es
gegründet und verbreitet wird, ist das Zeugniß der Wahr=
heit. Wer aber die Wahrheit zeugt, der kann ihr nicht durch
Zwang und Gewalt, sondern allein durch die Macht der Über=
zeugung Anhänger verschaffen. Wen die Wahrheit selbst nicht
überzeugt, daß er an sie glaubt, den kann auch keine Gewalt
nöthigen sie anzunehmen. Leider gehört nun das Wort Wahr=
heit — wie die schönen Worte Freiheit, Licht und dergleichen —
zu der nicht geringen Anzahl hoher evangelischer Worte, die
man aus dem Wörterbuche des Himmelreichs gestohlen, durch
Unterlegung eines ihnen fremden Sinnes entstellt und dazu gemiß=
braucht hat, um dem fleischlichen Sinne zu schmeicheln und Un=
glauben und Ungehorsam gegen das Evangelium zu verbreiten.

Machen wir uns also den Sinn des Wortes Wahrheit vorerst klar.

Wenn Jesus Christus von Wahrheit redet, so versteht er darunter nicht eine solche Erkenntniß, zu der wir durch sinnliche Wahrnehmung, durch Schlüsse des Verstandes, durch die Arbeit der Wissenschaft gelangen. Auf diesem Wege gelangt der Mensch nur zu einer Erkenntniß sinnlicher, irdischer Dinge, die oftmals richtig ist, in tausend Fällen sich aber auch als falsch erweist. Unsere Sinne lehren uns die Wirklichkeit, aber nicht die Wahrheit erkennen; eine Berechnung unseres Verstandes, die von Fehlern, und eine Entdeckung der Wissenschaft, die von Irrthümern frei ist, muß man richtig, aber nicht wahr nennen. Die Wahrheit ist freilich auch etwas ganz Wirkliches und Richtiges, aber sie ist mehr als Wirklichkeit und Richtigkeit. Wahrheit im Sinne Jesu Christi geht auf eine Gewißheit über solche Dinge, über welche weder die Sinne noch der Verstand des Menschen etwas Gewisses feststellen können. Meinte der Heiland unter Wahrheit solche Erkenntnisse, die der Mensch durch sich selbst finden kann, so wäre gar kein Grund abzusehen, weshalb er so feierlich bezeugt: „ich bin dazu geboren und in die Welt gekommen, daß ich die Wahrheit zeuge". Jesus Christus versteht unter Wahrheit sichere und gewisse Aufschlüsse über die heiligsten Angelegenheiten, über die innerlichsten Lebensfragen, über die höchsten Interessen der Menschenseele, sichere und gewisse Aufschlüsse über unsere ewige Bestimmung, über Gott und göttliche Dinge, über den Himmel und den Weg, der ins Himmelreich führt.

In allen diesen Dingen kann der Mensch von sich selbst nur eine Meinung, eine Ansicht haben, aber nicht die Wahrheit wissen, und wenn er auch noch so fest von der Richtigkeit seiner Ansicht überzeugt ist, wenn er auch noch so aufrichtig die wirklichen Gedanken seines Herzens ausspricht, Meinung bleibt doch Meinung und hat noch lange keinen Anspruch darauf, die Wahrheit zu sein. Aber was unser HErr Jesus Christus über geistliche, göttliche Dinge gesagt hat, das ist keine bloße Ansicht und Meinung, sondern das ist felsenfeste Gewißheit, das ist die **Wahrheit**. Der Mensch urtheilt über diese Dinge, wie sein beschränkter Verstand sich **denkt**, daß sie sind; Jesus Christus sagt, wie sie **wirklich** sind, und wollen wir die Wahrheit haben, so müssen wir ihm **glauben**. Ansichten giebt es beinahe so viele, als es Menschen giebt; die Wahrheit ist aber nur eine, kann natürlich nur eine sein, und unter allen, die über diese Erde gegangen sind, hat der eine Jesus Christus allein gegründeten Anspruch darauf, daß sein Zeugniß diese eine Wahrheit sei. Aber leider ist der Mensch, der doch erwiesenermaßen schon in irdischen Dingen tausendfach irrt, so eingebildet und dünkelhaft, daß er die eigne Ansicht für die Wahrheit, und des HErrn Jesu Christi Wahrheit für eine Ansicht erklärt. Es ist ja gar nicht selten, daß die Wahrheit Christi verworfen wird durch die Behauptung: „ach, das sind Ansichten, ich habe eine andere (natürlich richtigere) Meinung" und dergleichen. Wahrlich! dazu ist Jesus Christus nicht in die Welt gekommen, daß er die vielen schon vorhandenen Ansichten um eine Ansicht vermehre, sondern daß er uns die gewisse Wahrheit bringe, und es ist eine höchst strafbare Vermessenheit, mit dem Wahrheitszeugnisse Jesu Christi in eine Reihe zu stellen die eigenen Vorurtheile und die Meinungen anderer Menschen, da wir doch alle nicht werth sind, dem Heiland auch nur die Schuhriemen aufzulösen. Es liegt ja in der Natur der Sache, daß der Mensch, auch der scharfsinnigste Denker, auf dem Gebiete der himmlischen Dinge nur **Vermuthungen** aufstellen kann, und es ist offenbar und am Tage, daß zehn Menschen zehn sich **widersprechende** Vermuthungen aufstellen. Welch hoher Grad von Selbstüberhebung gehört nun dazu, zu behaupten: unter diesen sich widersprechenden Vermuthungen ist meine die Wahrheit. Aber Gott sei Dank! mitten in diesem Wirrwarr sich bekämpfender Ansichten stehet als ein **Fels Jesus Christus, sein Zeugniß ist die Wahrheit**. Hier ist ein sicherer Gewährsmann, der Gewißheit giebt, denn „Er redet, was er weiß, und zeuget, was er gesehen hat". Sein Wahrheitszeugniß beruht nicht auf Vermuthungen, nicht auf unsicheren Verstandesschlüssen, sondern auf der eigensten Erfahrung und Anschauung. Weil Jesus Christus als Augenzeuge redet, so ist sein Zeugniß auch so bestimmt, einfach und klar, und wenn der Inhalt desselben über unsere Vernunft geht, so ist das ganz natürlich, viel natürlicher, als daß es über die Vernunft des Hottentotten geht, wenn er von Eisenbahnen und Telegraphen hört. Wir sind eben Fremdlinge in dem Lande, aus welchem Jesus Christus als Eingeborener, ja als König redet; und das ist gerade der Beweis der Wahrheit, daß sie über die Vernunft geht, darum eben kann sie aus keines Menschen Sinn gekommen sein. Nie hat ein Mensch auf Unfehlbarkeit solchen Anspruch gemacht, als Jesus Christus, der so in der Wahrheit lebt, daß er sich selbst „die Wahrheit" nennt. Aber merkwürdig! während man vielen gelehrten und ungelehrten Narren auf's Wort glaubt, gegen den, der die Wahrheit ist, verhält man sich außerordentlich schwergläubig. Im Grunde folgt jeder Mensch irgend einer Autorität, und ich meine, wer der Autorität Jesu Christi auf's Wort glaubt und folgt, der kann sich vor der ganzen Welt damit sehen lassen. Es giebt keine zuverlässigere Autorität als Jesum Christum, der in der himmlischen Welt zu Hause ist, und wenn nun gewisse Leute, denen diese Welt doch ein ganz unbekanntes Land ist, das Zeugniß des eingeborenen Sohnes für eine veraltete Ansicht, und ihre eigenen Faseleien für ausgemachte Wahrheit erklären, so ist das eine lächerliche Anmaßung, die durch ihre eigene Thorheit sich richtet.

Nun verfolgt der Heiland mit dem eben besprochenen Bekenntnisse nicht blos den Zweck, seinen Richter über die Art seiner königlichen Würde aufzuklären, sondern er versucht zugleich, ihn für das Land der Wahrheit zu gewinnen, in welchem er das königliche Scepter führt. Jeder Mensch, auch der Heide, hat ursprünglich ein Bedürfniß, über die heiligsten und höchsten Lebensfragen seiner Seele zu einer Gewißheit zu kommen. Der lebendige Gott hat uns allen ein Verlangen nach der ewigen Wahrheit eingepflanzt. Daher haben denn auch die Menschen, so lange die Erde steht, nach ihr gesucht. An diesen angeborenen Wahrheitsdurst appellirt jetzt der Heiland bei Pilatus.

Vielleicht hat der Heide ein Bedürfniß, über die Dinge zur Gewißheit zu kommen, über welche auch die weisesten Menschen keine Gewißheit zu geben vermochten. Vielleicht kennt er das Gefühl, daß „ein edler Sklave in ihm ist, dem er die Freiheit schuldig ist". Daher klopfet der König im Lande der Wahrheit an sein Herz mit den Worten: „wer aus der Wahrheit ist, der höret meine Stimme".

Freilich kann der Mensch in seinem irdischen Sinnen und Beginnen so sehr seine höhere Natur und Bestimmung vergessen, daß auch das ihm anerschaffene Verlangen nach Wahrheit zuletzt erstickt wird. So wenig auf einen Blinden das hellste Licht oder auf einen Tauben die schönste Musik, macht dann das deutlichste Zeugniß der Wahrheit auf ihn einen Eindruck. Wer aber noch ein aufrichtiges Streben hat, über die höchsten Lebensfragen ins Reine zu kommen, wer ehrlich nach sicheren Aufschlüssen über göttliche Dinge sucht, wer einen geheimen Herzenszug nach den unsichtbaren Gütern hat, wer gewissenhaft sich bemüht, sich selbst zu erkennen und sich über die wahren Bedürfnisse der Seele nicht zu belügen, wer durch und durch lauter und gegen sich wahr ist — der merket auf und höret begierig zu, wenn Jesus Christus sein Zeugniß der Wahrheit ablegt. Das neue Testament führt uns mehrere solcher Menschen vor, die aus der Wahrheit waren, z. B. einen Nathanael, einen Cornelius, und jetzt muß es bei Pilatus offenbar werden, ob er auch in ihre Reihe gehört, oder ob ein Verlangen, die Wahrheit zu erkennen, in seinem Herzen gar nicht ist. Tritt Jesus Christus mit seinem Zeugniß der Wahrheit vor einen Menschen hin, dann muß allemal offenbar werden, ob derselbige Mensch wirklich aus der Wahrheit ist. Wie der Magnet das Eisen anzieht, so zieht Jesus Christus jeden an, der aus der Wahrheit wirklich ist und mit seinem Wahrheitssinne nicht blos prahlt. Es giebt aber viel blose Großthuerei mit dem Streben nach Wahrheit, hinter der nichts als Gleichgiltigkeit, ja Feindschaft gegen die Wahrheit steckt. Man will von der Wahrheit loskommen, indem man thut, als ginge man aus, sie zu suchen. Wenigstens poche der nicht auf seinen Wahrheitssinn, der bei seinem vermeintlichen Forschen nach Wahrheit gleichgiltig an ihrem Könige vorübergeht.

„Wer aus der Wahrheit ist, der höret meine Stimme"; — hören wir seine Stimme? Merken wir heilsbegierig auf alles, was der Heiland sagt, oder lassen uns seine Worte kalt und stumpf? Haben wir ein Verständniß für seine Rede, oder kommt sie uns wie eine fremde Sprache vor? Überzeugt uns Jesu Zeugniß, oder schwankt unser Herz zwischen Glauben und Unglauben? Gehorchen oder widerstreben wir der Wahrheit? Läßt uns Jesu Wahrheitszeugniß gleichgiltig, bleibt's uns unverständlich, gewinnt's keinen Einfluß über unser Herz — die Schuld liegt ganz allein an uns, wir sind dann nicht aus der Wahrheit. Es geht uns dann wie den Tauben, die die menschliche Rede nicht hören können, weil ihnen das Organ fehlt, sie zu vernehmen. Es gehört mehr dazu als ein paar leibliche Ohren, wenn ein Mensch die Stimme Christi hören soll. Nur „wer aus Gott ist, höret Gottes Wort". Darum lasset uns beten, daß der HErr uns Aufrichtigkeit des Herzens, Verlangen nach dem Heil, Liebe zur Wahrheit schenke, damit wir ihr königliches Zeugniß auch von ganzem Herzen anhören, annehmen, verstehen und befolgen.

Eine Antwort giebt Pilatus auf die Erklärung des Heilandes. Er spricht: „was ist Wahrheit!" Es kommt nun alles darauf an, diese Antwort richtig zu verstehen, denn in welchem Sinne der Mensch diese Äußerung thut, davon hängt ab, was er selbst für einen Werth hat.

Auf den ersten Blick könnte es ja scheinen, als ob Pilatus aus Heilsbegierde, wenigstens aus Wißbegierde so gefragt hätte. Wol dem Pilatus, wenn er so gefragt hätte, wie gerne wollten wir dann auch ihm das schöne Lob zuerkennen, mit welchem ein Nathanael und Cornelius geehrt worden ist. Hätte Pilatus wirklich aus Heilsverlangen, hätte er nur aus Wißbegierde gefragt, wahrlich — er würde dann eine Antwort aus dem Munde des Heilandes empfangen haben, deren die Welt nicht werth gewesen, ein königliches Wort, leuchtend und groß, wie wir es jetzt nicht zu ersinnen im Stande sind. Und warum sollte

es unmöglich gewesen sein, daß dem Pilatus der Wahrheitsdurst das
Wort auf die Lippen gelegt? Berichtet uns doch die Geschichte,
daß es in der damaligen Zeit viele edle, suchende Seelen auch
unter den Römern gegeben, die gleich dem Hauptmann von
Capernaum und vielen andern im Judenthume die Wahrheit
zu finden hofften, die sie im Heidenthume vergeblich gesucht.
Und Gott sei Dank! es hat immer solche Seelen gegeben und
giebt ihrer noch, denen die Frage: „was ist Wahrheit?" aus
einem nach ihrer Erkenntniß glühenden und im Kampfe um sie
zerrissenen Herzen kommt und die die Wahrheit mit den Nägeln
aus der Erde herausgraben würden, wenn sie dort zu finden
wäre. Selig sind, die so die Wahrheit suchen, denn sie wer=
den sie finden.

Pilatus aber hat nicht zu ihnen gehört. So gern man
auch das Wort: „was ist Wahrheit!" zu seinen Gunsten aus=
legen möchte, das **Verhalten** des Pilatus legt es zu seinen
Ungunsten aus. „**Und da er das gesagt hatte, ging er
hinaus.**" Er will also gar keine Antwort haben auf seine
Frage, warum hätte er sonst dem Heiland so eilig den Rücken
gewandt? Die Wahrheit ist ihm eine so werthlose Sache, daß
er's nicht der Mühe für werth hält, auch nur ein paar Augen=
blicke darauf zu verwenden, sich sagen zu lassen, was Wahrheit
ist. Wer ernstlich nach Wahrheit fragt, der geht nicht eher von
dannen, als bis er eine Antwort erhalten, der hört nicht eher
auf zu suchen, als bis er gefunden hat. Der Durst nach Wahr=
heit ist wie aller Durst, eine brennende Qual im Innern; und
wer wirklich Durst hat, der läuft nicht von der Quelle fort,
ehe er ihn gelöscht hat.

Wie zahllose Christen giebt's mit des Pilatus Gleichgiltig=
keit gegen die Wahrheit, die sich auch keinen Augenblick Zeit
nehmen, um zu hören, was Wahrheit ist. Dann und wann,
wenn vielleicht einmal ein Strahl vom ewigen Licht in ihre
umnachtete Seele fällt, ist's, als ob sie auch einmal fragen
wollten, aber so schnell wie sie gekommen, ist die bessere Re=
gung auch wieder vergangen, Herz und Sinn ist wieder bei
irdischen Dingen, tausend andre Fragen, die viel mehr Interesse

haben, kommen in die Gedanken, und schneller, als die Antwort
gegeben werden kann, hat der Frager den Rücken gekehrt. Für
alles ist Zeit da; aber der Stimme der Wahrheit Gehör zu
schenken, dazu fehlt die Zeit — weil die Lust fehlt.

Das Wort des Pilatus „was ist Wahrheit" ist aber im
Grunde gar keine Frage, sondern ein Ausruf. Zunächst will der
Landpfleger wol damit sagen: „was hat die Wahrheit mit der
gerichtlichen Untersuchung zu thun, die ich jetzt zu führen habe;
die ‚Wahrheit' gehört gar nicht zur Sache" — wie denn auch
viele Christenmenschen sich das Zeugniß der göttlichen Wahrheit
gar oft vom Leibe oder vielmehr von der Seele zu halten
suchen, indem sie sagen, das gehöre hier nicht her, das gehe sie
nicht an u. s. w. Aber der Ausruf des Pilatus ist auch eine
Erklärung über die Wahrheit selbst. Und was für
eine Erklärung! „Für mich giebt's keine ewige Wahrheit, darum
halte ich mich auch nicht dabei auf, eine Antwort von dir ab-
zuwarten."

Und in welchem Tone, mit welcher Empfindung giebt
Pilatus diese Erklärung! Trauert etwa seine Seele, während
der Mund dieses beklagenswerthe Bekenntniß ablegt? Ist er
der Verzweiflung nahe, weil's für ihn keine ewige Wahrheit
mehr giebt? O wenn der Landpfleger wenigstens zu denjenigen
gehört hätte, denen die Thränen ins Auge treten, wenn sie
von dem Verluste ihres Glaubens reden, es wäre noch Hoffnung gewesen, seine Seele zu retten von Zweifel und Verzweiflung. Aber nichts von Wehmuth ist seiner Erklärung ab-
zufühlen, sie wird vielmehr in einem verächtlichen, leichtfertigen,
vornehm spöttelnden Tone gegeben, als ob er sagen wollte:
„Was! Wahrheit! über den Köhlerglauben bin ich lange hinaus,
der noch an ewige Wahrheit glaubt; die Wahrheit ist für mich
eine aus der Mode gekommene Waare, für die ich keinen Pfen-
nig übrig habe. Diese Rechnung ist bei mir abgeschlossen, und
ich fühle nicht das geringste Bedürfniß, durch eine abermalige
Revision mir Arbeit und Unruhe zu machen." — Der arme
Pilatus! Er hat keine Wahrheit und begehrt auch keine, er
glaubt an keine Wahrheit und spöttelt noch darüber, daß ihm

4*

das Eine fehlt, was noth thut. Ein Mann wie dieser Pilatus hat niemals ernstlich nach Wahrheit gesucht. Sein Unglaube kam ganz gewiß nicht daher, daß er alle Weisheit der Weisen dieser Welt durchforscht und nun des erfolglosen Suchens müde nicht mehr glauben konnte, es werde nach so vielen falschen Propheten endlich der wahre kommen. Nicht müde gesucht und gekämpft hat sich Pilatus um den Besitz der Wahrheit, er hat vielmehr noch niemals eine Sehnsucht nach ihm empfunden; ein Ausruf matter Gleichgiltigkeit, aber nicht das Resultat eines vergeblichen Forschens im Schweiße des Angesichts, ist seine Erklärung. Sie zeugt nur von einem leichtfertigen, verweltlichten Herzen, dem's ganz gleich und einerlei ist, ob's überhaupt eine ewige Wahrheit giebt oder nicht.

Und wie groß ist das Geschlecht dieser Pilatusseelen heutzutage! Ist es nicht vielen Tausenden ganz gleich und einerlei, ob es überhaupt eine göttliche Wahrheit giebt oder nicht? Fragen wir die große Zahl der Kirchen= und Sacramentsverächter, was für eine Antwort haben sie auf die Frage: ob ihre Seele auch nur Durst habe, die Wahrheit zu erkennen? Nicht wenige werden uns mit einem frivolen Witzworte antworten, andere werden uns schweigend den Rücken kehren, die meisten werden uns sagen: sie hätten nöthigere Dinge zu thun, als solchen luftigen Fragen nachzuhängen, die nichts einbrächten und die sich schließlich jeder selbst beantworten könnte wie er wollte. Sie haben den Glauben an eine ewige Wahrheit verloren, aber keine Spur von Schmerz ist ihnen darüber anzumerken, sie sind so seelenvergnügt dabei, als ob ihnen der werthloseste Luxusartikel abhanden gekommen wäre, den man sehr gut entbehren kann. Die göttliche Wahrheit ist ihnen ein abgetragenes Kleid, über dessen altmodischen Schnitt man lächeln muß. Im spöttischen, verächtlichen Tone redet man von Glauben und Offenbarung, und bildet sich dabei ein, wunder wie gebildet das wäre, ungläubig zu sein. Wollte man denselben Menschen Tüchtigkeit in ihrem Berufe oder Ehrlichkeit oder vollends Verstand absprechen, sie würden sich auf's gröbste beleidigt fühlen und erglühen im grimmigen Zorne; aber wenn man ihnen den Glauben abspricht, so lächeln sie noch dazu und halten es gar für einen Ruhm. Und der Heiland hat so fest und feierlich erklärt: **"wer aber nicht glaubet, der wird verdammet werden", "wer aber nicht glaubet, der wird verdammet werden".**

Pilatus hat für seinen Unglauben allenfalls noch den Schein einer Entschuldigung, denn da er zu einer Zeit lebte, wo die alten heidnischen Religionen Bankerott gemacht und fast alle seine Landsleute von der Thorheit ihres Aberglaubens sich überzeugt hatten, so lag es den leichtfertigen, verweltlichten Seelen nahe, überhaupt an der Wahrheit aller Religionen, auch der von Jesu Christo geoffenbarten, zu zweifeln. Allein darin liegt doch nur der Schein einer Entschuldigung. Wie die Pflanze von Natur nach dem Lichte, so wendet sich die Seele nach des Himmels Offenbarung. Jedem natürlichen Menschen ist wenigstens eine Ahnung davon angeboren, daß es eine ewige Wahrheit geben muß, und also auch eine Religion, die sie hat; und ein Verlangen nach Wahrheit, ein Bedürfniß nach Religion ist ihm in's Herz gepflanzt. Wenn nun der Heide auch erkennen mußte: meine heidnische Religion hat die Wahrheit nicht, mußte er dann diese Wahrheit nicht desto begieriger in der Religion Jesu Christi suchen, zumal dieser so zuversichtlich von sich behauptete: "ich bin dazu geboren und in die Welt gekommen, daß ich die Wahrheit zeugen soll"?

Doch, sagt der Pilatussinn vieler Christen, die Wahrheit zu haben behaupten alle Religionen. Allen zu glauben ist nun aber unmöglich, denn sie widersprechen und verdammen sich gegenseitig. Einer zu glauben, ist das nicht parteiisch? nöthigt also nicht die Consequenz, sie alle zu verwerfen? Für oberflächliche Leute hat dieser stolze Trugschluß etwas Bestechendes — weil er selbst sehr oberflächlich ist. Es kann aber keine verkehrtere Logik geben, als sie der Unglaube sich in diesem Schlusse fabrizirt hat, um einen nobeln Entschuldigungsgrund für die Verwerfung der Wahrheit zu haben. Wenn zwanzig Personen unrechtmäßige Ansprüche auf eine Erbschaft erheben, welcher vernünftige Mensch schließt denn daraus, daß es keinen rechtmäßigen Erben gebe, und vollends, daß die Erbschaft selbst gar nicht vorhanden sei? Weil es falsches Geld giebt, giebt es darum kein richtiges? Offenbar hat man nur darum falsche Münze geprägt, weil eine echte vorhanden, und Quacksalber finden nur deshalb Eingang, weil es Ärzte und wirkliche Heilmittel giebt. Die bekannte Parabel von den drei Ringen in „Nathan dem Weisen" muß ganz dasselbe beweisen. Hätte es nicht wirklich einen echten Ring gegeben, es wäre dem aus verkehrter Liebe betrügerischen Vater nicht in den Sinn gekommen, seine Kinder mit nachgemachten Ringen zu täuschen. Anstatt also zu schließen, daß es keine wahre Religion giebt, weil so viele falsche vorkommen, muß man vielmehr umgekehrt sagen: es giebt nur deshalb falsche Religionen, weil wirklich eine wahre vorhanden ist. Und diese wahre zu finden, ist gar nicht so schwer. Im Grunde macht man nur deshalb so viel Aufsehens von den falschen Religionen, weil man Vorwände sucht, um die wahre herabzusetzen. Man untersucht nicht, oder geht mit Vorurtheil an die Prüfung, weil man die Wahrheit gar nicht finden will. Während Jesus Christus so feierlich bezeugt: „ich bin die Wahrheit", und viele Millionen freudig bekennen: ja diese Wahrheit hat uns frei und selig gemacht — da noch sagen: man könne die Wahrheit nicht finden, wisse auch nicht, wo sie zu suchen sei, heißt das nicht, am hellen, lichten Tage die Augen schließen? Wird denen, die sich Christen nennen, nicht von frühester Jugend an Gelegenheit geboten, das Evangelium zu prüfen? Können sie seine Wahrheit nicht am eignen Herzen erproben? Beweist ihnen nicht die bald zweitausendjährige Geschichte, daß Jesus Christus wirklich gegeben hat, was er verheißen? Legen nicht die großartigen Werke der äußern und innern Mission, die wir in unsrer Zeit erleben, Zeugniß ab von der unverwüstlichen Kraft der christlichen Wahrheit? Hat die Religion des Gekreuzigten nicht stets Auferstehung gefeiert, wenn es schien, als ob ihre mächtigen Feinde sie endlich ins Grab gelegt? Wo soll denn auch nur der Schein einer Entschuldigung für den Unglauben herkommen? Sonst thut man, als habe man großen

Respect vor den Thatsachen; das Christenthum beweist seine Wahrheit durch glänzende Thatsachen, aber man glaubt doch nicht, denn man will nicht glauben.

Indeß nicht blos Entschuldigung, sondern sogar Lob nimmt der Unglaube für sich in Anspruch. Diejenigen, welche dem Zeugnisse Jesu Christi als der einzigen Wahrheit glauben, und es nicht zugeben wollen, daß die Meinungen der diesem Zeugnisse widersprechenden Menschen auch Wahrheit seien, die nennt man anmaßende, parteiische, einseitige Leute, hingegen die Ungläubigen thun sich groß, als ob sie bescheiden, unparteiisch und allseitig wären, weil sie jede Ansicht gelten ließen, und nicht blos in der Bibel die Wahrheit fänden. So versteht man immer aus weiß schwarz und aus schwarz weiß zu machen, und um üble Namen für den Glauben und um schöne Namen für den Unglauben ist man nicht verlegen. Ist das doch gerade auch ein Zeichen von der tiefen Fäulniß unsrer Zeit, daß die sittlichen Begriffe so verdreht werden, daß man kaum noch unterscheiden kann, was gut und böse ist, und daß es beinahe scheint, als ob die Sprache nur dazu da wäre, um den Dingen verkehrte Namen zu geben. Das soll Bescheidenheit sein, daß man dem HErrn Jesu Christo ins Angesicht zu sagen wagt: dein Zeugniß ist nicht die Wahrheit! das soll Unparteilichkeit sein, daß man immer den Feinden des HErrn Recht giebt! das soll Allseitigkeit sein, daß man sich um das Zeugniß dessen so gut wie gar nicht kümmert, der doch ohne Zweifel in religiösen Dingen die höchste Autorität ist! Und das wagt man Anmaßung zu schelten, wenn man dem aufs Wort glaubt, der zeuget, was er gesehen hat; das Einseitigkeit, wenn man fest daran hält, daß es nicht zwei, sondern nur eine Wahrheit geben kann; das Parteilichkeit, wenn man's entschieden mit Jesu Christo hält und ihm den Vorzug giebt vor den vielen falschen Propheten, die gern als Heiland angebetet sein möchten! Hinter der Demuth, Unparteilichkeit und Allseitigkeit, mit welcher der Unglaube so gern Parade macht, steckt ja weiter nichts als der ärgste Hochmuth, die bissigste Feindschaft, die unduldsamste Engherzigkeit.

Lassen wir uns also durch dieses Selbstlob keinen Sand in die Augen streuen und die Ohren nicht kitzeln. Es ist auch nicht wahr, wenn behauptet wird, für das Handeln des Menschen komme es gar nicht darauf an, was er glaube. Vielmehr bestimmt die Stellung, welche der Mensch zur göttlichen Wahrheit einnimmt, seinen sittlichen Werth, sein Verhalten im Leben. Wir werden im Verlaufe unsrer Betrachtungen das an Pilatus recht deutlich sehen. Seine Erklärung: „was ist Wahrheit!" giebt uns den Schlüssel zu seinem Charakter. Mit dem einen Worte ist der ganze Mann gezeichnet. Die Gesinnung, welche sich in diesem Worte ausspricht, ist das innere Triebrad, welches seine äußerliche Handlungsweise bestimmt. Die Handlungen des Menschen sind nur wie der Zeiger an einer Uhr; das Uhrwerk selbst, welches diesen Zeiger erst in Bewegung setzt, ist der Glaube des Herzens. Was der Mensch glaubt, davon hängt ab, was er thut. Irgend einen Glauben hat auch der Mensch, der an das Evangelium keinen Glauben hat. Oder wollt ihr entgegnen: nicht nach Glauben, nach Grundsätzen handeln wir? Angenommen daß ihr wirklich Grundsätze habt und nicht blos mit ihnen prahlt, angenommen daß ihr edle Grundsätze habt, worauf ruhen denn diese Grundsätze? Ihr sagt: auf der Erfahrung. Aber beweist die Erfahrung nicht oft das Gegentheil, und ihr behaltet eure Grundsätze doch? Ziehen aus derselben Erfahrung nicht andre Menschen andre Grundsätze? Oder meinet ihr, eure Grundsätze seien das Ergebniß logischen Denkens? Kommen aber nicht andre Denker zu ganz andern Grundsätzen? Und was habt ihr für eine Garantie, daß ihr richtig gedacht? Nicht euer Denken bestimmt eure Grundsätze, sondern eure Grundsätze bestimmen euer Denken. Zuletzt beruhen eure Grundsätze auf nichts anderm als darauf, was ihr glaubt. Ihr vermögt sie mit nichts zu beweisen, und wenn ihr nun wirklich nach ihnen handelt, ist also nicht das, was ihr glaubt, die Triebfeder eures Handelns? Selbst diejenigen Menschen, die es im Unglauben am weitesten gebracht haben und sagen: es giebt keine übersinnliche Welt, es giebt keinen lebendigen Gott, es

giebt kein Leben nach dem Tode u. s. w., woher wissen sie
denn das, womit beweisen sie es? Sie glauben, daß es so
ist, weil sie Gründe haben, zu wünschen, daß es so sein
möchte. Im gewissen Sinne hat also selbst der Ungläubigste
Glauben. Und das liegt doch auf der Hand, wenn der Mensch
an einen lebendigen Gott, eine zukünftige Vergeltung, an Himmel
und Hölle nicht mehr glaubt, daß der auch nicht viel Umstände
machen wird, die Gebote Gottes zu übertreten, wenn sie ihm
lästig sind.

Unsere Augen vermögen freilich nicht immer die Wurzeln
deutlich zu sehen, aus denen die menschlichen Handlungen heraus-
wachsen. Da sind aber diese Wurzeln und vor dem Auge Gottes
sind sie allezeit bloß und entdeckt. Bei Pilatus hat sie Johannes ans Licht gezogen; die eine Erklärung über die Wahrheit giebt uns die nöthigen Aufschlüsse über alles, was wir an
dem Landpfleger sehen und von ihm wissen. Er konnte nicht
anders handeln, weil er nicht anders glaubte. Er hat der
Wahrheit den Rücken gekehrt, darum kehrt er auch der Gerechtigkeit den Rücken. Weil ihn die Gottesfurcht nicht regiert,
so knechtet ihn die Menschenfurcht; und weil er sich von
Gott keine Gesetze mehr geben läßt, so läßt er sie sich vom
Eigennutz geben. Wo einmal der Glaube aus dem Herzen
gewichen, da schwindet auch die Rechtschaffenheit bald aus dem
Leben. Eine Zeit lang bleibt noch der Schein der Rechtschaffenheit wie das Abendroth nach der untergegangenen Sonne, aber
je matter der Glaube wird, desto laxer wird die Moral. Schneidet
der schönsten Blume ihre Wurzel ab, eine Zeit lang blühet sie
noch im Glase, dann welkt sie dahin. Fehlt euch der Glaube
an die ewige Wahrheit, dann ist euere vermeintliche Rechtschaffenheit und Tugend eine wurzellose Pflanze, die der erste
Windstoß der Versuchung herausreißt. Der Glaube gehört zur
Tugend, wie die Wurzel zur Pflanze gehört. Zwar giebt es
im Leben Menschen, die gläubig zu sein scheinen und meinen
und mit deren Tugenden es schlecht bestellt ist, und wiederum
giebt es solche, die tugendhaft zu sein scheinen und meinen und
mit deren Glauben es schlecht bestellt ist. Dieser Widerspruch

löst sich aber auf sehr einfache Weise. Wo dem Glauben die Tugend fehlt, da ist nur ein Scheinglaube, und wo der Tugend der Glaube fehlt, da ist nur eine Scheintugend vorhanden. Glaube sowohl wie Tugend kann freilich manchmal nur ein übertünchtes Grab sein, aber vor Gott gilt nur der Glaube wirklich als Glaube, der durch Tugenden sich lebendig erweist, und nur die Tugend wirklich als Tugend, die aus dem Glauben hervorgegangen ist. Wie der Glaube todt ist ohne Werke, so sind auch die Werke todt ohne Glauben. Finden wir nun im Leben bei den Gläubigen nicht immer lauter Tugenden, so kommt das daher, daß sie eben noch nicht alle vollkommen gläubig sind, und finden wir bei den Ungläubigen nicht immer lauter Laster, so kommt das daher, daß sie noch nicht alle vollkommen ungläubig sind. Der Gläubige hat noch täglich Ursach zu bitten: „ich glaube, lieber HErr, hilf meinem Unglauben", und der Ungläubige ist oft noch an Gott gebunden durch ein geheimes Band des Glaubens, das er selbst nicht kennt. Vermögen wir's auch nicht immer deutlich zu sehen, es hat doch jeder einen inwendigen Menschen, der dem auswendigen Menschen Befehle giebt. Je klarer ich selbst diesen inwendigen Menschen, der entweder an Gott hängt oder ungläubig sich von Gott abkehrt oder halbgläubig zwischen Himmel und Erde schwankt, je klarer ich diesen inwendigen Menschen erkenne, je entschlossener ich seinen Befehlen gehorche, desto geregelter und consequenter wird mein äußerliches Verhalten. Hingegen je unklarer ich bin über das, was in meiner innersten Seele herrscht, oder je weniger mein inwendiger Mensch noch eine feste Gestalt gewonnen hat, desto schwankender ist meine Handlungsweise und desto mehr wird von den äußerlichen Verhältnissen auf sie Einfluß geübt. Daher kommt es dann, daß nicht alle Handlungen eines jeden unter uns immer mit seinem eigentlichen inwendigen Menschen übereinstimmen, daß die äußerlichen Handlungen manchmal schlechter oder besser sind als der inwendige Mensch, zumal der auch fortwährend seine Kämpfe durchzumachen hat und bald Siege davonträgt, bald Niederlagen erleidet. Diese Ausnahmen heben aber die Regel nicht auf. Im Ganzen bleiben unsere äußerlichen Handlungen der Ausfluß unserer inwendigen Gesinnung. Diese inwendige Gesinnung ist im Grunde aber nur eine himmlische oder eine irdische; wer nun himmlisch gesinnet, gläubig ist, der hat Lust am Gesetz des HErrn, wer aber irdisch gesinnet, ungläubig ist, der macht sich selbst ein Gesetz, je nachdem das Interesse es fordert.

Wir sehen also, jenachdem ein Mensch zu der ewigen Wahrheit steht, darnach bestimmen sich seine Handlungen. Wir können die Handlungsweise des Pilatus errathen, nachdem er durch seine Erklärung über die Wahrheit sein Herz uns aufgeschlossen hat. — Wie aber stehen wir zu der großen Frage: „was ist Wahrheit?" Im Grunde ist nur eine doppelte Stellung möglich. Auf der einen Seite wird erklärt: es giebt keine ewige Wahrheit, oder in stumpfer Gleichgiltigkeit über diese wichtigste aller Fragen hinweggegangen. Auf der andern Seite hat man die Wahrheit gefunden, oder sucht sie doch wenigstens. Auf einer dieser Seiten müssen wir stehen, welche ist das? Viele sind, die die breite Straße wandeln, so zur Verdammniß führet, Wenige, die den schmalen Weg gehen, der zum Leben führet. Jesus Christus, der von sich sagt: „ich bin die Wahrheit", der ist auch allein der Weg, der schmale, der zum Leben führt und außer ihm ist kein Heil. Nur wer an ihn glaubt, der wird selig werden.

V.
Ich finde keine Schuld an ihm.
Joh. 18, 38.

„Und da er das gesagt, ging er wieder hinaus zu den Juden und spricht zu ihnen: Ich finde keine Schuld an ihm."

Mit dem Ausrufe eines ganz verirdischten Sinnes, der es für eine Verirrung des menschlichen Geistes hält, eine göttliche Wahrheit zu glauben und eine himmlische Welt, mit dem Ausrufe: „was ist Wahrheit!" hatte Pilatus dem Könige der Wahrheit den Rücken gekehrt. In dieser einen Stunde verscherzte er das ewige Leben und mit diesem einen Schritte machte er sich zum Scharfrichter derer, die den Tod Jesu verlangten. Seines Herzens Gedanken waren nun offenbar geworden, und wir dürfen uns nicht wundern, wenn der Mann, dem jeder Halt an einem festen religiösen Glauben fehlt, auch gegen Recht und Gewissen handelt.

Auf der Stelle verurtheilt allerdings Pilatus den Heiland noch nicht. Noch empört sich sein natürliches Rechtsgefühl und das richterliche Gewissen gegen diese schreiende Ungerechtigkeit. Auch wenn der Glaube aus dem Herzen geschwunden ist, übt Gott der HErr durch das Gewissen eine Zeit lang noch eine Macht über den Menschen aus, so daß er sich scheut, ins

Grobe zu sündigen. Es ist das Gewissen, das auch in der Brust des ungläubigen, natürlichen Menschen drohend seinen Finger erhebt, wenn er im Begriff steht Übles zu thun, es ist das Gewissen wie ein Seil, an welchem Gott den Menschen immer noch festhält und ihn zum Glauben an sein Wort und zum Gehorsam gegen sein Gebot zurückzuführen sucht. Leider sind es aber nur wenige, die sich diesem göttlichen Zuge überlassen und an denen in Erfüllung geht, was der Heiland verheißen, wenn er spricht: „So Jemand will deß Willen thun, der mich gesandt hat, der wird inne werden, ob meine Lehre von Gott sei oder ob ich von mir selbst rede". Die meisten Menschen, so gern sie auch mit ihrer Gewissenhaftigkeit prahlen, tragen nicht lange Bedenken, gegen das Gewissen zu handeln, wenn die Gewissenhaftigkeit ihnen Schaden und die Gewissenlosigkeit Gewinn bringt. Eine Zeit lang widerstehen sie, wie Pilatus, und suchen allerlei Auswege; aber wenn der Versucher seine Sturmleitern an die schwachen Stellen anlegt, wenn mit großem Nachtheil gedroht und mit dem rechten Preise, um welchen der Mensch feil ist, gelockt wird, dann lassen sie Gewissen Gewissen sein und thun, was der Vortheil erheischt.

Der barmherzige Gott hat es dem Menschen schwer gemacht, von ihm und seinem Gesetz ganz abzufallen; und es gehört oftmals ein langer Kampf dazu, bis es gelingt, alle Hindernisse zu beseitigen, die dem Unglauben und dem Ungehorsam in den Weg gelegt sind. An Pilatus werden wir das recht deutlich sehen. Wir täuschen uns gewiß nicht, wenn wir annehmen, daß es dem Manne doch Mühe gekostet hat, dem feierlichen Zeugnisse Jesu Christi gegenüber in seiner religiösen Gleichgiltigkeit und Ungläubigkeit zu verharren. Wenn sein Ausruf: „was ist Wahrheit!" auch die Erklärung enthält: „es ist nichts mit der Wahrheit, nach meiner Meinung existirt gar keine", so zeigt doch die Hast, mit der er sich entfernt, daß er sich ordentlich fürchtet, auf diese große Angelegenheit näher einzugehen und daß es ihm angst und bange wird bei dem Gedanken: „es wäre doch möglich, daß der Glaube Recht und der Unglaube Unrecht hätte". Die Flucht vor Jesu hat bei den meisten Un-

gläubigen ihren Grund in der Furcht, durch sein Zeugniß in
Unruhe versetzt und ihres falschen Friedens beraubt zu werden.
So sehr die Ungläubigen sich auch vorreden, es existire in Wirklichkeit das alles nicht, was sie leugnen, eine geheime Furcht
werden sie doch nicht los und sie sind ihrer Sache keineswegs
so sicher, wie sie sich stellen. Daher vermeiden sie auch so
ängstlich ernste religiöse Lectüre und Gespräche, fliehen Kirche und
Sacrament und gehen besonders treuen Zeugen Jesu Christi
und überhaupt lebendigen Christen so weit wie möglich aus dem
Wege. Als ich einst einem vornehmen Manne, der behauptete,
daß es keinen Gott und kein ewiges Leben gäbe, bestimmt ins
Angesicht sagte: „Herr, das glauben Sie gewiß nicht, so viel
Sie sich auch Mühe geben es zu glauben" — da wechselte er
die Farbe und fand kein Wort zur Entgegnung. Es ist der
Fluch des Unglaubens, daß er in der Leugnung der göttlichen
Wahrheit keine Ruhe findet und daß wer zweifelt an dem Worte
des Königs der Wahrheit, daß der auch beständig von Zweifeln
an der Richtigkeit seiner Zweifel geplagt wird. Da wir indeß
im Verlaufe unserer Betrachtungen noch einmal Gelegenheit
haben werden auf diesen Gegenstand zurückzukommen und ihn
noch von einer anderen Seite zu beleuchten, so genüge es vorläufig festzustellen, daß das Gemüth des Pilatus auch jetzt schon
von einer inneren Unruhe und Bewegung nicht frei ist, so sehr
er auch die Rolle des Freigeistes spielt.

Das würdevolle Verhalten, das sichere und doch demüthige
Auftreten des angeklagten Jesus nöthigt seinem Richter Achtung
ab und giebt ihm die gewisse Überzeugung, daß die Anklage
der Juden auf Lüge und Haß beruhe. Vom Glauben an die
ewige Wahrheit, die Jesus Christus zeuget, will er nichts wissen,
aber das muß er doch bekennen: „ich finde keine Schuld
an ihm".

Diese Erklärung, welche der Landpfleger im Laufe der gerichtlichen Verhandlungen immer und immer wiederholt, kann
gar nicht hoch genug angeschlagen werden und ist von außerordentlicher Wichtigkeit für unser Urtheil sowol über den Pilatus
als auch über den HErrn Jesum Christum.

Zunächst wollen wir es gern anerkennen, daß es gerecht und aufrichtig von Pilatus war, die Unschuld Jesu Christi vor den Juden zu bezeugen und daß er auch später seine gewissenlose Feigheit nicht versteckte hinter der Lüge, der Heiland sei des ihm vorgeworfenen Verbrechens wirklich schuldig gewesen. Aber verwandelt sich diese **Anerkennung** nicht sofort in die härteste **Anklage**, wenn wir sehen, daß derselbe Richter den Mann doch zum Tode verurtheilt, dessen Unschuld er wiederholt feierlich bezeugt? Was hilft es, Gerechtigkeit im Munde führen, wenn man den Muth nicht hat, auch wirklich gerecht zu handeln? Ja, ist es nicht eine größere Schuld, ungerecht zu handeln, wenn man das Unrecht klar erkennt, als wenn man keine klare Überzeugung davon hat? Wäre es dem Pilatus wirklich Ernst gewesen, gerecht zu **sein** und es nicht blos zu **scheinen**, so hätte er ja ohne weiteres den Heiland freilassen und ihn gegen fernere Angriffe seiner Feinde in Schutz nehmen müssen, was dem mächtigen Landpfleger eine Kleinigkeit gewesen sein würde. Allein diese **selbstverständlichen Folgerungen** aus dem Bekenntnisse der Unschuld Jesu Christi zu ziehen, das fiel dem Pilatus gar nicht ein. Es scheint beinahe, als **spiele** er nur mit der Erklärung der Unschuld Christi, um sich den Schein der Unparteilichkeit und Gerechtigkeit zu geben und um die Juden zu necken, sich an ihrer getäuschten Hoffnung zu ergötzen und sie recht fühlen zu lassen, wie sie ohne ihn nicht zum Ziele gelangten. Gleich von Anfang an fehlt also dem Richter der Muth, Gerechtigkeit zu üben, denn sein böses Gewissen fürchtet, wenn er dieses Mal den Juden zum Trotz gerecht handle, so möchten die Juden ihm zum Trotz frühere Ungerechtigkeiten ans Licht ziehen. Wie viele Sünder befindet sich auch Pilatus in dem verderblichen Wahne, man könnte alte Sünden zudecken, wenn man immer neue begeht. Der arme Pilatus! er sieht nicht, daß er gerade durch diese Feigheit sich am ärgsten knechtet und daß er über sich selbst das stärkste **Schuldig** ausspricht, indem er Jesum für unschuldig erklärt und doch verurtheilt.

Leider handeln viel tausend getaufter Christen geradeso. Ich will nicht von den vielen Fällen reden, in denen man aus Eigennutz, Feigheit oder Schwachheit das **nicht thut**, was man für Recht erkennt, oder das **thut**, was man für Unrecht hält, ich will mich blos auf das Verhalten gegen Jesum Christum beschränken. Auch diejenigen, welche dem Wahrheitszeugnisse Christi nicht glauben, geben beinahe einstimmig die Erklärung ab: „wir finden keine **Schuld an ihm**". Es giebt nur wenige unter den Ungläubigen, die vermessen genug sind, den Heiligen Gottes zu einem Sünder zu machen, und mit diesen haben wir es jetzt nicht zu thun. Die meisten Un- und Halbgläubigen bekennen, daß Jesus Christus ein sündenfreier, heiliger Mensch gewesen, ja sie können gar nicht Worte genug finden, um seine hohe Tugend und sittliche Vollkommenheit würdig zu beschreiben. Nun ist das ja allerdings ein erfreuliches Zeichen, daß selbst Leute, die von der ewigen Gottheit Jesu Christi und von der stellvertretenden Bedeutung seines Versöhnungstodes nichts wissen wollen und die es nicht zugeben, daß seine Worte, alle seine Worte ewige Wahrheit seien — daß selbst solche Leute erklären, Jesus Christus sei **ohne Sünde** gewesen. Daß selbst halb und ganz ungläubige Leute die himmlische Reinheit seines Charakters bezeugen, ist das nicht ein Beweis, daß der Erlöser diese Heiligkeit wirklich besessen haben muß? Woher sollte sonst der überwältigende Eindruck kommen, den alle Welt von ihr empfängt, und woraus anders ließe es sich erklären, daß selbst der Unglaube sie nicht anzutasten gewagt hat? Wer nun aber bekennt, daß Jesus Christus ohne Sünde sei und doch nicht ganz auf seiner Seite steht, nicht unbedingt an ihn glaubt, nicht willig ihm gehorcht und nachfolgt — der macht es gerade wie Pilatus, er spielt nur mit dem Bekenntnisse der Unschuld Jesu Christi und ladet eine ganz ähnliche Sünde auf sich wie der römische Landpfleger, der erklärte: „ich finde keine Schuld an ihm" und ihn doch verurtheilte. Wir berühren hiermit einen sehr wichtigen Gegenstand, an dem wir nicht so flüchtig vorübergehen dürfen.

Für jeden Richter ist natürlich die Frage: ist der Angeklagte schuldig oder unschuldig, von der allergrößten Bedeutung. Die ganze Untersuchung ist ja nur eine Beantwortung dieser Frage. Das Nein oder Ja enthält das Urtheil. So hängt auch unser

Urtheil über Jesum und unser Verhalten zu ihm von der Antwort ab, die wir auf die Frage haben: ist er frei von Schuld gewesen oder nicht? Der Artikel von der Sündlosigkeit Jesu ist also ein rechter Hauptartikel der christlichen Lehre. Könnte diese eine Säule umgestürzt werden, so müßte das ganze Christenthum fallen, denn sie trägt das ganze Gebäude. Wäre unser HErr Jesus Christus ein Sünder gewesen, wenn auch nur in ganz kleinen und feinen Dingen, so wäre er ja für die eigne, nicht für unsre Sünde gestorben, dann hätten wir keinen Versöhner mehr, unser einiger Trost im Leben und im Sterben, daß das Blut Jesu Christi rein macht von aller Sünde, der wäre dahin. Dem Evangelio wäre das Herz ausgerissen, dem Heiland seine Krone vom Haupte gestoßen. Wäre Jesus Christus ein Sünder, wenn auch nur in ganz kleinen und feinen Dingen, dann wäre er auch ein Lügner gewesen, wir könnten ihm also nicht mehr unbedingt glauben, über die höchsten Angelegenheiten unserer Seele tappten wir wieder im Dunkeln und Pilatus hätte Recht gehabt mit seiner wegwerfenden Erklärung: "was ist Wahrheit!" Es gäbe keine Wahrheit!

Hingegen ist Jesus Christus ohne Sünde, ist er ein unschuldiges, unbeflecktes Lamm, dann muß er auch sein Leben gegeben haben zu einem Lösegelde für unsre Sünde, dann kann er nur um unsertwillen gestorben und alle seine Worte müssen Wahrheit sein und wir sind verpflichtet, ihm in allen Stücken zu glauben.

Wir haben einen Ausspruch des Heilandes selbst, der mit schlagender Schärfe den Beweis für diese Behauptung liefert. Es ist dies das Wort Joh. 8, 46: "Welcher unter euch kann mich einer Sünde zeihen? So ich euch aber die Wahrheit sage, warum glaubet ihr mir nicht?" Es verlohnt sich der Mühe und ist für den Zusammenhang unserer Untersuchung unerläßlich, daß wir diesem Worte eine eingehende Betrachtung widmen. Ich achte, daß es mit zu den wichtigsten und weittragendsten Worten gehört, die überhaupt aus Jesu Munde gegangen sind; die meisten Bibelleser gehen an solchen tiefen und weiten Worten leider häufig nur viel zu flüchtig vorüber.

Die Juden wollten den Worten Jesu nicht glauben, da beruft er sich ihrem Unglauben gegenüber auf seine **Sündlosigkeit.** Durch die **Sündlosigkeit** seines Lebens will er also die **Wahrheit** seiner Lehre beweisen. Man giebt sich oft den Anschein, als glaube man den Worten Jesu nicht, weil der klare Beweis fehle, daß sie Wahrheit seien. O die Schrift ist nicht arm an solchen Beweisen, und hier wird einer gegeben, wie er gar nicht schlagender und zwingender gedacht werden kann.

Ehe wir indeß auf den **Schluß** eingehen, den der Heiland macht, müssen wir, um uns auf ein ganz solides Fundament zu stellen, die Voraussetzung scharf ins Auge fassen, aus welcher er seinen Schluß zieht.

"**Welcher unter euch kann mich einer Sünde zeihen?**" Wenn unser einer eine solche Frage thun wollte, mit Recht würde uns der Vorwurf treffen, es fehle uns an jeder Selbsterkenntniß, wir seien ganz und gar blind gegen uns selbst, ja wir besäßen einen Hochmuth, der nicht blos unausstehlich, sondern höchst strafwürdig genannt werden müsse. Haben doch gerade die edelsten und besten Menschen einstimmig das Bekenntniß abgelegt, daß sie sich vieler und großer Sünden schuldig wüßten. "So wir sagen, wir haben keine Sünde, so betrügen wir uns selbst und die Wahrheit ist nicht in uns" schreibt Johannes. "HErr gehe hinaus von mir, denn ich bin ein sündiger Mensch", ruft Simon Petrus aus. "Wir sind allzumal Sünder und mangeln des Ruhmes, den wir vor Gott haben sollen", bezeugt der tiefe Kenner des menschlichen Herzens, Paulus. Schon zu den ältesten Zeiten des Menschengeschlechts urtheilt der heilige Geist: "Das Dichten und Trachten des menschlichen Herzens ist böse von Jugend auf." Ja der Heiland selbst lehrt uns beten: "Vergieb uns unsre Schuld" und allen Menschen ohne Ausnahme sagt er es auf den Kopf zu, daß sie "arg" sind. Und doch — **von sich selbst behauptet er, daß ihn Niemand einer Sünde zeihen könne!** Sich allein nimmt er also aus von der allgemeinen Sündhaftigkeit, mit welcher **alle** Menschen, ohne Ausnahme, sich behaftet wissen.

Oder wollt ihr die Bedeutung seiner Frage abschwächen? Meint ihr, Jesus habe sie nur in dem Sinne verstanden, wie eben auch heute selbstgerechte Leute, die gerne mit ihrer vermeintlichen Tugend prahlen, auszurufen pflegen: „Wer kann mir denn was Schlimmes nachsagen?" — als sei man schon frei von Sünde, wenn einem die Menschen nur keine Verbrechen nachzuweisen vermöchten! Meinet ihr, der Heiland habe nur sagen wollen: „Vor euren Augen, vor den Augen der Menschen habe ich nichts Schlimmes gethan, ihr könnt mir nichts nachweisen", als habe er sich geflissentlich bemüht, seine Sünde nur vor den Leuten verborgen zu halten? O ihr würdet dadurch nur beweisen, daß ihr selbst eine höchst äußerliche, oberflächliche, bürgerliche — um nicht zu sagen philisterhafte — Moral habt und daß ihr den Mann sehr schlecht kennet, der auch schon den leisesten Gedanken an die Sünde, das geheimste Begehren nach ihr für Sünde erklärt, der z. B. schon den Haß des Herzens als Mord, den unkeuschen Blick des Auges als Ehebruch bezeichnet hat. Er hat ja erst der Menschheit die Augen geöffnet über die Abscheulichkeit auch der verborgenen Sünden, über die Höhe der sittlichen Vorschriften, über die Tiefe der göttlichen Gebote, er hat ja erst gelehrt, daß in den Augen des ins Verborgene sehenden Gottes das äußerliche Werk ganz werthlos ist, wenn das inwendige Herz nicht lauter und rein — wahrlich, ein solcher Mann hätte nicht gefragt: „Welcher unter euch kann mich einer Sünde zeihen?" wenn er sich auch nur des geringsten Fleckens, des entferntest unreinen Gedankens bewußt gewesen wäre! Aus dem Munde Jesu kann diese Frage nichts anderes bedeuten als die Erklärung: „Ich weiß mich wie vor den Menschen, so auch vor Gott rein von jeder Sünde".

Und das ist kein vereinzeltes Zeugniß. Wir wollen ganz davon absehen, daß Jesus niemals auch nur die leiseste Anspielung auf eine Sünde macht, die er begangen, und Gott nie bittet um Vergebung irgend einer Schuld und daß das doch gewiß der Fall gewesen sein würde, wäre er sich auch nur des geringsten Versehens bewußt gewesen, da er ja sonst mit dem geschärftesten Auge überall die Sünde erkannte und mit der größten Entschiedenheit sie stets bekämpfte. Wir wollen uns nur auf ganz bestimmte Zeugnisse stützen. „Ich thue allezeit, was dem Vater gefällt", „meine Speise ist die, daß ich den Willen thue deß, der mich gesandt hat und vollende sein Werk" — kann denn das Leben eines solchen Mannes, das lauter Gehorsam ist gegen den heiligen Willen Gottes, auch nur den geringsten Raum für die Sünde haben? Noch mehr: „Ich und der Vater sind eins", „wer mich siehet, der siehet den Vater" — wir lassen jetzt ganz bei Seite, welche durch keine Auslegungskünstelei zu beseitigenden Zeugnisse für die wahrhaftige Gottheit Jesu Christi das sind — beweisen sie nicht aufs schlagendste, daß der Heiland sich ganz frei von Sünde, ja ganz heilig gewußt haben muß, wie hätte er sich sonst als eins mit Gott, als das Abbild des Gottes bezeichnen können, der ein Vater des Lichts, allein gut und so durch und durch heilig ist, daß auch die Himmel nicht rein sind vor ihm?

Oder hätte sich der Heiland in eitler Selbsttäuschung befunden und in maßloser Selbstverblendung überschätzt? Wäre er ein Schwärmer oder gar ein bewußter Lügner und Heuchler gewesen? Ich will ganz davon schweigen, daß sich alles in uns dagegen empört, einen solchen Vorwurf dem Manne zu machen, dem die Besten unseres Geschlechts einstimmig unter den Heiligsten den ersten Platz anweisen — ich frage: ist es denn auch nur denkbar, daß Jesus, der das Gute und das Böse überall so scharf und zart zu unterscheiden wußte, daß er bei sich selbst die Sünde, wenn sie vorhanden gewesen wäre, übersehen hätte, da sie doch selbst der rohe und beschränkte Mensch bei sich nicht ganz übersieht? Und können wir denn das Selbstzeugniß Christi nicht controliren? Ist uns sein Leben etwa unbekannt? Wie ein klarer See, in dem die Sonne beständig ihr Angesicht spiegelt, liegt es vor uns, dieses Leben. Alle, alle Menschen, ohne jede Ausnahme, sprechen Christo eine „moralische Vollkommenheit" zu, dergleichen in der ganzen Menschheit nicht weiter zu finden. Wie in aller Welt wollt ihr diese moralische Vollkommenheit erklären bei einem Manne, den ihr für einen Schwärmer und Betrüger haltet? Oder wenn ihr euch damit

helfen wollt, daß ihr sagt, das heilige Leben Jesu sei nur ein
Gebilde der Phantasie — wie erklärt ihr es, „daß arme Fischer
eines fast barbarischen Landes, falsche Zeugen noch dazu, ein
Musterbild idealischer Vollkommenheit aufgestellt hätten, wie es
von keinem Schriftsteller der aufgeklärtesten Länder weder vor
noch nach der Verkündigung des Evangeliums jemals erreicht
worden"? Nein, solch ein Leben kann keine Phantasie eines sün=
digen Menschen zaubern, das ist eine psychologische Unmöglich=
keit, dies Leben konnte nur nacherzählt werden, nachdem es wirk=
lich vorgelebt war. Seht ihr denn nicht, daß ihr euch in die
unsinnigsten Widersprüche verwickelt, in Widersprüche, die jeder
Logik und Psychologie gradezu ins Angesicht schlagen, wenn
ihr Jesum der Selbsttäuschung, der Schwärmerei, des Betrugs
beschuldigt oder seine Biographen als Erdichter und falsche
Zeugen hinstellt?

Gerade das Leben Jesu Christi ist der unumstößlichste
Beweis für seine Sündlosigkeit. In reichster Fülle trägt dieses
Leben die Früchte des Geistes: „Liebe, Freude, Friede, Geduld,
Freundlichkeit, Gütigkeit, Glaube, Sanftmuth, Keuschheit". „Was
wahrhaftig ist, was ehrbar, was züchtig, was gerecht, was lieblich,
was wohllautend, was irgend ein Lob, irgend eine Tugend ist",
das findet sich in diesem Leben im allervollkommensten Maße.
Es ist eine der allerschwierigsten Aufgaben, die einem Menschen
gestellt werden kann, dieses Leben ganz seiner würdig zu be=
schreiben. Es geht einem mit den in Worten dargestellten
Lebensbildern Jesu wie mit den in Oel gemalten Bildern seiner
Person — immer hat man das Gefühl, das Bild ist noch
lange nicht getroffen, es ist weit hinter dem Originale zurück=
geblieben. Auch das, was uns die Evangelien mit so schmuck=
loser Einfachheit erzählen, sind doch nur „Glöcklein am Leib=
rock". Wenn ein gewöhnlicher Mensch, der seine Fehler künst=
lich hinter den Coulissen verbirgt, die Frage thun wollte: „Wer
kann mich einer Sünde zeihen?" — ein Blick in sein Leben
würde die hochmüthige Prahlerei sofort Lügen strafen. Aber
wenn Jesus Christus, dessen ganzes Leben von einer Ma=
jestät der **Demuth** durchleuchtet ist, wie das keines andern

Menschen, dessen ganzes Leben von dem Odem der größten Lauterkeit und Aufrichtigkeit durchweht wird, wenn Jesus Christus jene Frage thut, trägt dann das Zeugniß der Sündlosigkeit, welches er in ihr ablegt, nicht das Siegel der Wahrheit an der Stirne?

Alle, die mit ihm umgegangen sind, haben das auch herausgefühlt. Das Leben Jesu hat auf seine ganze Umgebung den Eindruck gemacht, daß es frei von Sünde gewesen, und wiederholt ist diesem Eindrucke Ausdruck gegeben worden. „Welcher keine Sünde gethan hat, ist auch kein Betrug in seinem Munde erfunden", schreibt St. Paulus, und der Jünger, der an der Brust des HErrn gelegen, Johannes, bezeugt, daß er „rein und keine Sünde in ihm" gewesen. Übereinstimmend bezeichnet das ganze Neue Testament Jesum als den „Gerechten und Heiligen", als den, „der zwar versucht ist allenthalben gleich wie wir, doch ohne Sünde", als das „reine, fleckenlose, unschuldige Lamm", als den „wahren Hohenpriester, der heilig, unschuldig, unbefleckt, von den Sünden abgesondert und höher denn der Himmel ist". Das sind Zeugnisse von außerordentlicher Wichtigkeit. Oder wollt ihr sie entkräften, indem ihr sagt, die Jünger wären parteiische Leute gewesen, die aus blinder Verehrung für Jesum alles im rosigsten Lichte gesehen? Wahrlich! es würde wenig Lebenserfahrung beweisen, wolltet ihr auf solche Weise den Aussagen der Freunde Jesu ihre Bedeutung absprechen. Ich achte, gerade weil diese Zeugen dem Heilande so nahe standen, müssen ihre Zeugnisse beweisend sein. Es ist ja eine ganz bekannte Erfahrung, daß Leute, die man aus der Ferne für heilig gehalten, für uns ihren Heiligenschein verlieren, sobald man sie in der nächsten Nähe kennen lernt. Erst der tägliche, vertraute Verkehr mit Männern oder Frauen, die wir hoch verehren, macht ihre Schwächen uns offenbar. Nun kann aber doch kein besonnener Mensch den Jüngern vorwerfen, sie hätten Sünden, die sie bemerkt, verheimlicht — decken sie denn nicht unnachsichtlich die Fehler auf, die sie an einander bemerken? Ist das nicht überhaupt ein durchgehender Wahrheitszug an der ganzen heiligen Schrift, daß sie auch die Sünden ihrer Lieblinge rückhaltlos offenbart und straft und nichts bemäntelt und beschönigt? Wenn nun solche wahrheitsliebende Zeugen dem HErrn Jesu einstimmig das Zeugniß geben, daß er ohne Sünde gewesen, obgleich sie mehrere Jahre lang Gelegenheit gehabt, ihn in nächster Nähe zu beobachten, trägt denn nicht auch ihr Zeugniß das Siegel der Wahrheit an der Stirne?

Aber wenn euch die Aussagen der Freunde Jesu dennoch verdächtig blieben, wolan, seine Feinde legen dasselbe Zeugniß ab und aus dem Munde der Feinde werdet ihr's doch glauben. Nicht an seine Anhänger sondern an seine erbittertsten Gegner, die begierig nach Anklagepunkten suchten, an die Pharisäer richtet ja der Heiland seine Frage: "welcher unter euch kann mich einer Sünde zeihen?" Der Haß hat aber bekanntlich scharfe Augen und läßt sich so leicht keine unserer Schwächen entgehen. Und der Haß der Pharisäer gegen Jesum hatte doppelt scharfe Augen, wie er noch heute gegen jeden seiner wahren Jünger doppelt scharfe Augen hat. Dennoch wußten sie auf seine Frage keine andere Antwort als — gemeine Schmähreden! Haben wir ferner nicht aus dem Munde des Richters Jesu Christi, Pilatus, soeben das feierliche Zeugniß gehört: "ich finde keine Schuld an ihm"? Und wiederholt der Landpfleger dieses Zeugniß nicht bis zuletzt, trotzdem daß die Juden immer neue Anklagen vorbringen? Hat sich endlich nicht selbst der Verräther des Heilands zu dem Bekenntniß gezwungen gesehen: "ich habe unschuldig Blut verathen"? Einen gewichtigeren Zeugen der Unschuld Jesu kann es ja gar nicht geben. Durch einen langen vertrauten Umgang hatte Judas die allergenaueste Kenntniß von seinem Meister erlangt, er sucht jetzt nach Feigenblättern, um die abscheuliche That des Verraths zu beschönigen und so sein Gewissen zu beschwichtigen; wenn er auch nur die kleinste Sünde von Jesu gewußt hätte, würde er sie jetzt nicht hervorgesucht haben, damit sie seiner eigenen Sünde zu einer Scheinentschuldigung diene? So aber ging er hin und erhängte sich selbst und besiegelte damit sein Zeugniß, daß er unschuldig Blut verathen.

Was bedürfen wir weiter Zeugniß? Ist die Sündlosigkeit Jesu nicht so klar erwiesen, wie der Satz: 2 mal 2 ist 4?

Welche Schlüsse ergeben sich nun aus dieser unanfechtbaren Thatsache? Sie selbst wird ja, wie schon oben bemerkt, fast gar nicht geleugnet. Selbst ungläubige Leute erheben „die moralische Vollkommenheit", „die engelsreine Tugend", „die beispiellose Sittenreinheit" Jesu in den Himmel. Aber die Schlüsse, die aus dieser lobenswerthen Anerkennung mit zwingender Nothwendigkeit sich ergeben, die ziehen sie nicht. Der Unglaube prahlt so gern damit, daß er das Zeugniß der göttlichen Wahrheit nicht gelten lassen könne, weil er den strengen Gesetzen des Verstandes folge, und mit denen stimme es nicht überein; — die Sache liegt aber vielfach gerade umgekehrt: man verharrt in seinem Unglauben, weil man den strengen Gesetzen des Verstandes nicht folgt, sobald sie zur Annahme jenes Wahrheitszeugnisses nöthigen. In dem vorliegenden Falle soll das aufs schlagendste bewiesen werden.

„So ich euch aber die Wahrheit sage, warum glaubet ihr mir nicht?" Das ist die Folgerung, die der Heiland selbst aus der unwiderlegten Thatsache seiner Sündlosigkeit zieht. Ist Jesus ohne Sünde, so sagt er auch die Wahrheit — der Schluß ist so klar wie die Sonne.

Fangen wir mit dem Äußerlichsten an, um das klar zu machen. Ist Jesus frei von Sünde, so ist er auch frei von Lüge, denn die Lüge ist eine Sünde. Ist er aber frei von Lüge, so sagt er doch die Wahrheit; sagt er aber die Wahrheit, so kann ihm doch kein denkender Mensch den Glauben verweigern. Ich weiß nicht, wie der scharfsinnigste Kopf an diesen einfachen Schlüssen, die jedes Kind machen muß, irgend etwas auszusetzen haben könnte!

Jesus Christus hat die Wahrheit gesagt, das muß also jeder zugestehen, der seine Sündlosigkeit zugesteht. (Und die Sündlosigkeit muß zugestanden werden, wie eben handgreiflich bewiesen ist.) Nun vernehmen wir aus dem Munde Jesu nicht blos Zeugnisse über irdische Dinge, die wir sofort controliren können, sondern vornämlich Zeugnisse über himm=

lische Dinge, die wir nicht controliren können. Den einen wie den andern wird durch seine Sündlosigkeit der Stempel der Wahrheit aufgedrückt. Wir müssen sie also glauben, gleichviel, ob sie mit unsern Meinungen, Begriffen, Vorurtheilen und Wünschen übereinstimmen oder nicht. Oder heißt das nicht, Jesum doch zu einem Lügner machen, wenn ihr nur diejenigen seiner Zeugnisse für wahr annehmt, die euch einleuchten und zusagen, und diejenigen für unrichtig erklärt, die euch aus wer weiß welchen Gründen nicht behagen? Ist Jesus ein heiliger Zeuge der Wahrheit, wie könnt ihr euch herausnehmen, wenn sein Zeugniß anders lautet als euere Meinung, es besser wissen zu wollen als er? Ist das nicht mindestens ein grenzenloser Hochmuth, euch über Jesum zu stellen und seine Wort berichtigen zu wollen? Und nehmt ihr euch so etwas gegen den Heiligen Gottes heraus, wo bleibt das Lob der Sündlosigkeit, das ihr ihm doch gespendet habt? O ihr treibt ein unehrliches Spiel mit diesem Bekenntniß gerade wie Pilatus, ihr seid Heuchler — fahrt nur nicht gleich so auf, jawol, ihr seid Heuchler, denn erst nehmt ihr Jesum von jeder Sünde aus und dann zeihet ihr ihn doch der Lüge. Nähmet ihr's mit dem Bekenntniß der Sündlosigkeit Jesu wirklich ernst, so müßtet ihr alle seine Worte für Wahrheit halten, müßtet euch unter sie alle beugen, sie alle fest und blindlings glauben.

Ist Jesus wirklich ohne Sünde, so ist er aber nicht blos frei von offenbarer Lüge, sondern auch frei von jedem Irrthum. Wer sündlos=heilig ist, der kann nicht irren. Wir irren alle mannigfach, weil wir alle sündigen, und es steht im tiefen psycholoischen Zusammenhang, wenn die Schrift sagt: alle Menschen sind Lügner und alle Menschen sind Sünder. Sünde und Irrthum — diese feinste Lüge — sind ganz unzertrennlich von einander. Dieselbe Sünde, die unser Herz und unsern Willen verdirbt, hat auch einen verderblichen Einfluß auf unser Erkenntnißvermögen ausgeübt. Die Gedanken — es handelt sich hier natürlich um solche Gedanken, die sittlicher und religiöser Art sind, obgleich auch Gedanken niederer Art nicht ausgeschlossen sind — die Gedanken kommen aus dem

Herzen. Das hat uns der Meisterpsychologe Jesus Christus gelehrt, und ich denke, jeder halbwegs erfahrne Menschenkenner weiß, daß er Recht hat. Unser Herz wird nicht von unserm Verstande, sondern unser Verstand wird von unserm Herzen regiert. Wie das Herz gesinnet ist, so denkt der Verstand. Die Gesinnung ist die Quelle der Gedanken. Ist nun die Gesinnung oder, wie viel besser die Schrift sagt, das Herz verberbt, so sind auch die Gedanken, Vorstellungen, Meinungen, Urtheile getrübt. Wie ein trübes Auge die irdischen, äußerlichen Dinge nicht klar sieht, so erkennt ein verderbtes Herz die himmlischen, ewigen Dinge nicht klar. Es muß irren. Wie sollte auch z. B. ein Mensch mit einem unkeuschen Herzen reine Gedanken über die Keuschheit, oder ein Mensch mit einem ganz verirdischtem Sinne richtige Begriffe über den Himmel haben? Das ist geradeso unmöglich, wie wenn ein Blinder eine richtige Belehrung über die Farben geben wollte!

Nun ist es eine ganz gemeinsame Erfahrung aller lebendigen Christen, daß sie in dem Maße an religiöser Erkenntniß wachsen, als sie in der Heiligung zunehmen, hingegen daß ihre Erkenntniß getrübt wird, sobald der Ernst in der Heiligung nachläßt. Je vollkommnere Thäter des göttlichen Wortes wir werden, desto gründlichere Sachverständige werden wir auch in den Geheimnissen des Himmelreichs. Mit andern Worten, je besser wir werden, desto weiser werden wir auch. Es ist dieser tiefe Zusammenhang zwischen Wille und Erkenntniß, zwischen Thun und Verständniß, auf welchen der Heiland einen andern durchaus schlagenden Beweis für die Wahrheit seines Zeugnisses stützt, wenn er nämlich sagt: „so jemand will deß Willen thun, der mich gesandt hat, der wird inne werden — erkennen — ob meine Lehre von Gott sei, oder ob ich von mir selbst rede".

Wer nun den Willen Gottes ganz und vollkommen thäte, also ganz frei von jeder Sünde wäre, der hätte auch eine ganz reine Erkenntniß, wäre frei von jedem Irrthum und besäße die volle Wahrheit. Nun, Jesus Christus befindet sich wirklich in dieser Lage und zwar unter allen, die über diese

Erde gegangen, Jesus Christus allein. Er hat den Willen
Gottes ganz und vollkommen gethan, er ist völlig frei von jeder
Sünde gewesen, folglich hatte er auch eine ungetrübt reine
Erkenntniß, war von jedem Irrthum frei, im Besitze der Wahrheit. Aus der Reinheit seines Herzens und Lebens folgt mit
zwingender Nothwendigkeit — mit logischer nicht minder wie
mit psychologischer — die Richtigkeit seiner Erkenntniß, die
Wahrheit seines Zeugnisses. Er hat also das größte Recht, zu
verlangen, daß wir ihm in allen Stücken glauben; denn es ist
unmöglich, daß er irrt.

Aus der Reihe seiner Zeugnisse ist besonders eins hervor-
zuheben, welches eigentlich den Mittelpunkt aller bildet, und das
der Heiland auch an der eben in Rede stehenden Stelle im
Auge hat, das Zeugniß über sich selbst, über seine göttliche Würde. Das ist die Wahrheit, an welche er vor allen
Dingen Glauben fordert. Jesus nimmt die Vollmacht für sich
in Anspruch „Sünden zu vergeben auf Erden", er stellt am
Ende der Welt seine persönliche Wiederkunft in Aussicht, nicht
blos um die Todten aufzuerwecken, sondern auch, um zu richten
die Lebendigen und die Todten. Er bezeichnet sich mit einem
heiligen Eide als „den Sohn des lebendigen Gottes, der eins
mit dem Vater und daher das vollkommene Ebenbild des unsichtbaren Gottes", und hebt ausdrücklich hervor, daß er „bei
dem Vater gewesen und von ihm geliebt worden vor Grund-
legung der Welt". Er behauptet, daß „ihm gegeben sei alle Gewalt im Himmel und auf Erden" und daß er „bei den Seinen
sein werde alle Tage bis an der Welt Ende". Er nennt sich
„das Brod des Lebens", „das Licht der Welt", „den Weg,
die Wahrheit und das Leben", und stellt es in Abrede, daß
„ohne ihn jemand zum Vater kommen könne". Er läßt auf
seinen Namen taufen, so gut wie auf den des Vaters und des
heiligen Geistes, und macht jedes Menschen Heil abhängig von
dem Glauben an seine Person — andrer hierher gehöriger
Aussprüche ganz zu geschweigen.

Wollte ein andrer Mensch, und wenn er der größte und
frömmste wäre, etwas dem Ähnliches von sich aussagen, wir würden

ihn für verrückt, für wahnsinnig, verbrecherisch und gotteslästerlich halten. Aber wenn ein sündloser, ein heiliger Mann, dessen ganzes Leben das Gepräge der ruhigsten Besonnenheit, der majestätischsten Demuth, der lautersten Einfalt trägt, wenn ein solcher Mann solches Zeugniß ablegt, so muß es durch und durch Wahrheit sein. Und doch sind ihrer so viele, die dieser Wahrheit nicht glauben!

Was habt ihr denn nun für eine Antwort, wenn euch, wie jene Juden, der Heiland fragt: „warum glaubet ihr mir nicht?" Müßt ihr nicht völlig verstummen? O ihr habt keinen Grund, keinen einzigen Grund, warum ihr nicht glaubet. Ihr wollt nicht glauben — das ist die Sache. Ihr wollt eure eignen Meinungen nicht aufgeben, ihr wollt von euren Vorurtheilen nicht lassen, ihr wollt euch nicht selbst verleugnen, ihr wollt der Wahrheit nicht gehorsam sein — weil euch das nicht paßt. „Ihr seid nicht von Gott", wie der Heiland zu den Juden sagt, „ihr seid nicht aus der Wahrheit", wie er zu Pilatus sagt, — nur darum glaubet ihr nicht.

Es ist mit dem Glauben ein eignes Ding. Niemand kann mit Gewalt dazu gezwungen werden, auch durch die schlagendsten Beweise nicht. Daß 2 mal 2 4 ist, das müßt ihr glauben, wenn es euch bewiesen ist, und ihr weigert euch deß auch nicht; aber daß Jesus Christus die Wahrheit sagt, weil er frei von Sünde ist, das zu glauben kann ich niemand nöthigen, obgleich es in seiner Art eben so schlagend bewiesen ist, wie die Richtigkeit eines Rechenexempels, wie ein mathematischer Lehrsatz. Woher kommt das? Daran, daß 2 mal 2 4 ist, hat mein Herz ganz und gar kein Interesse, ich würde mir nichts daraus machen, wenn 2 mal 2 auch 3 oder 5 wäre. Aber daran, das alle Worte Christi felsenfeste Wahrheit sind, hat mein Herz ein sehr großes Interesse. Entweder es ist mir recht, daß es so ist, oder es ist mir nicht recht; entweder wünsche ich's so, oder ich wünsche es anders, entweder freue ich mich darüber, oder ich fürchte mich davor u. s. w. Ist nun das Zeugniß Jesu Christi meinen Meinungen, Wünschen u. s. w. entgegen, so habe ich ein Vorurtheil und einen Widerwillen gegen dasselbe, und gegen

Vorurtheil und Widerwillen helfen bekanntlich niemals Beweise. Der Glaube an die Wahrheit, die Jesus Christus zeugt, kann nur zu Stande kommen, wenn der Mensch zu dem HErrn ein herzliches Vertrauen faßt und sich entschließt, alle seine vorgefaßten Meinungen über Bord zu werfen. Zu diesem Entschlusse vermögen aber Verstandesbeweise allein den Menschen nicht zu bewegen; daher kommt es, daß sie nicht einmal in den Köpfen, geschweige in den Herzen, etwas ausrichten. Soll das Herz zum Glauben an den Heiland bewegt werden, so muß der heilige Geist seine Arbeit in dem Gewissen beginnen; erst wenn das Gewissen erschüttert und das Herz empfänglich gemacht ist, schlagen Verstandesbeweise durch.

Aber warum habe ich mir denn die Mühe gegeben, einen so umständlichen Beweis zu führen? Auf daß der Unglaube keine Entschuldigung habe, muß ihm nach dem eignen Beispiele Christi gezeigt werden, daß unser Glaube auf guten Gründen beruht, daß es Beweise für ihn giebt, die auch der scharfsinnigste Verstand nicht zu widerlegen vermag, daß es viel vernünftiger ist zu glauben als nicht zu glauben. Wenn ihr nicht glaubt, so sollt ihr wenigstens nicht sagen können, das liege am Mangel an Beweisen, sondern es soll offenbar werden, daß euer vorurtheilsvolles, widerspenstiges Herz die Schuld ganz allein trägt.

In der That, es ist völlig unerfindlich, was ein vernünftiger Mensch gegen den eben ausgelegten Beweis des Heilandes einzuwenden haben könnte. Der HErr fordert auf: "zeihet mich einer Sünde! könnt ihr das, so sollt ihr mir nicht glauben; könnt ihr es aber nicht, so müßt ihr mir glauben, denn aus der Sündlosigkeit meines Lebens folgt ja nothwendig die Wahrheit meiner Lehre".

So entscheidet euch nun, was ihr thun wollt. Der HErr selbst drängt euch dazu, eine klare, feste Stellung ihm gegenüber einzunehmen. Entweder mit ihm — dann steht auch ganz auf seiner Seite, oder wider ihn — dann zieht auch die Consequenzen eures Halbglaubens. Nur aus der Schwebe kommt endlich heraus, machet reine Bahn, daß es klar zu Tage tritt, weß Geistes Kinder ihr seid.

Eine doppelte Stellung ist nur möglich. Entweder ihr bleibt dabei, daß Jesus Christus frei von aller Sünde, der Heilige Gottes ist; dann glaubet auch allen seinen Worten, vor allem seinen Hauptzeugnissen, daß er Gottes eingeborner Sohn und der Versöhner der Sünder ist, der sein Blut zur Sühne ihrer Sünden vergossen. Ist Jesus Christus ganz und gar frei von Sünde, warum ist dieser Heilige, dieser Sohn Gottes, gestorben, da der Tod doch nur der Sünde Sold? Er kann ja aus keinem andern Grunde gestorben sein, als um unsere Sünden zu tilgen, wie schon der alte Prophet Jesaias das aufs deutlichste geweissagt hat: „Er ist um unsrer Sünden willen verwundet und um unsrer Missethaten willen zerschlagen; die Strafe liegt auf ihm, damit wir Frieden hätten, und durch seine Wunden sind wir geheilet." Macht also Ernst mit eurem Bekenntniß von der Sündlosigkeit Jesu, indem ihr allen seinen Worten glaubt, seinen Geboten gehorcht, ganz auf seine Seite tretet, ihm entschieden und blindlings vertrauet im Leben und im Sterben. Thut ihr das aber nicht, so seid ihr nicht besser wie Pilatus, der den Heiland für unschuldig erklärte und ihn doch verurtheilte; ja euer Bekenntniß von der Sündlosigkeit Jesu ist dann nur ein — Judaskuß!

Oder — und dieses oder ist so entsetzlich, daß man sich fast sträubt, es auch nur auf dem Papiere auszuführen — oder wenn ihr das Zeugniß Jesu Christi nicht für Wahrheit annehmt, nicht in allen Stücken ihm Glauben schenkt, dann leugnet auch, daß der Heiland frei von Sünde gewesen ist. Er selbst will es nicht haben, daß ihn diejenigen für gut und heilig halten, die ihn nicht für Gottes Sohn halten und seinen Hauptzeugnissen über seine göttliche Würde den Glauben verweigern. Wie er einst zu dem reichen Jüngling gesagt hat, der ihn „guter Meister" anredete: „was nennst du mich gut?" „du hast gar kein Recht mich so zu nennen, da ich in deinen Augen nur ein gewöhnlicher Mensch bin und ich es nicht dulden kann, daß du so leichtsinnig umgehst mit der Bezeichnung ‚gut‘, die doch nur dem heiligen Gott zukommt", — so ruft er auch heute noch allen seinen halben Freunden, die zwar seine Tugend in den Himmel erheben, aber seine Gottheit, die versöhnende Kraft seines Todes und dergleichen Hauptwahrheitszeugnisse leugnen, er ruft allen diesen halben Freunden zu: „ihr habt kein Recht, mich einen guten, tugendhaften oder gar heiligen Menschen zu heißen, ihr macht mich ja zu einem Lügner und Gotteslästerer, zu dem größten Frevler, der jemals gelebt, da ihr gerade meine wichtigsten Zeugnisse über meine Person und mein Werk Lügen straft".

Ehe ihr aber diesen furchtbaren Schritt thut, den der consequente Halbglaube thun muß: Jesum offen für einen Sünder zu erklären, steht noch einen Augenblick still und bedenkt, was ihr eigentlich damit thut; vielleicht entsetzt ihr euch vor dem Abgrunde, in den ihr euch zu stürzen im Begriff seid.

Glaubt ihr den Zeugnissen Jesu nicht — dann brandmarkt ihr ja den Mann, welcher seit zwei Jahrtausenden die Christenheit als ihren Erlöser, als den Heiligen Gottes anbetet, an dem der Vater im Himmel sein Wohlgefallen hatte; ihr brandmarkt ihn als einen Schwärmer, Betrüger, Gotteslästerer, wie die Erde weiter keinen getragen. Dann gebt ihr ja dem Kaiphas Recht: „er ist des Todes schuldig, denn er hat Gott gelästert". Läuft's euch nicht eiskalt über den Rücken, solch ein Urtheil über den Mann zu fällen, den ihr doch selbst noch euren Heiland nennt? Und hat Jesus gelogen, indem er sich als den Sohn und das Lamm Gottes bezeichnete, wo soll nun noch Wahrheit zu finden sein auf Erden? War Jesus ein Betrüger, was sind dann erst die andern Menschen, über denen allen er doch immerhin gestanden hat, wie ein Blick in sein Leben darthut! Ihr macht ja die Gesellschaft der Menschen geradezu zu einer Gesellschaft von Teufeln, und das thut ihr, die ihr's sonst mit der Sünde nicht gar strenge nehmt und den Satz aufstellet, daß der Mensch von Natur nicht von der Sünde verderbt sei!

Und denkt ihr etwa, es bliebe euch doch immer das unerreichte sittliche Vorbild, die erhabene Moral, die Jesus gegeben, und das sei die Hauptsache, auf den Glauben komme so nichts an und dergleichen. In der That, das ist ein

Nest voll seltsamer Widersprüche, und ich muß gestehen, daß ich nicht fassen kann, wie der Halbglaube, der sich gemüthlich sein Bett darin macht, noch sagen kann: er halte es mit dem Denken! Also Jesus Christus nennt sich fälschlich Gottes Sohn u. s. w. — aber trotzdem ist er ein sittliches Vorbild! Wißt ihr denn ein zweites Beispiel, daß man Trauben gelesen hat von den Dornen? Wo soll denn bei einem Fanatiker, Schwärmer und Gotteslästerer ein heiliges Leben herkommen! Aber freilich, es war da dieses heilige Leben; diese Anerkennung drängt sich euch immer wieder auf; wenn nun die Früchte des Baumes so gut, muß die Wurzel nicht auch gut sein! Beharrt ihr aber dabei, daß die Zeugnisse Jesu über seine Person und sein Werk Irrthum, Schwärmerei und Unwahrheit gewesen, wie in aller Welt könnt ihr ihn noch als sittliches Vorbild verehren und seine Moral preisen? Ist Jesus Gottes Sohn und Lamm nicht wirklich gewesen, dann ist er nicht blos ein Sünder wie wir, nein! dann steht er auf einem unerreichten Gipfel wahnsinniger Anmaßung und verbrecherischen Hochmuths, und nimmermehr kann er dann noch sagen: „lernet von mir, denn ich bin sanftmüthig und von Herzen demüthig". Es wäre dann unsre heilige Pflicht, uns mit Verachtung von ihm wegzuwenden und alles Vertrauen zu ihm aus unserm Herzen zu reißen.

Euch schaudert bei diesen Consequenzen. Ach sehet dieses Schaudern als eine Mahnung Gottes an, umzukehren von eurem Halbglauben, der euch folgerichtig an diesen Abgrund führt. Ihr haltet Jesum Christum für den Heiligen Gottes, ihr thut recht daran, denn er ist es auch. So gebet ihm nun aber auch, was ihm gebührt: glaubet allen seinen Worten und folget ihnen, denn sie sind alle Wahrheit.

Ihr brecht ja alle über Pilatus den Stab, weil er den Heiland kreuzigte, obgleich er von seiner Unschuld überzeugt war. Seid ihr nun im höheren Sinne als Pilatus von der Unschuld Jesu, seid ihr von seiner Sündlosigkeit überzeugt und ihr glaubet und gehorchet ihm doch nicht in allen Stücken, dann wird am Tage des Gerichts über euch der Stab gebrochen werden.

VI.
Die Sendung zu Herodes.

Matth. 27, 12—14. Luk. 23, 5—12.

„Und da er verklaget ward von den Hohenpriestern und Aeltesten, antwortete er nichts. Da sprach Pilatus zu ihm: Hörest du nicht, wie hart sie dich verklagen? Und er antwortete ihm nicht auf ein Wort, also, daß sich auch der Landpfleger sehr verwunderte."

„Sie aber hielten an, und sprachen: Er hat das Volk erreget, damit, daß er gelehret hat hin und her im ganzen jüdischen Lande, und hat in Galiläa angefangen, bis hierher. Da aber Pilatus Galiläa hörete, fragte er, ob er aus Galiläa wäre. Und als er vernahm, daß er unter Herodis Obrigkeit gehörete, übersandte er ihn zu Herodes, welcher in denselbigen Tagen auch zu Jerusalem war. Da aber Herodes Jesum sahe, ward er sehr froh, denn er hätte ihn längst gerne gesehen; denn er hatte viel von ihm gehöret und hoffte, er würde ein Zeichen von ihm sehen. Und er fragte ihn mancherlei. Er antwortete ihm aber nichts. Die Hohenpriester aber und Schriftgelehrten standen und verklagten ihn hart. Aber Herodes mit seinem Hofgesinde verachtete und verspottete ihn, legte ihm ein weißes Kleid an und sandte ihn wieder zu Pilato. Auf den Tag wurden Pilatus und Herodes Freunde mit einander; denn zuvor waren sie einander feind."

Mit dem Bekenntnisse der Unschuld Jesu Christi war der Landpfleger vor das Volk getreten. Aber statt daß dieses Bekenntniß die Ankläger beruhigt hätte, versetzte es sie vielmehr in die allergrößte Aufregung. „Es war, wie wenn man Wasser in ungelöschten Kalk gießt, was ein arges Brausen und Toben verursacht." Es ging den Juden, wie es vielen Christen heute auch noch geht: je ruhiger und schlagender ihre ungerechten Anklagen widerlegt werden, desto ärger schreien und toben sie. Man hat von vornherein eine fix und fertige Meinung, und bekanntlich helfen auch die klarsten Beweise nichts gegen das blinde Vorurtheil, zumal wenn der Haß es eingiebt. Man fährt daher immer fort in seinen Beschuldigungen, auch wenn sie ganz schlagend widerlegt sind.

Um den Eindruck des Bekenntnisses von der Unschuld Jesu zu schwächen, bringen die Juden immer neue Beschuldigungen hervor. Was die erste Anklage nicht zu Stande gebracht, meinen sie, wird der zweiten gelingen; etwas von all den Lügen und Verleumdungen wird doch haften und bei Pilatus Mißtrauen und Verdacht erwecken. Das ist so die gewöhnliche Praxis der Welt, daß sie die Verleumdungen häuft; viel hilft oder vielmehr viel schadet viel ist ihre Ansicht. Wird auch nur der zehnte Theil geglaubt, so hat man doch seine Absicht erreicht. — Wenn nun vollends die Verdächtigungen von angesehenen Leuten ausgehen, wie hier, von Leuten, die einen Einfluß haben in Staat und Kirche — wie gerne glaubt sie dann das in solchen Dingen sehr leichtgläubige Volk! Je höher die Stellung der Verleumder, desto gewichtiger die Verleumdung. Unsre Hohenpriester — werden die gemeinen Leute gedacht haben — beschuldigen Jesum ja selbst, so muß doch auch etwas daran sein, die müssen's doch verstehen. Ach, und wie freuen sich die Feinde der Wahrheit, wenn sie einen angesehenen Mann, vielleicht gar einen angesehenen Geistlichen, auf ihrer Seite haben! Dann heißt's gleich: der und der hat's ja selbst gesagt, so muß es ja wahr sein u. s. w. Während man dem Evangelio nicht glaubt, als ob es von falschen Propheten herstamme, glaubt man den falschen Propheten, als ob ihre Aussage ein Evangelium wäre. Da gilt es dann, sich durch keine menschliche Autorität irre machen zu lassen, sie habe einen Namen, welchen sie wolle. Einer ist unser Meister, Jesus Christus, dem haben wir zu glauben in allen göttlichen Dingen, dem allein!

Das Geschrei der jüdischen Ankläger nahm nun so überhand, daß es auch dem Pilatus zu arg wurde. Er gebot daher Ruhe, und wandte sich zu dem mittlerweile aus dem Richthause herausgeführten Jesus mit den Worten: „Hörest du nicht, wie hart sie dich verklagen?" Jesus selbst soll seine Vertheidigung führen, weil der feige Richter dem tobenden Haufen gegenüber dazu nicht den Muth hat. Allein der Heiland schweigt. Pilatus hatte ja eben ausdrücklich bekannt, daß er von der Unschuld Jesu überzeugt sei, wozu also sie ihm abermals versichern? Und die Juden? wußten die nicht selbst, daß sie Lügen redeten? Wer aber absichtlich Lügen redet, was hilft dem das klarste Zeugniß der Wahrheit? Daher handelt der Heiland hier wieder, wie gegenüber den falschen Zeugen vor dem Hohenrathe — er antwortet kein Wort. Sonst macht die Liebe zum Leben die Angeklagten beredt, der HErr Jesus aber bleibt stumm, weil er es für unter seiner Würde hielt, absichtlich ersonnenen Lügen gegenüber sich zu vertheidigen. Hier ist Schweigen die beredteste Vertheidigung. Die Lügen muß man sich selbst widerlegen lassen, und sie widerlegen sich am schnellsten, wenn man gar nicht auf sie antwortet. Um einen Haufen Koth muß man herumgehen; geht man mitten hindurch, so bespritzt man sich nur. Wer ein gut Gewissen hat, findet auch den Muth zum Schweigen, und wer seine Sache fest gegründet weiß auf dem Grunde der Wahrheit, der bleibt ruhig, während die Lügner Schmutz und Schlamm aufwühlen. Die Sonne bricht doch zuletzt durch die Wolken. Im Gefühl seiner Stärke, nicht im Gefühl der Schwäche, schweigt der Heiland. Schon ein großer Dichter oder Denker oder Staatsmann wird sich nicht darum kümmern, wenn böswillige Schuljungen seine Worte entstellen und allerlei über ihn zusammenlügen.

Pilatus fühlt, daß es groß von Jesu war zu schweigen. Das wußte der erfahrne Richter wol, daß die, welche die schlechteste Sache haben, sich gemeiniglich am lautesten ver-

antworten, hingegen daß es kein Zeichen der Schuld sei, in
ruhigem, edlem Schweigen zu verharren, gegenüber solchen
leidenschaftlich aufgeregten Anklägern. Vor ihm steht ein Mann,
der mit Wahrheit wie mit einem ehernen Panzer umgeben ist,
an dem alle Lügengeschosse machtlos abprallen, dem die Majestät
der Wahrheit auf dem ruhigen Angesichte geschrieben steht.
Dem schreienden Haufen gegenüber der schweigende Jesus —
das ist ihm die beredteste Widerlegung der Lügenanklagen. Aber
der Landpfleger „verwundert sich" — so etwas war ihm noch
nicht vorgekommen; dieser Größe kann er seine Bewunderung
nicht versagen. Seine Überzeugung von der völligen Unschuld
Jesu nimmt immer mehr zu.

Die Hohenpriester und Schriftgelehrten merkten das. Sie
suchten daher geschwind dem Schweigen Jesu eine ganz andre
Bedeutung unterzulegen, sie fassen es so auf, als wage er's
nicht, ein Wort zu seiner Vertheidigung zu sagen, könne es auch
nicht. So ermuthigen sie sich in ihrem Geschrei fortzufahren.
Neue Verdächtigungen wissen sie jetzt nicht mehr, so wiederholen
sie die alten, die sie nur etwas anders einkleiden. Exercirt
man dasselbe Manöver nicht bis auf den heutigen Tag?
Wärmt man die alten, längst widerlegten Einwürfe gegen die
Wahrheit des Christenthums nicht immer wieder frisch auf?
Es werden gar keine Einwürfe erhoben, die nicht schon längst
vorgebracht und längst aufs gründlichste widerlegt worden
wären.

Aber feiner greifen die Juden jetzt die Sache an. „Er
hat das Volk erregt", sagen sie. Von der Schuld offen=
baren Aufruhrs hatte Pilatus Jesum freigesprochen. „Ja",
sagen nun die Ankläger, „in hellen Flammen ist die Empörung
allerdings noch nicht ausgebrochen, aber ein kluger Mann
dämpft die Funken, ehe sie zur Flamme werden. Es kann
doch leicht ein Aufruhr entstehen, darum muß vorgebaut werden."
Noch immer sucht man das Evangelium auf ähnliche Weise im
Keime zu ersticken, indem man den Leuten vorrechnet, wie ge=
fährlich es werden könnte, wenn man ihm freien Lauf ließe.
Es könnte ja den Frieden in Staat und Gemeinde stören,

wenn das Evangelium kräftig verkündigt und im Leben mit ihm Ernst gemacht würde; es könnte dem Geschäfte ein Nachtheil erwachsen, wenn z. B. der Sonntag nach Gottes Gebot geheiligt werden sollte und dergleichen, dann kriegen in der Regel die Leute eine solche Angst, daß sie geschwind Jesum und sein Evangelium fahren lassen.

Weiter liegt in dem Vorwurfe der Ankläger: „Laß dir nicht Sand in die Augen streuen, Pilatus. **Mit den Waffen in der Hand** ist dieser Jesus allerdings nicht aufgetreten, aber die bewaffneten Aufrührer sind lange nicht die gefährlichsten, nein, die den Aufruhr **predigen**, die durch ihr Wort alles in Aufregung versetzen, das sind die gefährlichsten, und zu ihnen gehört Jesus. Er hat das Volk gelehrt." Damit haben nun freilich die Hohenpriester ganz Recht; die, welche den Aufruhr durch ihre Reden ins Leben rufen und organisiren, sind gefährlicher als die, welche Waffen tragen; auch darin haben sie Recht, daß das Wort Jesu wirklich ein zweischneidiges Schwert ist, welches den Menschen, den es trifft, in große Aufregung versetzt: — aber das ist ihre satanische Lüge, daß sie den Heiland als einen **politischen** Unruhestifter hinstellen, da sie doch recht gut wissen, daß die von ihm hervorgerufene Bewegung einen rein **geistlichen** Charakter hat, daß Jesus sichre Sünder aus ihrer Gleichgültigkeit wachgerufen, falschen Gewissensfrieden zerstört, und dazu angeregt hat, mit Furcht und Zittern die Seligkeit zu schaffen. Solche heilsame geistliche Unruhe will das Wort Gottes allerdings machen, es will in den Seelen rumoren, es will den todten Kirchhofsfrieden zerstören, will die stumpfen Gewissen schärfen und die geistlichen Schläfer aufwecken. Daher verdächtigt die Welt die treuen Zeugen Jesu Christi noch immer als Unruhestifter. Sind wir uns aber deß bewußt, daß wir nichts andres wollen als geistliche Erweckungen, so brauchen wir uns über diese Verdächtigung keine grauen Haare wachsen zu lassen; den Fürsten des Friedens haben sie auch zum Rebellen gemacht. Es ist aber ein trauriges Zeichen von der religiösen Gleichgiltigkeit einer Gemeinde, wenn sie die falschen Propheten lobt, die immer Friede, Friede rufen, da doch kein Friede ist, und es ist ein trauriges Lob für einen Geistlichen, wenn die Weltkinder ihn einen friedliebenden Mann heißen, weil er als ein Nachtwächter in der Gemeinde hübsch dafür sorgt, daß die sichern Sünder in ihren Sünden ruhig weiter schlafen können.

Ferner heben die Juden mit Nachdruck hervor, daß Jesus durch das ganze Land, nicht blos in Judäa, sondern auch in Galiläa, das Volk aufgeregt habe. Aus mancherlei Gründen legen sie einen besondern Ton auf Galiläa. Sie wollten nämlich damit anzeigen, die von Jesu hervorgerufene Bewegung habe einen weiten Umfang genommen; auch sei es schwer, einzelne Beweise für die ihm vorgeworfenen Verbrechen zu bringen, da sie meist an einem so entfernten Orte geschehen. Ferner wußten sie recht gut, daß Galiläa bei Pilatus schlecht angeschrieben stand, da es als der Hauptheerd aller revolutionären Bewegungen verschrieen war, und der Landpfleger also gegen die Galiläer von vorn herein ein übles Vorurtheil haben mußte. Endlich speculirten die Juden darauf, daß Pilatus mit Herodes, dem Fürsten von Galiläa, auf sehr gespanntem Fuße stand und jede Gelegenheit gern benutzte, um diesen zu ärgern. Sie glauben den Landpfleger desto leichter zu einem verdammenden Urtheile über Jesum zu bewegen, wenn sie ihn als Unterthan des verhaßten galiläischen Königs hinstellten.

Teuflisch schlau hatten die Juden gerechnet, indem sie das Vorurtheil des mißtrauischen Landpflegers und die Leidenschaften seines fleischlichen Herzens zu ihren Verbündeten machten. Es ist ja bekannt, wie das Vorurtheil verblendet und welche beinahe zauberische Macht in den herrschenden Schlagwörtern liegt! Bezeichnet einen Menschen nur mit einem bei den Zeitgenossen in Mißkredit stehenden Schlagnamen, nennt ihn z. B. Pietist oder Reactionär, sofort habt ihr die große Masse gegen ihn eingenommen. Oder wendet euch an den Haß des natürlichen Herzens, stellt die Feindschaft gegen einen euch mißliebigen Menschen so dar, daß durch sie ein andrer Feind geärgert wird, und in 10 Fällen 9 mal könnt ihr darauf rechnen, daß man euch den Willen thut.

Feine Kenner des menschlichen Herzens, wie es von Natur ist und zu handeln pflegt, so lange es der eignen fleischlichen Moral folgt, waren die Juden, das läßt sich gar nicht leugnen. Wer weiß, ob sie nicht schon jetzt ihr Ziel erreicht hätten, wenn nicht Bedenken andrer Art bei Pilatus ein Gegengewicht in die Wagschale geworfen.

Sonst hat sich der Landpfleger gerade nicht viel daraus gemacht, ein paar Menschen zu tödten, aber ein Angeklagter wie dieser Jesus hat noch nie vor seinem Richterstuhle gestanden; die Überzeugung von seiner Unschuld drängt sich ihm mit Gewalt auf, und eine ihm vielleicht selbst unbegreifliche Macht hält ihn zurück, diesem Manne ein Leids zu thun. Es lag etwas so Eigenthümliches, Feines, Großes, Würdevolles, Majestätisches in der ganzen Erscheinung und dem edlen Betragen des Angeklagten, daß sich das sonst nicht ängstliche Gewissen des Richters sträubt, ihn als einen Verbrecher zu behandeln. — Und doch verlangten die Obersten des jüdischen Volkes so stürmisch seinen Tod! Nie hatte Pilatus diese Männer eine Sache mit solchem Eifer treiben sehen, wie die Anklage Jesu; er setzte sich ihrem ganzen Hasse aus, wenn er Jesum freigab. Da — in dieser peinlichen Verlegenheit, wo er nicht weiß, ob er dem Drängen seines Gewissens oder dem der Juden nachgeben soll und für sich Schaden sieht, er mag handeln wie er will — da kommt ihm das Wort Galiläa fast wie ein rettender Engel vor, jetzt kann er seinen Kopf aus der Schlinge ziehen, er braucht ja Jesum nur zu Herodes zu senden, der sich jetzt gerade zu Jerusalem aufhält, und begierig schlägt er diesen Ausweg ein.

Sonst freilich hatte der Landpfleger das Ansehen des galiläischen Königs spottwenig geachtet. Ohne weiteres hatte er z. B. mehrere Galiläer, die nach Jerusalem gekommen waren, um ihre Opfer darzubringen, an heiliger Stätte tödten lassen. Wegen dieses und wahrscheinlich auch noch wegen andrer wirklicher oder eingebildeter Eingriffe in seine Rechte hatte sich Herodes beleidigt gefühlt, so daß er mit Pilatus in Feindschaft lebte. Unter andern Umständen wäre es nun dem stolzen Landpfleger gewiß nie in den Sinn gekommen, dem eiteln, auf seinen Schein von Macht eifersüchtigen Schattenkönig von Galiläa irgend ein Recht einzuräumen, irgend etwas zu Gefallen zu thun; aber jetzt kann er den Herodes brauchen, um auf seine Schultern die Entscheidung zu wälzen, in einer Sache, in der er selbst die Verantwortung nicht übernehmen mag. Der Feigheit, welche diesem Verfahren zu Grunde liegt, kann der Landpfleger noch dazu ein doppeltes Mäntelchen umhängen: den Schein großer Gewissenhaftigkeit, als wollte er nicht in ein fremdes Amt greifen, und den Schein großer Zuvorkommenheit, als wollte er dem Herodes die Hand zur Versöhnung bieten. Wie sich doch diese Menschen unter einander belügen und mit welcher raffinirten Heuchelei sie sich gegenseitig Sand in die Augen streuen! Und wie kurzsichtig ist der eitle Herodes, daß er sich durch die Scheinanerkennung seiner Gerichtsbarkeit von Seiten des Pilatus wirklich geschmeichelt fühlt. Pilatus gebraucht ihn als Lückenbüßer, als Prügelknaben, aber er hat ganz richtig gerechnet: die Eitelkeit macht dumm, sie durchschaut diese heuchlerischen Kunstgriffe nicht, wenn ihr nur geschmeichelt wird.

Höchst bequem war es für den Pilatus freilich, in dieser heikeligen Angelegenheit die Verantwortung auf ein fremdes Gewissen zu wälzen. Sonst hält man steif über seiner Selbständigkeit, Stellung und Autorität, macht sich auch wenig Skrupel, andrer Rechte zu verletzen, — aber wenn es gilt, furchtlos und frei für Recht und Wahrheit einzustehen und darüber Schaden zu leiden und Haß zu tragen, dann schiebt man gern andre vor und sucht seine liebe Person in Sicherheit zu bringen. In ähnlicher Weise finden es viele bequem, andre zu haben, die sie mit der Verantwortung für ihr Heil beladen können, statt diese Verantwortung auf sich selbst zu laden. Daß man in der römischen Kirche unter dem Scheine demüthiger Unterwerfung sich hinter die Entscheidungen der Kirche steckt, davon will ich nicht weiter reden, — heißt es denn nicht auch bei uns oft, wenn man die Leute in religiösen Dingen zu einer Entscheidung treibt: damit befassen wir uns nicht, das mögen die Theologen, die Pastoren abmachen; deren Sache und nicht unsre ist das? Und die also reden, sind das nicht meist Leute, bei denen die Geistlichen sonst nicht gerade in hoher Gunst stehen? Man will sich eben nur eine unangenehme Entscheidung vom Halse halten.

Doch wir wollen dem Pilatus keinen unverdienten Vorwurf machen. Es kann ja unter Umständen wirklich das Zeichen einer lobenswerthen Demuth und Selbstverleugnung sein, das eigne Recht an andre zu übertragen, weil man weiß, sie sind tüchtiger als wir, sie werden die Sache tapferer und siegreicher durchfechten als wir. Wenn z. B. ein Feldherr vor der Schlacht den Oberbefehl in die Hände eines andern legt, weil er überzeugt ist, daß dieser der schwierigen Aufgabe gewachsener sei als er selbst, so ist das eine Selbstverleugnung, die alle Anerkennung verdient. Hat nun etwa Pilatus in dem Sinne gehandelt, da er Jesum zu Herodes schickte? Hoffte er, der galiläische König werde die Unschuld Jesu dem tobenden Haufen gegenüber entschiedener in Schutz nehmen, als er selbst den Muth hatte? Wenn er das hoffte, nun dann mußte ihm Herodes von einer sehr vortheilhaften Seite bekannt sein. War das aber möglich nach allem, was über diesen Menschen in die Oeffentlichkeit gedrungen? Was wir über den Charakter des Herodes wissen, das mußte Pilatus mindestens auch wissen. Ehe wir daher ein weiteres Urtheil über das Verfahren des Landpflegers fällen, lasset uns zusehen, weß Geistes Kind dieser Herodes war.

Er gehörte einem Fürstengeschlechte an, das durch seine Unternehmungen gegen das Reich Gottes zu einer traurigen Berühmtheit gekommen ist. Sein Vater, der erste Herodes, den seine Schmeichler den Großen nannten, ließ die bethlehemitischen Kindlein ermorden, um Jesum schon in der Wiege zu tödten, anderer blutigen Greuelthaten ganz zu geschweigen. Sein Bruder — Herodes Archelaus — befahl 3000 Mann auf ein Mal niederzumetzeln und aus Furcht vor seiner Grausamkeit wagte Joseph nicht, seinen Aufenthalt wieder in Bethlehem zu nehmen. Sein Neffe — Herodes Agrippa — enthauptete den Apostel Jacobus und hätte Petro gerne dasselbe Schicksal bereitet, wenn der Engel des HErrn ihn nicht aus dem Gefängniß befreit hätte.

In dieser Familie war das Sprüchwort ein wahres Wort: der Apfel fällt nicht weit vom Stamme. Der Herodes nun, von welchem unser Text erzählt, — Herodes Antipas — scheint zwar etwas gutmüthiger gewesen zu sein als sein grausamer Vater und Bruder, aber er war charakterlos, schwach, ohne eigene Überzeugung und eigenen Willen, von dem Einfluß einer schlechten Umgebung abhängig, vor allem ein Knecht der Wollust. Die verbrecherische Neigung zu Herodias, dem Weibe seines Bruders Philippus, machte ihn zum Ehebrecher, Blutschänder und — Mörder. Herodes hatte das seltene Glück, was nicht vielen Großen dieser Erde zu Theil wird, einen Mann zu finden, der den Muth besaß, ihm ins Angesicht zu sagen: „Es ist nicht recht, daß du deines Bruders Weib hast." Der Mann war Johannes der Täufer. Aber der König Herodes handelte nicht wie der König David, der, als er von dem Propheten Nathan wegen einer ähnlichen Sünde gestraft wurde, das bußfertige Bekenntniß that: „Ich habe gesündigt wider den HErrn." Herodes gerieth vielmehr in Zorn über Johannes und warf ihn ins Gefängniß. Herodias würde noch kürzeren Prozeß gemacht haben mit dem zudringlichen Sittenprediger — sie hätte diesen Mund gleich für immer stumm gemacht, um durch seinen Tadel nie wieder beunruhigt zu werden. Aber Herodes getraute sich nicht, den freimüthigen Knecht Gottes zu tödten. Zwar die Willigkeit, die der charakterlose Mann dann und wann zeigte, den Täufer zu hören, und die Achtung, die er fast widerwillig vor seiner geheiligten Person empfand, die hätten den schwachen Wollüstling auf die Dauer nicht abgehalten, dem Drängen seines rachsüchtigen Weibes nachzugeben; — aber „er fürchtete sich vor dem Volke, das Johannes für einen Propheten hielt". Vielleicht bildete er sich nicht wenig auf seine Standhaftigkeit und Tugend ein und überredete sich, daß er sehr edel und schonend wider den Täufer verfahre, indem er die mörderischen Absichten der Herodias vereitelte. Der arme blinde

Mann, wäre nur die Furcht vor dem Volke nicht gewesen, er hätte dem bösen Einflusse der Genossin seines blutschänderischen Ehebruchs längst nachgegeben! Aber Herodias kannte den schwachen, schwankenden Mann besser, als er sich selbst kannte, und so entwarf sie in teuflischer List einen Plan, durch welchen sie die Furcht vor dem Volke durch eine größere Furcht zu überbieten und zu beseitigen gedachte.

Sie ist bekannt, jene schauerliche Geschichte. „Herodes gab an seinem Geburtstage ein Abendmahl seinen Großen und den Hauptleuten und den Vornehmsten in Galiläa." Als die Männer schon aufgeregt waren von dem Genusse des Weins, da trat, aller Scham vergessend, Salome, die Tochter der Herodias, das Ebenbild ihrer unzüchtigen Mutter, in den Saal und — tanzte. Herodes entzückt, bezaubert von einem Sinnenrausche, den er nicht zu beherrschen versteht, ruft aus: „Bitte von mir, was du willst, so will ich's dir geben", und schwur ihr: „was du wirst von mir bitten, will ich dir geben bis an die Hälfte meines Königreichs". Da verlangt die liebenswürdige Tänzerin auf den Rath ihrer Mutter — — das Haupt Johannis des Täufers! Herodes ist wie erstarrt. Hat er wirklich recht gehört? Der Tänzerin soll er einen Mordbefehl geben, beim Weingenusse Blut vergießen? Ein entsetzlicher Augenblick für Herodes! Er ist erwacht aus dem Rausche, der sich seiner Sinne bemächtigt hatte, er ist entrüstet über die Schlinge, die man ihm gelegt und „betrübt", daß er keinen Ausweg sieht, sich aus ihr herauszuziehen. Einen kurzen Kampf kämpft das Gewissen, aber — „um seines Eides willen und derer, die zu Tische saßen, will er das Mädchen lassen keine Fehlbitte thun", er schickt den Henker zu Johannes ins Gefängniß, um mit seinem heiligen Haupte ihren unzüchtigen Tanz zu bezahlen.

Die Furcht vor dem Volke, die ihn so lange zurückgehalten, die Mörderhand an den Propheten Gottes zu legen, ist überwunden durch eine größere Furcht. Nicht der Eid war es, der ihm die Hände band. Daß ein Mensch wie Herodes keine besondere Ehrfurcht vor der Heiligkeit des Eides besessen, ist ohne Beweis klar, zudem wissen wir ja, daß er seinem rechtmäßigen

Weibe den Eid der Treue gebrochen. Nicht Gott fürchtet er, sonst hätte er vorhin nicht leichtsinnig geschworen und jetzt nicht abermals das fünfte Gebot übertreten, nein, die Gäste, die am Tische saßen, die Zeugen seines Eides, die fürchtet Herodes. Hätten nur Herodias und Salome seinen Eid gehört, er würde ihn nicht gehalten haben, aber die Gegenwart der Vornehmsten in Galiläa zwingt ihn, zum Prophetenmörder zu werden. Herodes weiß, daß er unrecht handelt; aber was würden seine Gäste denken, wenn er sein Wort nicht hielte, stünde er nicht feig und ehrlos vor ihnen da, eine Zielscheibe ihrer Witzeleien und Spöttereien? Alle seine Bedenken traten zurück gegen diese Furcht. Herodes ist beides: ein Knecht der Wollust und ein Knecht der öffentlichen Meinung, und wer von diesen beiden Tyrannen geknechtet wird, der ist am Ende zu jeder Sünde fähig, wenn die Versuchung zu ihr ernstlich an ihn herantritt.

Was ließ sich von einem solchen Menschen für den Heiland erwarten? Hat er den Johannes zuerst nicht getödtet aus Furcht vor dem Volke, weil's ihn für einen Propheten hielt, wird er nicht bereit sein, Jesum zu tödten aus Furcht vor demselben Volke, weil es seinen Tod verlangt? Und hat er hernach dem Täufer wirklich das Haupt abschlagen lassen aus Rücksicht auf die Vornehmen in Galiläa, wird er jetzt etwa den Muth haben, Jesum in Schutz zu nehmen gegen die Anklagen der Obersten unter den Juden? Ist der König von Galiläa ein Knecht der öffentlichen Meinung gewesen in seiner Handlungsweise gegen Johannes den Täufer, so wird er unter derselben Knechtschaft stehen, wenn er zum Richter Jesu Christi gemacht wird.

Das alles mußte Pilatus wissen. Jedes Kind in Palästina wußte es ja, daß Herodes den Tanz einer leichtfertigen Dirne mit dem Haupte eines Propheten Gottes belohnt hatte. War es also nicht unverantwortlich gewissenlos, daß Pilatus den unschuldigen Jesus dem Gerichte eines solchen Menschen übergab? Setzte er Jesum dadurch nicht der allergrößten Gefahr aus? Und gesetzt, der König von Galiläa hätte das Todesurtheil über ihn gesprochen, würde sein Blut nicht dennoch von der Hand des Pilatus gefordert werden müssen?

Doch halt! wir haben vielleicht über Herodes zu scharf geurtheilt. Lesen wir denn nicht: "Da aber Herodes Jesum sah, ward er froh, denn er hätte ihn längst gern gesehen"? Vielleicht ist seit dem Tode Johannis eine Veränderung mit ihm vorgegangen, vielleicht ist sein Gewissen erwacht und er begehrt reumüthig Vergebung für seine schwere Sünde? Aber vergeblich durchforsche ich die evangelische Geschichte, um auch nur den Schein eines Beweises für eine solche Annahme herbeizubringen. Einige Zeit vorher hatte Herodes vielmehr nur noch mit Schrecken daran gedacht, daß ihm Jesus — den sein böses Gewissen für den von den Todten auferstandenen Täufer hielt — einmal begegnen könnte. Er hatte daher einige Pharisäer zu ihm geschickt, die ihm sagen sollten: "Hebe dich hinaus und gehe von hinnen, denn Herodes will dich tödten" (Luk. 13, 31—33). Keinenfalls beabsichtigte der König von Galiläa diesen zweiten Mord auch noch auf sein Gewissen zu laden, er wollte vielmehr Jesum durch einen solchen Schreckschuß nur bewegen, sich aus seiner Nähe zu entfernen, um sich selbst von der Angst zu befreien, die ihm die Gegenwart Christi einflößte. Ganz klar geht das aus der Antwort hervor, welche der Heiland, der ja wußte, was im Menschen war und die Manöver seiner Feinde allezeit durchschaute, den Abgesandten des Königs gab: "Gehet hin und saget demselben Fuchs: siehe, ich treibe Teufel aus und mache gesund heute und morgen und am dritten Tage werde ich ein Ende nehmen" u. s. w.

Hatte sich aber früher Herodes vor Jesum gefürchtet, wie kam es, daß er jetzt froh war, ihn zu sehen? Nicht mit Herodes, aber mit Jesus war eine Veränderung vorgegangen. Jetzt wird ihm der Mann, von dessen Reden und Thaten er so viel Wunderbares gehört und der wenigstens seine Neugierde längst rege gemacht hatte, jetzt wird ihm dieser Mann als ein angeklagter Verbrecher vorgeführt. Da schwindet die Angst des Königs, daß er etwa eine Strafpredigt von ihm zu hören bekommen könnte. Den freien Mann, ja den hatte er gefürchtet, aber mit dem gefangenen ist es ganz was anderes. Kann er mit dem nicht schalten ganz nach seinem Belieben? Und wird Jesus nicht bereit sein alles zu thun, was man von ihm verlangt, um sich dadurch den König günstig zu stimmen und ihn zu einem freisprechenden Urtheil zu bewegen?

Herodes war ein in solchem Grade verweltlichter und leichtsinniger Mensch, daß er über der Aussicht, der Prophet mächtig an Thaten und Worten werde wie ein Taschenspieler vor ihm auftreten, durch allerlei wunderbare Kunststückchen seine tödtliche Langeweile vertreiben und seine müßige Neugier befriedigen, daß er darüber das blutige Haupt auf der Schüssel völlig vergaß und gar nicht daran dachte, die Stimme Johannis des Täufers unter diesen Umständen aus seinem Munde vernehmen zu können. Nur daher war der König erfreut, daß Jesus vor ihn geführt wurde, weil „er hoffte, er würde ein Zeichen von ihm sehen". Keine Belehrung, sondern nur Unterhaltung wollte er von Jesu, nicht Heilsbegierde, sondern nur Neugierde machte ihn froh, keine Heilandswerke, sondern nur Comödiantenstücke wollte er sehen.

Um den Heiland zu locken, irgend etwas zum Besten zu geben, „fragte ihn der König mancherlei". Was diese Fragen für einen Inhalt gehabt, hat uns Lukas nicht berichtet. Jedenfalls haben sie sich auf lauter unnütze, ungereimte Dinge bezogen, so daß es der Evangelist für eine Entweihung seines Buches gehalten, sie aufzuzeichnen, und ich denke, wir wollen die Zeit auch nicht unnützer Weise damit hinbringen, den werthlosen Inhalt jener müßigen, wahrscheinlich albernen Fragen zu errathen.

Der Heiland selbst fällt das schärfste Urtheil über sie, indem er auf alle schweigt. Hätte auch nur ein Fünkchen Heilsbegierde, ja nur ein Fünkchen religiöser Wißbegierde darin gelegen, Jesus hätte nicht geschwiegen. Es ist sehr auffällig, dieses anhaltende Schweigen. Von allen seinen Richtern ist Herodes der einzige, mit dem Jesus auch nicht ein einziges Wort redet. Erklärt er damit nicht aufs allerdeutlichste, daß er den Herodes gar nicht als seinen Richter anerkennt und daß also Pilatus ein schweres Unrecht begangen, indem er die Entscheidung in dieser Sache auf die Schultern des galiläischen Königs gewälzt? Aber wenn der Heiland den Herodes auch nicht als seinen Richter anerkennt, warum antwortet er denn auch gar nichts? Hätte man nicht erwarten sollen, Jesus werde diese Gelegenheit ergreifen, um dem lasterhaften Könige den Vorwurf des Täufers zu wiederholen und ihm wegen des Mordes seines Vorgängers scharf ins Gewissen zu reden? Aber er schweigt. Wie sollen wir dieses todtenähnliche Schweigen erklären? War der Heiland zu entrüstet über diesen König, weil er seine Hände mit Blut befleckt? Aber er hat ja zu einem sterbenden Mörder gesagt: „heute noch sollst du mit mir im Paradiese sein!" Nein, nicht die gemeinen Sünden des Ehebruchs und Mords, die Herodes öffentlich begangen, schlossen dem Heiland die Lippen; er war ja in die Welt gekommen, auch die versunkensten, gemeinsten, abscheulichsten Sünder zu erlösen, und er hat Worte der Ermahnung für sie gehabt, wenn nur die geringste Spur von Reue und Sehnsucht nach Erlösung bei ihnen zu entdecken war. Aber wenn der Sünder so leichtsinnig und frech geworden ist, daß er den Heiland als eine Art Possenmacher ansieht, mit dem man sich amüsiren und die Langeweile vertreiben kann, wenn das Gewissen soweit verstockt und erstorben ist, daß es gar kein Verlangen nach Vergebung der Sünden mehr hat, dann schweigt Jesus. Es liegt in diesem Schweigen ein furchtbares Gottesgericht. Wer nicht hat, von dem wird auch genommen, was er hat. Niemals werden die Perlen vor die Säue geworfen. Wer der Stimme Gottes beharrlich sein Ohr verschließt, dem verschließt Gott endlich seinen Mund. Der leichtsinnige, ausschweifende, gegen Gottes Warnungen taube und gegen die Stimme seines Gewissens sich verstockende König Herodes steht als ein warnendes Exempel in der Leidensgeschichte Jesu Christi. Seine Gnadenzeit war abgelaufen, ehe seine Lebenszeit abgelaufen war. Soll euch dasselbe Gericht nicht treffen — o so zittert, wenn ihr merkt, daß sich eure Ohren verschließen gegen das Wort Gottes, daß sich eure Gewissen verstocken gegen

die Mahnungen zur Reue, daß sich eure Herzen entwöhnen von
der Ehrfurcht vor dem Heiligen, daß sich eure Lüste steigern zur
Befriedigung fleischlicher Leidenschaften, zittert dann und kehret
um, ehe die Uhr abläuft und das Schweigen Gottes euch zu=
ruft: zu spät, zu spät.

Aber das Schweigen Jesu Christi ist nicht blos ein Gottes=
gericht über Herodes, es ist auch ein Zeichen seiner eigenen
Größe. Oder nennt ihr das nicht groß, daß der gefangene,
gebundene, angeklagte Jesus vor einem Könige schweigt,
schweigt, da er durch sein Reden sich vielleicht seine Frei=
lassung erwirken konnte? Wie hat sich doch der arme Herodes
verrechnet, da er dachte, Jesus werde sich's für eine Ehre schätzen,
vor Sr. Galiläischen Majestät einige Wunderstückchen produziren
zu dürfen! Die Erfahrung hatte diesen König nicht klug ge=
macht. Der Täufer hatte sich durch die hohe Stellung des
königlichen Ehebrechers nicht abhalten lassen, ihm seine Sünde
ins Angesicht zu sagen, und von Jesu, dem sich Johannes
nicht werth hielt, daß er ihm die Schuhriemen auflöse, von
Jesu erwartet der thörichte Mensch, er werde seine Langeweile
durch Theaterstückchen vertreiben? Zwei Mal hat Herodes
wahre Größe gesehen. Das eine Mal, da Johannes
seinen Kopf aufs Spiel setzte, indem er zu ihm redete, das
andere Mal, da Jesus seinen Kopf aufs Spiel setzte, indem
er vor ihm schwieg.

Aber weder das Reden Johannis noch das Schweigen Jesu
hat bei diesem Menschen etwas ausgerichtet. Das Reden Jo=
hannis erzürnte, das Schweigen Jesu verdroß ihn. Ärger=
lich und erbittert, daß so ein geringer, armseliger Mensch, wie
dieser angeklagte Jesus, vor einem Könige nicht einmal ein Wort
redet — „verspottete er ihn mit seinem ganzen Hofgesinde,
legte ihm ein weißes Kleid an und sandte ihn wieder zu Pi=
latus". Daß das ein höchst unkönigliches, ja gemeines Betragen
war, das bedarf keines Beweises, aber auffallen kann es uns
nicht an einem solchen Könige! Worüber wir uns aber
wundern müssen — daß Herodes damit die Sache gut sein läßt,
daß er sich nicht weiter an Jesus vergreift, kein Todesurtheil

über ihn fällt, ja sich nicht einmal auf ein gerichtliches Verhör
einläßt, so hart ihn auch die Hohenpriester und Schriftgelehrten
verklagten. Wie erklärt sich das? Ich denke, aus drei Ursachen.
Zunächst war Herodes ein so satter und gleichgiltiger
Mensch, daß er gegen jede ernste Beschäftigung mit ernsten
Dingen den größten Widerwillen hatte. Der HErr Jesus war
ihm nicht werth, daß er sich die Mühe eines gerichtlichen Ver=
hörs mit ihm machte. Seinetwegen mochte der Heiland leben
oder sterben, ihm war alles einerlei. Es giebt eine Stumpf=
heit gegen das Evangelium, die nicht einmal zur Feindschaft
wider dasselbe mehr fähig ist, und Herodes besaß diese Stumpf=
heit. — Dazu mochte er sich die Finger nicht zum zweiten
Male verbrennen, denn ein gebrannter Mensch fürchtet
das Feuer. Wenn in einsamen Stunden das Bild des
gemordeten Johannes vor seine Seele trat, dann mochte
doch wol ein eisiger Schauer sein erstorbenes Gewissen durch=
rieseln — und nun zum zweiten Male Prophetenmörder
werden!! Nein, in diesen Handel mag Herodes seine Hände
nicht mischen, er hat an dem ersten, den er mit Johannes
gehabt, gerade genug. — Endlich kommt zu diesen beiden
Gründen noch ein drittes, wie mich bedünkt, sehr wichtiges
Moment. Die Artigkeit des Pilatus, daß er ihm Jesum zu=
gesendet, hat dem Herodes gefallen. Er will Artigkeit mit Artig=
keit erwidern, ja er will das Entgegenkommen des Landpflegers
überbieten und die Rolle eines nobeln Menschen spielen, der
nach dem Grundsatz handle: Edelsinn fordert Edelsinn heraus
(noblesse oblige). So schickt der galiläische König Jesum zu
Pilatus zurück als Beweis, daß, wenn er nur sein vermeintliches
Recht anerkannt sehe, er gern auf dasselbe verzichte, um nur mit
dem Landpfleger in Frieden zu leben. Daher wurden denn „auf
diesen Tag Pilatus und Herodes Freunde mitein=
ander". Eine saubere Freundschaft! Jesum geben sie beide
preis und das macht sie zu Freunden. Wie oft wiederholt sich
diese Art von Freundschaften, daß sich Leute, welche sich aufs
heftigste bekämpft, zusammenschließen aus Gleichgiltigkeit oder
Feindschaft wider den HErrn Jesum. Der schlechtesten Bundes=

genossen schämt man sich da nicht, wenn man durch sie nur das eigene Gewissen beschwichtigen oder dem Heiland und seinen Jüngern etwas anhaben kann.

Herodes und Pilatus brauchten sich vor einander allerdings nicht zu schämen. Sie waren beide in gleicher Verdammniß und insofern werth, Freunde zu sein. Beide mißbrauchten die Macht, die ihnen von Gott zum Schutze des Rechts und der Wahrheit gegeben war, zu ihrer Unterdrückung. Der eine enthauptete Johannem, der andere kreuzigte Jesum. Beide haben dem Hasse Anderer gehorcht und den Beweis geliefert, daß man aus Schwäche zuletzt zu denselben Verbrechen fähig ist wie aus Bosheit. Beide haben ihr Verbrechen mit Widerstreben begangen, aber der Menschenfurcht nachgegeben. Beide haben endlich schon hier auf der Erde einen Theil ihrer Strafe erlitten, sie sind ihrer Stellen entsetzt in der Verbannung gestorben. Und in der Ewigkeit werden sie die gleiche Qual auch zu leiden haben.

Gott behüte uns in Gnaden vor solchen Freundschaften, die die Gleichgiltigkeit oder Feindschaft wider den HErrn zusammenleimt!

VII.

Barrabas oder Jesus.

Luc. 23, 13—16. Matth. 27, 15—21.

„Pilatus aber rief die Hohenpriester und die Obersten und das Volk zusammen und sprach zu ihnen: Ihr habt diesen Menschen zu mir gebracht, als der das Volk abwende. Und siehe, ich habe ihn vor euch verhöret, und finde an dem Menschen der Sache keine, der ihr ihn beschuldiget; Herodes auch nicht: denn ich habe euch zu ihm gesandt; und siehe, man hat nichts auf ihn gebracht, das des Todes werth sei. Darum will ich ihn züchtigen und los lassen."

„Auf das Fest aber hatte der Landpfleger die Gewohnheit, dem Volk einen Gefangenen loszugeben, welchen sie wollten. Er hatte aber zu der Zeit einen Gefangenen, einen sonderlichen vor andern, der hieß Barrabas. Und da sie versammlet waren, sprach Pilatus zu ihnen: Welchen wollt ihr, daß ich euch losgebe? Barrabam, oder Jesum, von dem gesagt wird, er sei Christus? Denn er wußte wol, daß sie ihn aus Neid überantwortet hatten. Und da er auf dem Richtstuhl saß, schickte sein Weib zu ihm und ließ ihm sagen: Habe du nichts zu schaffen mit diesem Gerechten; ich habe heute viel erlitten im Traum von seinetwegen. Aber die Hohenpriester und die Ältesten überredeten das Volk, daß sie um Barrabas bitten sollten und Jesum umbrächten. Da antwortete nun der Landpfleger und sprach zu ihnen: Welchen wollt ihr unter diesen zween, den ich euch soll losgeben? Sie sprachen: Barrabam."

———

Gleich nach dem ersten Verhöre mit dem angeklagten Jesus hatte Pilatus das Bekenntniß abgelegt: „ich finde keine Schuld an ihm". Ein gerechter Richter hätte nun den unschuldig Verklagten sofort freigelassen. Pilatus aber hatte die Entscheidung auf ein fremdes Gewissen zu wälzen gesucht, weil er weder gewissenhaft genug war, Jesum freizusprechen, noch gewissenlos genug, ihn zu verurtheilen. Allein auch Herodes hat es abgelehnt, über Jesum ein Todesurtheil zu fällen. Nach einem sehr unköniglichen Betragen schickt der galiläische König den Heiland an Pilatus zurück. Herodes meint außerordentlich edel und großmüthig gegen den Landpfleger zu handeln — und er vereitelt dadurch den Wunsch desselben, sich die Entscheidung über Jesum vom Halse zu schaffen. Der erste Ausweg hat also nichts geholfen, Pilatus selbst muß die Entscheidung treffen.

Vielleicht macht er nun durch einen gerechten Spruch der Sache ein Ende? Ja, wenn er nicht so grenzenlos feig gewesen wäre! Die Feigheit lehrt ihn auf einen neuen Vermittlungsweg sinnen. „Er berief die Hohenpriester und die Obersten und das Volk zusammen" in der Hoffnung, sie durch vernünftige Vorstellungen andern Sinnes zu machen. Das scheint ja auf den ersten Blick sehr lobenswerth und doch liegt eine neue Ungerechtigkeit darin, denn Pilatus will seinen Rechtsspruch davon abhängig machen, ob er die Juden von der Ungerechtigkeit ihrer Anklage überzeugen könne. Darf denn aber ein Richter nur das für Recht gelten lassen, wovon die Masse des vornehmen und gemeinen Volkes sagt: es ist Recht? Bleibt Recht nicht dennoch Recht, auch wenn es nicht gelingt, die Masse davon zu überzeugen? Ist es nicht eine ganz allgemeine Erfahrung, daß der bei weitem größte Theil des ungebildeten wie des gebildeten Volks nur das für Recht erklärt, was ihm wolgefällt, und das für Unrecht verschreit, was ihm mißfällt?

Und welch' eine Kurzsichtigkeit, um nicht zu sagen Blindheit, von Seiten des Pilatus, daß er hofft, mit vernünftigen Vorstellungen etwas auszurichten bei einer aufgeregten Masse, welche das Vorurtheil und der Parteihaß gegen die schlagendsten Gründe taub macht! Erleben wir das nicht bis auf diese Stunde sowol auf dem Gebiete des religiösen wie

des politischen Lebens immer wieder, daß man auch mit den
überzeugendsten Gründen diejenigen nicht anderer Meinung macht,
die nicht anderer Meinung werden wollen und die von Vorurtheilen besessen und von Parteihaß erregt sind? Was sollte
denn nun aus Wahrheit und Recht werden, wenn man die Entscheidungen in der Schwebe lassen wollte, bis es gelungen, Vorurtheil und Parteihaß zu beseitigen und das Volk so umzustim-
men, daß es für Recht erklärt, was es vorher für Unrecht
gehalten, und für Unrecht, was ihm erst als Recht galt? Mit
Entschiedenheit Gerechtigkeit üben, auch wenn sie mit den
Wünschen des von seinen Verführern irregeleiteten Volkes nicht
übereinstimmt, das ist der sicherste Weg, das Vorurtheil zu beseitigen. Aber wenn feige, unentschiedene Schwächlinge, immer bereit,
die Hand zur Capitulation zu bieten, einem aufgeregten Haufen
gegenüberstehen, dann richten sie sicherlich auch mit den vernünf-
tigsten Vorstellungen nichts aus und sie müssen sich bald bequemen, jedem ungerechten Verlangen den Willen zu thun. Diese
einfache Lebensklugheit mußte ein Mann wie Pilatus wol besitzen und ich zweifle auch gar nicht daran, daß er sie wirklich
besessen hat, zumal er sonst nicht viel Umstände machte, seinen
ungerechten Willen durchzusetzen. Aber dieses Mal achtete er
den Götzen der Volksgunst höher als Recht und Gerechtigkeit,
daher hatte er nicht den Muth, von seiner Lebensklugheit Gebrauch zu machen.

Er beruft also die Ankläger Jesu zusammen und spricht zu
ihnen: „Ihr habt diesen Menschen zu mir gebracht
als der das Volk abwende. Und siehe, ich habe ihn
vor euch verhört und finde an ihm der Sachen keine,
der ihr ihn beschuldigt. Herodes auch nicht, denn
ich habe euch zu ihm gesandt und siehe, man hat
nichts auf ihn gebracht, das des Todes werth sei."
Mit klaren Worten bezeugt Pilatus abermal die Unschuld Jesu.
Sein eignes Zeugniß bestätigt er noch durch das Urtheil des
Herodes. Weder vor dem Landpfleger noch vor dem galiläischen
König hatten's die Feinde an Beschuldigungen fehlen lassen.
Beide Richter standen weder zu Jesu noch untereinander in

freundlichem Verhältniß. Wenn sie nun dennoch in dem Bekenntniß der Unschuld des Heilands übereinstimmen, hätte das denn die Juden nicht von dem Ungrund ihrer Anklage überzeugen müssen? Ja freilich, wenn sie sich hätten wollen überzeugen lassen. So aber geht's ihnen, wie's zahllos vielen ungläubigen Christen heut noch geht — selbst die Zeugnisse für Jesum aus dem Munde seiner Gegner, die unter sich **Feinde sind,** überzeugen sie nicht, denn sie wollen sich nicht überzeugen lassen.

Daß die Juden auf die Vorstellungen des Pilatus nichts geben, hat aber noch einen andern Grund. Sie sehen nämlich, daß es dem Landpfleger selbst gar kein Ernst damit ist. Wer aber mit seinen Bekenntnissen keinen Ernst macht, sondern gleich zu Concessionen bereit ist, die dem Bekenntnisse ins Angesicht schlagen, der wird niemals einen einzigen Menschen andern Sinnes machen. Nur dann kann ich einen Menschen für meine Überzeugung gewinnen, wenn er sieht, daß es mir mit meiner Überzeugung ein heillger Ernst ist. Vollends wenn ich Jemand zu Christo bekehren will, muß der Ernst des eignen Glaubens offenbar und am Tage sein. Wer sich gleich Abzüge gefallen läßt und mit Zugeständnissen entgegenkommt, der ist niemals geschickt zum Dienst im Reiche Gottes, am wenigsten wird er in unserer Zeit etwas ausrichten, so sehr solche halbe und feige Leute auch groß damit thun, daß sie durch ihr Brückenschlagen den Gebildeten das Ärgerniß an der Thorheit des Evangeliums nehmen.

Hätte Pilatus seinem Bekenntnisse von der Unschuld Jesu **Nachdruck** geben wollen, so mußte er Jesum freilassen. Statt dessen aber vernichtet er das eben abgelegte Zeugniß durch den höchst wunderlichen Schluß: „**so will ich ihn züchtigen und loslassen**". Ist Jesus unschuldig, wie kann er denn gezüchtigt werden? Verdient er aber die Züchtigung, warum nennt ihn sein Richter unschuldig? Doch das Räthsel löst sich leicht. Der feige Richter fürchtet sich, den **geraden** Weg der Gerechtigkeit zu gehen, weil er dadurch die Juden vor den Kopf stoßen würde und so will er den krummen Weg der Zügeſtändniſſe und Vermittlungen einſchlagen, auf welchem er hofft, wenigſtens die **halbe** Gerechtigkeit durch eine Hinterthür einzuſchmuggeln. Durch eine kleine Ungerechtigkeit denkt der Landpfleger das Schlimmſte, den Tod Jeſu, zu verhindern. Schwacher Pilatus, jetzt giebſt du dem Teufel den kleinen Finger; bald wird er die ganze Hand haben. Du willſt züchtigen, um **loszulaſſen**; irre dich nicht, die Züchtigung iſt nur der Weg zur — **Kreuzigung**. Auf ſchiefen Bahnen kann's nur abwärts gehen und ein Stillſtand iſt da nicht eher möglich, als bis man **unten** angekommen iſt.

Doch Pilatus ſcheint ſich eines Beſſeren zu beſinnen. Er läßt den eben gemachten Vorſchlag wieder fallen. Leider nur für den Augenblick, denn da das andre Auskunftsmittel auch nicht zum Ziele führte, nimmt er ihn ſpäter wieder auf. Jedenfalls hat er durch die bloße Ausſprache dieſes verderblichen Grundſatzes (deſſen eingehendere Beleuchtung einer folgenden Betrachtung aufgeſpart bleibt) genug geſchadet. Die Juden haben die **Conceſſionstheologie** ihres oberſten Richters nun einmal kennen gelernt und ſie ſind entſchloſſen, ſie auszubeuten. Es wäre daher ſehr kurzſichtig und voreilig, wenn wir uns freuen wollten, daß Pilatus doch die Züchtigung noch nicht ausführt. Das iſt eben ſchon ſchlimm genug, daß er überhaupt an ſie **denkt** und Grundſätze proklamirt, nach denen ſie unter Umſtänden als ein Werk der Nothwehr erlaubt iſt. Hat man einmal ſolche Grundſätze, ſo iſt ihre Ausführung dann auch nur eine Frage der Zeit. Es könnte nur geholfen werden, wenn man den Grundſatz ſelbſt als verderblich verwürfe. Davon iſt aber Pilatus weit entfernt. Er läßt ſeinen Vorſchlag nur fallen, weil er ſich von einem andern mindeſtens ebenſo verwerflichen Vermittlungsverſuche vorläufig mehr Erfolg verſpricht.

Er erinnert ſich nämlich an die Sitte, daß den Juden am Oſterfeſte ein Gefangener losgegeben zu werden pflege. „Ei", denkt er, „ſo läßt ſich die Sache prächtig machen. An meiner Statt laſſe ich das Volk entſcheiden. Statt daß ich auf dem Rechte beſtehe und Jeſum ohne weiteres freilaſſe, ſoll das Volk von seinem Rechte Gebrauch machen und Jesum freibitten. Begehrt das Volk selbst seine Freilassung, so kann mir weder mein Gewissen noch der Hanfe der Obersten einen Vorwurf machen und ihr Haß kann mich nicht treffen, weil ich Gerechtigkeit geübt — ich habe mich klüglich aus der Schlinge gezogen." Ach wie fürchtet sich die feige Seele, selbständig zu thun, was das Recht erforderte. Wenn die öffentliche Meinung für Christum ist, dann will er ihn freilassen. Aber wenn die öffentliche Meinung wider ihn ist, dann fehlt der Muth. Als ob erst durch die öffentliche Meinung festgestellt werden müßte, was Recht und was Wahrheit wäre, und man sich nach ihrem Urtheil für oder wider Christum entscheiden dürfte.

Merkwürdig! ein Mann, der sonst so eifersüchtig über seiner Macht hielt und an die Wünsche des Volks sich nicht im geringsten kehrte, macht sich hier zu einem Sklaven des Volkswillens. Um Ungerechtigkeiten zu begehen, fühlt er sich stets stark genug seinen Willen gegen den des Volkes durchzusetzen, aber um den Wünschen eines fanatisirten Haufens gegenüber Gerechtigkeit zu üben, dazu fehlt ihm die Kraft. Leider ist das eine allgemeine Erfahrung, daß, während man im Bösen seinen Willen auch trotz erhobenen Widerspruches kräftig durchsetzt, man durch den leisesten Widerspruch von der Durchführung des Guten sich abhalten läßt. Besonders wenn es gilt in Sachen der Religion fest aufzutreten, da geht auch solchen der Muth ab, die in andern Dingen keineswegs furchtsam sind. Viele, die z. B. auf dem Gebiete der Politik einen tapfern Kampf führen gegen die Herrschaft der öffentlichen Meinung, wagen nicht wider den Strom zu schwimmen in Sachen des Glaubens. Es muß doch eine schwere Sache sein, den HErrn zu bekennen vor den Leuten, die nichts von ihm wissen wollen!

Was den Schritt des Pilatus so grundverwerflich macht, ist, daß er an die Stelle des Rechts und des Gesetzes die Willkür des Volkes setzt und es von der Entscheidung desselben abhängig macht, was mit Christo werden soll. Leider wird dieser Grundsatz, nach welchem wir hier aus Feigheit den Pilatus handeln sehen, heutzutage von vielen als der oberste

Rechtsgrundsatz geltend gemacht und es ist nicht zu verwundern,
daß er den größten Anklang findet. Was kann denn den Massen
Schmeichelhafteres gesagt werden, als: was die Mehrheit
will, das ist Recht im Staate, das ist Wahrheit in der Kirche,
denn des Volkes Stimme ist Gottes Stimme? Wie? Des
Volkes Stimme, der Mehrheit Stimme, wäre Gottes Stimme?
Wisset ihr denn nicht, daß, so lange die Erde steht, die Mehrheit
des Volkes anders gewollt hat als Gott? Wisset ihr denn
nicht, daß nach dem deutlichen Zeugnisse Jesu Christi die Mehrheit auf dem breiten Wege wandelt, der zur Verdammniß führt,
daß derer, die den schmalen Lebensweg finden, nur wenige
sind und daß der kleinen Heerde vom Vater das Reich be-
schieden ist? Und die Mehrheit, die keinen andern Willen hat
als den Willen des Fleisches, die sollte bestimmen, was Recht
im Staate, und vollends was Wahrheit in der Kirche ist? Es
kann ja keine widersinnigere Behauptung geben. Wer getraut
sich denn zu beweisen, daß bei der Mehrheit auch nur die meiste
Einsicht, geschweige die größte Redlichkeit, die tiefste Gottesfurcht
sich finde? Hat denn ein einziger erleuchteter Mann nicht oft
viel mehr Verstand in weltlichen und göttlichen Dingen, als
tausend andere zusammengenommen? Und es sollte vernünftig
sein, daß die tausend blos deshalb Recht und Wahrheit auf ihrer
Seite haben sollten, weil sie tausend sind! Das ist wol ganz
richtig, wenn das Sprichwort sagt: viel Köpfe viel Sinne —
aber viel Köpfe viel Gerechtigkeit, viel Köpfe viel Wahrheit,
das wird doch kein besonnener Mensch im Ernst behaupten
wollen. — Dazu ist es ja eine ganz unleugbare Thatsache, die
die Erfahrung millionenfach bestätigt, daß die Mehrheit des
Volks einem schwankenden Rohre gleicht, heute billigt, was sie
gestern verdammte, und morgen wieder verwirft, was sie heut
in den Himmel erhob. Kann denn nun heute Recht werden,
was gestern Unrecht war, und morgen Unwahrheit sein, was
heute als Wahrheit galt? Muß nicht Recht Recht und Wahr=
heit Wahrheit bleiben unter allen Verhältnissen und zu allen
Zeiten? Gewiß, Recht und Wahrheit sind unabhängig
von der Mehrheit der Stimmen und sie bleiben

Recht und Wahrheit, auch wenn die Mehrheit ganz anderer Meinung ist. Recht und Wahrheit sind gegeben durch Gesetz und Offenbarung, sie werden nicht erst gemacht durch die jedesmalige Mehrheit der Stimmen. Es ist vielmehr immer der Adel der Wahrheit gewesen, daß sie von dem großen Haufen, der niedrig denkt und fleischlich gesinnet ist, verworfen wurde, daß sie niemals um die Gunst der Massen gebuhlt hat und sich von ihr lieber schmähen und verschmähen als entweihen ließ. Des Beifalls der großen Masse pflegt sich immer nur das zu erfreuen, was Fleisch von ihrem Fleische ist und der allmächtige Gott behüte uns in Gnaden vor dem Fortschritt, nach welchem Recht und Wahrheit sein soll, was der fleischlichen Willkür der großen Masse beliebt.

Bestimmt also das Gesetz und nicht die Willkür der Mehrheit, was Recht — Gottes untrügliches Wort und nicht die Willkür der Mehrheit, was Wahrheit ist, so muß man auch den Muth haben, unter allen Umständen an Gesetz und Gottes Wort festzuhalten, auch wenn wir die Meinung der großen Masse wider uns haben. Daß Pilatus diesen Muth nicht hatte, sondern die Entscheidung über Jesum in die Hände des Volkes spielte, das war die erste Ungerechtigkeit, die in dem neuen Vermittlungsversuche lag. Es lag aber noch eine zweite ebensogroße darin. Zwei Mal hatte er bereits Jesum für unschuldig erklärt und jetzt macht er seine Freilassung von einer Bitte des Volkes abhängig; er behandelt also den Heiland als einen Schuldigen, ja als einen bereits verurtheilten Verbrecher, der nicht von Rechts wegen sondern nur durch Gnade seine Freiheit erhalten könnte. Läßt man's aber erst soweit kommen, daß die Gerechtigkeit als eine Gnade, besonders als eine Gnade von Seiten des Volkes erbettelt wird, dann hat ihre letzte Stunde bald geschlagen.

Davon sollte sich Pilatus in Kürze überzeugen. Er meinte die Sache sehr fein ausgesonnen und klug angelegt zu haben und doch hat er sich zuletzt nur selbst in der Schlinge gefangen. Mit dem Rechte des Volkes, sich zu Ostern einen Gefangenen loszubitten, geht der Landpfleger nicht gerade sauber um; auf der einen Seite beschränkte er dieses Recht ganz willkürlich, indem er nur zwischen zweien die Wahl ließ, auf der andern Seite erweiterte er es ganz willkürlich, indem er es auch auf unschuldig Gefangene ausdehnte und dadurch die Juden zu Richtern über Jesum machte. Aber er braucht diese doppelte Rechtsverdrehung, um zu seinem Ziele zu gelangen. Er sucht nun aus den Gefangenen einen rechten Erzbösewicht Namens Barrabas heraus, der „um Aufruhrs und Mords willen in das Gefängniß geworfen war" und fragt das Volk: „**welchen wollt ihr** unter diesen zweien, den ich euch soll losgeben? Barrabam oder Jesum, von dem gesagt wird, er sei Christus?" Der Ausfall dieser Wahl, meint Pilatus, kann nicht zweifelhaft sein. Für den offenbaren Mörder können sich doch diese Männer nicht entscheiden, die stets die Heiligen spielen. Den bei der That des Aufruhrs Ergriffenen können sie doch nicht freibitten, da sie sich eben den Schein so guter Unterthanen des Kaisers gegeben. Sie würden sich ja aufs ärgste bloßstellen, wollten sie für einen Rebellen Partei ergreifen, da sie selbst Jesum des Aufruhrs beschuldigt und auf Grund dieser Anklage seinen Tod verlangt. Wird Jesus des ihm zur Last gelegten Verbrechens von seinem Richter nicht schuldig erklärt, so müssen sie ja einem thatsächlichen Empörer gegenüber seine Freiheit verlangen. Daß das alles sehr gut auscalculirt war, ist nicht zu leugnen, aber Unrecht bleibt Unrecht, ganz gleich, ob es klug oder dumm angelegt, und am Ende zeigt sich's, daß auch die schlaueste Berechnung eine Thorheit ist. Und wie kurzsichtig ist doch Pilatus bei aller seiner Schlauheit! Er weiß, daß die Juden Jesum „aus Neid" überantwortet haben und wähnt, sie würden ihn freibitten! Weiß denn der erfahrne Weltmann nicht, daß der Haß jeder Berechnung, auch der klügsten, spottet und nur nach Leidenschaft handelt?

Man kann auch nicht zur Entschuldigung für das ungerechte Verfahren des Pilatus anführen, daß er doch die gute Absicht gehabt, Jesum freizulassen. Diese Absicht hat Pilatus allerdings gehabt; allein dadurch kann das schlechte Mittel nimmermehr gerechtfertigt werden, durch welches er den guten Zweck feigerweise zu erreichen suchte. Gesetzt den Fall, das Volk hätte nicht Barrabam, sondern Jesum freigebeten, meinet ihr, der Heiland hätte diese Freisprechung angenommen? Ich meine nicht. Er würde vielmehr dem Pilatus erklärt haben: „ich will meine Freiheit auf keinem krummen Wege erlangen, bin ich schuldig, so beweise es, bin ich aber unschuldig, so sprich mich von Rechts wegen frei". Muß denn nicht jeder sittlich halbernste Mensch den Grundsatz verwerfen, daß man **schlechte Mittel** wählen dürfe, um **gute Zwecke** zu erreichen? Darfst du etwa stehlen, um Almosen auszutheilen? Freilich sollst du Almosen geben, aber von deinem eignen, nicht von fremdem Eigenthum. So mußte auch Pilatus Christum freilassen, aber nicht aus **Gnade**, die erst vom Volke zu erbetteln war, sondern aus **Gerechtigkeit**, die er pflichtgemäß zu üben hatte.

An diese seine Schuldigkeit wird der pflichtvergessene Richter von neuem durch einen höchst merkwürdigen Vorfall erinnert. Nachdem er dem Volke die unglückliche Wahl zwischen Barrabas und Jesus gestellt, „**schickte nämlich sein Weib zu ihm und ließ ihm sagen: habe du nichts zu schaffen mit dem Blute dieses Gerechten, ich habe heut viel erlitten im Traum von seinetwegen**". — Wir lassenununtersucht, wie dieses Weib geheißen, ob sie den Heiland gekannt, ob sie ein Heilsverlangen gehabt, was eigentlich der Inhalt ihres Traums gewesen und dergleichen; das alles sind müssige Vermuthungen. Auch würde es viel zu weit führen, bei dieser Gelegenheit einen Abstecher auf das Feld der Träume überhaupt zu machen. Was thörichter Aberglaube noch immer über die Bedeutung der gewöhnlichen Träume fabelt, das hat schon der alte Sirach gerichtet, wenn er sagt: „Die Narren verlassen sich auf Träume. Wer auf Träume hält, der greift nach dem Schatten und will den Wind haschen. Träume sind nichts, denn Bilder ohne Wesen, und betrügen viele Leute und fehlt denen, die darauf bauen." Dennoch giebt es auch göttliche Träume, „durch welche der HErr das Ohr der Leute öffnet und schrecket und züchtiget sie, daß er den Menschen von seinem Vornehmen wende und verschone seine Seele

vom Verderben" — wie es im Buche Hiob heißt. Daher auch
Sirach sagt: „wo es nicht kommt durch Eingebung des Höchsten,
da halte nichts davon". Daß es aber auch Träume giebt, welche
durch Eingebung des Höchsten kommen, beweist die heilige Schrift
nicht blos bei vielen gläubigen Leuten, sondern auch bei einer Reihe
Heiden. So hat der HErr z. B. den Abimelech, Laban, Pharao,
Nebukadnezar und hier den Pilatus durch Träume gewarnt.
„Weg hat Gott allerwegen, an Mitteln fehlt's ihm nicht." Auch
Träume macht der HErr zu seinen Boten, und manchen leichtsinnigen Menschen haben sie wol schon von dem Wege des Ver-
derbens abgebracht oder ihm wenigstens auf einige Zeit die Lust
zur Sünde vergällt. Auch dem Weibe des Pilatus hat Gott
einen Traum geschickt, damit sie ihren Mann warne, sein Gewissen nicht durch den Mord eines Gerechten zu beflecken. Den
Zeugen der Wahrheit hatte der Landpfleger nicht gehört, vielleicht
hörte er auf sein Weib. Der Einfluß des Weibes auf den
Mann pflegt ja oft außerordentlich groß zu sein. Gewiß sind
schon viele Weiber die Verführer, gewiß aber auch viele die
Warner, Erretter und Bekehrer ihrer Männer geworden. Ein
liebender und geliebter Mensch übt eine große Macht aus. Und
Pilatus mag sein Weib in seiner Art wol geliebt haben und
auch von ihr geliebt worden sein. Die jetzt erhaltene Warnung
fällt also um so schwerer ins Gewicht. Gott der HErr hat
es dem Pilatus schwer gemacht wider Recht und Gewissen zu
handeln. Je zahlreicher aber die göttlichen Warnungen sind,
die der Sünder in den Wind schlägt, desto größer wird seine
Verantwortung. Lasset uns also die Warnungen unsres Gottes
mit kindlichem Gehorsam respectiren, denn jede in den Wind
geschlagene göttliche Warnung vermehrt unsre so schon große
und schwere Schuld.

Während sich Pilatus mit der von seiner Frau erhaltenen
Botschaft beschäftigt, sind die Hohenpriester und Obersten eifrig bemüht, das Volk zu bearbeiten, daß es Barrabám losbitte. Vielleicht
hätte das Volk unter diesen Umständen doch für Jesum Partei
ergriffen, drum bieten seine Führer alles auf, es wider seinen
Heiland aufzuhetzen. Welt- und Fleischesmenschen sind oft noch

eher geneigt, Christum und seine Zeugen gewähren zu lassen, als die pharisäischen Obersten und Schriftgelehrten, die sich selbst für gerecht und weise halten und durch Christum um ihren Einfluß gebracht zu werden fürchten. Wer es nicht ertragen kann, durch die Predigt von der Buße und vom Glauben ganz und gar gedemüthigt zu werden, der hasset das Evangelium. Daher sind selbstgerechte Pharisäer besonders unter den Schriftgelehrten und Obersten zu allen Zeiten die ärgsten Widersacher des HErrn Jesu gewesen. Leider bleibt diese traurige Erfahrung nicht blos auf jüdische Hohepriester, auch nicht blos auf römische Priester beschränkt, sondern auch in der evangelischen Kirche läßt sich ein langes Klagelied darüber singen bis auf diesen Tag.

Christum haben diese Menschen angeklagt, daß er das Volk aufrege, und sie selbst sind Volksaufwiegler der ärgsten Art. Und ist es denn heute anders? Das entschiedene Zeugniß der Wahrheit wird als Erregung des Volks gebrandmarkt, und die offenbare und geheime Aufwiegelung des Volks zum Ungehorsam wider Gesetz und Wahrheit, die wird eine Tugend geheißen. Das ist wol schwer, ein widerspenstiges Volk zum Glauben und Gehorsam zu bekehren, und es geht nicht ohne Bewegungen ab, wo ernstlich der Versuch dazu gemacht wird; aber niemals ist das schwer gewesen, das Volk aufzuhetzen, daß es sich wider Gesetz und Wahrheit empört hat, und an denen, die sich ein Geschäft daraus machen, ist leider kein Mangel gewesen. Aber wehe dem Volk, das solche Aufwiegler zu Führern hat und von dem es heißt: „deine Führer verführen dich", und drei Mal wehe den Führern, die die Einfalt und Unwissenheit des großen Haufens mißbrauchen, um ihn irre zu leiten. „Verflucht ist", sagt die Schrift, „wer einen Blinden irre macht auf dem Wege."

Die Mittel, welche die Hohenpriester und Obersten angewendet haben werden, um das Volk auf ihre Seite herüberzuziehen, sind leicht zu errathen. Sie haben gelockt und gedroht, gebeten und befohlen, haben große Vortheile in Aussicht gestellt, wenn sie Christum verwerfen, große Nachtheile, wenn sie ihn freibitten würden, haben es als Patriotismus bezeichnet, wenn sie sich für den Aufrührer, als Verrath am Vaterlande, wenn sie sich gegen ihn erklären würden — gerade wie das alles in unsern Tagen ebenso geschieht. Armes Volk! Und du siehst nicht, daß die Leute, die sich deine Freunde nennen und dir so süß vorreden, daß sie nur dein Glück im Auge hätten, du siehst nicht, daß sie nichts weiter suchen als ihren Vortheil und mit deiner Hilfe über dich herrschen wollen! Sie reden dir viel vor, wie mündig du seist, aber wage es nur, deine Selbständigkeit zu beweisen, indem du dich wider sie entscheidest, und du sollst sehen, wie geschwind die Schmeichelei sich in Gift und Galle verwandelt.

Indeß, wer weiß? vielleicht widerstehet das Volk seinen Verführern, und Pilatus erreicht auf dem von ihm eingeschlagenen Wege Christi Freilassung? Vielleicht hat das Volk die Dankbarkeit doch nicht vergessen, die es diesem Jesus schuldet, der in seinem Land umhergezogen ist und hat wolgethan und gesund gemacht? Allein — obgleich immerhin im eigentlichen Volke noch ein edlerer Kern steckt, der für Dankbarkeit und Gerechtigkeit noch Sinn hat, weiß denn Pilatus nicht, daß seine Obersten Jesum aus Neid überantwortet, und daher alles aufbieten werden, das Volk wider ihn einzunehmen? Ist denn dem erfahrnen Manne die Macht der Verführung nicht bekannt, die zu allen Zeiten schlechte Führer auf das Volk ausgeübt haben, und der nur in seltenen Fällen auf die Dauer widerstanden wird? Mußte der Landpfleger nicht wissen, daß es nicht der edle Kern, sondern meist nur die Hefe des Volks ist, die bei großen, öffentlichen Zusammenläufen vertreten wird, und daß der auf Sand baut, der hier auf einen Sieg der Dankbarkeit und Gerechtigkeit rechnet? Wenn er das alles nicht gewußt hätte, die Erfahrung sollte ihm sofort den Beweis in die Hand geben, daß es so ist. Da er nämlich das Volk fragte: „welchen wollt ihr unter diesen Zweien, den ich euch soll losgeben?" — da antworteten sie: „Barrabam".

So ist denn der verhängnißvolle Würfel gefallen. Der Sohn Gottes des Hochgelobten wird verworfen von dem Volke, dessen Heiland zu sein er gekommen war, das er selig machen wollte von seinen Sünden. Diese Fürsprache für den Mörder und diese Verwerfung des Heiligen Gottes macht es wahrlich offenbar, wie groß das Verderben sein muß, das in der Menschenbrust wohnt. Ist dessen die Menschheit fähig, was bleibt noch übrig, wessen sie nicht fähig wäre! Muß man nicht sein Haupt verhüllen, weil man selbst ein Glied der Menschheit ist, die einen Mörder dem Heiligen Gottes vorzog? Thut man der Welt wol Unrecht, wenn man sie eine Mördergrube nennt, nachdem sie einen Mörder freigebeten und den Fürsten des Lebens getödtet hat?

Zugleich sollte das allen Schwärmern die Augen öffnen, die von der Mehrheit des Volks Schutz erwarten für Recht und Wahrheit. Wenn auch dann und wann die Masse des Volks von der Majestät des Rechts und der Wahrheit hingerissen und wie electrisirt ist, ein wankend, schwankend Rohr ist das Volk, auf dessen Zujauchzen sich kein Mensch verlassen kann, dessen Zuneigung beweglich, dessen Beifall wetterwendisch, dessen Gunst gebrechlich, dessen Dankbarkeit kurz ist. Die Schrift hat daher wol Recht, wenn sie sagt: „verflucht ist, wer sich auf Menschen verläßt".

Aber, sagt ihr, so hätten wir, so hätte unser Volk nicht gehandelt. Wirklich nicht? Wenn heute der HErr Jesus Christus unter unserm Volke leibhaftig wandelte und dieselben Worte redete und dieselben Thaten vollbrächte, wie einst im jüdischen Lande — es würde ihm nicht besser ergehen, als es ihm bei den Juden ergangen ist. Doch lassen wir das, wir brauchen keine Vermuthungen aufzustellen, es sind Thatsachen genug da, welche beweisen, daß das christliche Volk im Großen und Ganzen nicht besser gegen seinen Heiland handelt, als das jüdische Volk gegen ihn gehandelt hat. Wol dreht sich's bei uns nicht gerade um die Wahl zwischen Christus und einem Mörder; aber wenn ihr die Sünde dem Heiland vorzieht, thut ihr im Grunde nicht ganz dasselbe, was das jüdische Volk auch that? Ziehen die meisten getauften Christen nicht andre, oft sündliche Dinge ihrem Heilande wirklich vor? Sind ihnen die Schätze dieser Erde nicht lieber als die Schätze des Himmelreichs, die Jesus ihnen anbietet? Ist ihnen die Freude dieser Welt nicht lieber als die Freude im heiligen Geiste? Ist ihnen die Ehre bei den Menschen nicht mehr werth, als die Ehre bei Gott? Hält es die Welt nicht lieber mit den gemeinsten Sündern als mit den Jüngern Jesu Christi? Kann man etwa nicht mit Sicherheit darauf rechnen, daß die Welt über Jeden den Stab bricht, der zu den Frommen gehört? Zeigt's die Erfahrung nicht tausendfach, daß selbst die offenbarsten Schanden und Laster in Schutz genommen werden, während die entschiednen Gläubigen der Verhöhnung ausgesetzt sind? Ja noch mehr, geht jetzt nicht ein gemeines Geschrei durch die Welt: hinweg mit diesem Jesus, wir wollen keinen Jesus wie die heilige Schrift ihn darstellt und die Kirche an ihn glaubt, wir wollen erlöst sein von diesem Erlöser, der Gottes Sohn ist und durch sein Blut Vergebung der Sünden erwirbt? Und angesichts dieser Thatsachen wollt ihr behaupten: so hätten wir nicht gewählt, wie einst das jüdische Volk?

Und doch, so grauenhaft die Wahl auch war, in wunderbarer Weise waltet über ihr der Rath der göttlichen Vorsehung. Barrabas der Mörder, der den Tod verdient, kommt frei, weil Christus der Heilige dem Tode überliefert wird. Sehet da, das Geheimniß unsrer Erlösung! In Barrabas ist das ganze Sündergeschlecht abgebildet, das ohne Ausnahme den Tod und zwar den ewigen Tod verdient hat. Aber Jesus Christus tritt an seine Stelle, und weil Er den Kreuzestod leidet, kommt der Sünder frei. Unbegreifliches Wunder einer Erlösung, darin Gerechtigkeit und Barmherzigkeit sich küssen! Die Gerechtigkeit wird zufrieden gestellt, denn das göttliche Strafurtheil wird vollzogen, aber nicht an dem Sünder, sondern an seinem Bürgen; die Barmherzigkeit triumphirt, denn nun wird Gnade zu Theil dem Sünder, der rettungslos verloren schien; Jesus Christus leidet an seiner Statt.

Bete an, meine Seele, mit dankerfülltem Herzen dieses Wunder einer Liebe, Gerechtigkeit und Weisheit ohne Gleichen, und ergreife im lebendigen Glauben das Verdienst deines Erlösers, damit auch du nicht verloren werdest, sondern das ewige Leben habest.

VIII.

Züchtigen und Loslassen.

Matth. 27, 22 u. 23.   Luk. 23, 20—23.

„Pilatus sprach zu ihnen: was soll ich denn machen mit Jesu, von dem gesagt wird, er sei Christus? Sie sprachen alle: laß ihn kreuzigen. Der Landpfleger sagte: was hat er denn Übels gethan? Sie schrieen aber noch mehr und sprachen: laß ihn kreuzigen."

„Da rief Pilatus abermals zu ihnen und wollte Jesum loslassen. Sie riefen aber und sprachen: kreuzige, kreuzige ihn. Er aber sprach zum dritten Male zu ihnen: was hat er denn Übels gethan? Ich finde keine Ursache des Todes an ihm, darum will ich ihn züchtigen und loslassen. Aber sie lagen ihm an mit großem Geschrei und forderten, daß er gekreuzigt würde. Und ihr und der Hohenpriester Geschrei nahm überhand."

Pilatus traut seinen Ohren kaum, als das Volk schreit: „gieb uns Barrabam los!" Nach seiner Meinung hat der Landpfleger sehr klug gehandelt und nun sieht er sich in einer Sackgasse, aus der er nur herauskann, wenn er den Muth hat — umzukehren. Seine Lage ist jetzt ähnlich der des Königs Herodes, der zur Tochter der Herodias sprach: „bitte von mir, was du willst, ich will's dir geben" und ihr einen Eid schwur: „was du von mir bitten wirst, ich will's dir geben, bis an die Hälfte meines Königreichs"; Herodes war auch betrübt, als das Mägdlein sprach: „ich will, daß du mir gebest jetzt gleich auf einer Schüssel das Haupt Johannis des Täufers", aber er hatte den Muth nicht, zu gestehen: „ich habe gesündigt, indem ich leichtsinnig geschworen, ich nehme mein unbedachtes Wort zurück, damit ich der ersten Sünde keine zweite, größere hinzufüge"; sondern „um seines Eides willen und derer, die am Tische saßen, wollte er sie nicht lassen eine Fehlbitte thun". Es gehört ein nicht geringer Muth dazu, wenn man unbesonnen und unrecht gehandelt hat, das frei öffentlich zu gestehen und vor aller Welt umzukehren von seinem verkehrten Wege; aber so sehr dieser Muth den Mann auch ehrt, es giebt ihrer leider nur wenige, die ihn haben. Ein falscher Ehrbegriff treibt die meisten auf dem einmal betretenen Sündenwege vorwärts zu gehen; umzukehren gilt ihnen als die größte Schande, und daher opfern sie dem Götzen einer verkehrten Consequenz ihr besseres Gewissen, opfern es oft mit innerlichem Widerstreben und blutendem Herzen, aber die Furcht vor den Vorurtheilen der Menschen ist größer als die Furcht vor dem Urtheile Gottes.

Wird Pilatus wie Herodes handeln und aus falscher Scham und Consequenz beharren auf dem einmal betretenen Wege? Oder wird er den Muth haben zu gestehen: „ich habe gesündigt, indem ich die Freilassung Jesu in des Volkes Belieben stellte"? O wie ehrenwerth wäre es gewesen, wenn der Richter diese Erklärung abgegeben und trotz des gegentheiligen Volkswillens den unschuldigen Jesus freigelassen hätte! Aber der römische Landpfleger ist gerade so feig wie der galiläische König; derselbe vorurtheilsvolle Wahn, durch Widerruf und Umkehr seiner Ehre etwas zu vergeben, schließt ihm den Mund und bindet ihm die Hände, und statt eines ehrenvollen Rückzuges macht der feige und gewissenlose Richter neue Winkelzüge. Für den Augenblick ist er zunächst ganz rathlos, denn durch seine Halbheit und Vermittlungssucht hat er die Sache gründlich verfahren. Durch Halbheit kommt man immer in Verlegenheit. Die Situation, die sich der Landpfleger geschaffen, ist so peinlich, daß er ärgerlich und mit einem Anflug von Gewissensangst und Verzweiflung fragt: „was soll ich denn machen mit Jesu, von dem gesagt wird, er sei Christus?"

Und von dem Volke begehrst du eine Antwort auf diese Frage, Pilatus, von demselben Volke, das doch eben den

Mörder dem Heiligen Gottes vorgezogen? Also noch immer fühlst du nicht, wie schimpflich es für einen Richter ist, statt die Gesetze die Massen zu fragen, was du mit einem unschuldig Verklagten machen sollst? O, dein eignes Gewissen giebt dir deutliche Antwort, du sollst Jesum loslassen; aber du fürchtest dich, es mit dem Volke zu verderben, daher bleibst du taub gegen die Stimme deines Gewissens. Und aus dem Munde des Angeklagten selbst hast du's erfahren, was du mit ihm machen sollst; zu deinem König sollst du ihn machen und in seinem Reiche unter ihm leben und ihm dienen, aber du bist nicht aus der Wahrheit, daher hat der König der Wahrheit vergeblich zu dir geredet.

Ach wie viele Christen giebt es heutzutage, die in derselben Verlegenheit wie Pilatus sich befinden und auch nicht wissen, was sie mit Jesu machen sollen, weil sie den Muth nicht haben, seinem Zeugnisse zu glauben und den Vorurtheilen der Menge gegenüberzutreten, ganz zu geschweigen andrer Verlegenheiten, in welche man sonst durch seine Halbheit und Feigheit geführt wird. Mit den fanatischen, ganzen Feinden Jesu mögen sie es nicht halten, ganz den Heiland zu verdammen dagegen sträubt sich ihr sittliches und religiöses Gefühl, aber entschieden für ihn Partei zu ergreifen und darüber Schmach und Schande zu leiden dazu haben sie noch weniger Muth. Sie wollen nicht wider aber auch nicht für ihn sein, diese Pilatusseelen, und so kommen sie denn zu einer Nebel= und Schwebetheologie, die reinweg nicht weiß, was sie mit Jesu machen soll. Man behängt zwar Jesum mit einem glänzenden Flitterstaate pomphafter Phrasen, man erklärt ihn für den weisesten Lehrer, den idealsten Menschen, den heiligsten Märtyrer, den begeistertsten Kämpfer für Freiheit, Wahrheit und Licht, den größten Freund des Volkes, den Befreier von dem Joche der Satzungen, dem Wahne des Irrthums, der Herrschaft des Buchstabens, den König der Geister u. s. w., — aber bei Lichte besehen sind das alles nur leere Worte, die blos dazu erfunden zu sein scheinen, um nicht merken zu lassen, wie verlegen man ist um eine Antwort auf die Frage: „was soll ich denn machen mit Jesu, von dem gesagt wird, er sei Christus?" Allen halben, unentschiedenen Leuten ist Jesus nicht nur ein überflüssiger, sondern ein unbequemer Mann. Wo man sich aus oberflächlichen Phrasen ein Christenthum zustutzt, das auf diesen Namen eigentlich nicht den geringsten Anspruch mehr hat, eine Allerweltsreligion, mit welcher Juden, Türken und Heiden auch zufrieden sein können, wo die Bibel im Grunde nur noch leere Blätter enthält, darauf jeder seine eigne Weisheit oder Unweisheit schreibt, da wird unser HErr Jesus Christus nur noch zum Staate genannt und es wird nichts verloren, wenn sein Platz ganz und gar leer bleibt. Fragt nur herum unter den Gebildeten und Ungebildeten in der Christenheit, was man mit Jesu machen soll? — Tausende wissen euch gar keine oder nur eine nichtssagende Antwort zu geben, die fast schlimmer ist als gar keine, wenn sie nicht etwa wie die Juden schreien: kreuzige, kreuzige ihn!

Und doch sagt die Schrift so deutlich, nicht nur wer Jesus ist, sondern auch wozu er da ist und was wir mit ihm machen sollen. „Jesus Christus ist uns gemacht zur Weisheit, zur Gerechtigkeit, zur Heiligung und zur Erlösung." Setze dich also heilsbegierig zu den Füßen dieses himmlischen Meisters, der redet, was er gesehen hat, der die Wahrheit ist, und lerne von ihm, so wird dir Licht gegeben über Gottes Geheimnisse; wende dich bußfertig zu diesem Hohenpriester, der als das Lamm Gottes sich geopfert hat für die Sünden der Welt, der mit seinem Blute unsre Schuldrechnung durchstrichen und den Zorn Gottes gewendet hat, und glaube an ihn, so wird dir Gerechtigkeit geschenkt, wie sie vor Gott gilt; suche mit aufrichtigem Ernste die Gemeinschaft dieses Heiligen Gottes, an dem keine Sünde gewesen und folge nach seinen Fußtapfen, — so werden Kräfte des ewigen Lebens von ihm auf dich übergehen, du wirst geheiligt, schon wenn du den Saum seines Gewandes berührst, wirst eine neue Creatur, an der der himmlische Vater Wohlgefallen hat; Summa: halte dich mit Glauben und Liebe, mit Heilsbegier und Gehorsam im Leben und Sterben an Jesum als deinen Meister, Mittler, Versöhner, Heiliger, König, so wirst du armer, verlorner und verdammter Mensch erlöset von allen Sünden, vom Tode und von der Gewalt des Teufels, und erlangst Gnade bei Gott, Leben und Seligkeit. Folge dieser klaren Anweisung, die dir der heilige Geist in der heiligen Schrift giebt und nicht dem Geschrei, das die fleischliche Menge erhebt. Wenn sie auch nicht immer das Kreuzige geradezu wiederholt, sie kann dir doch nicht sagen, was du mit Jesu machen sollst, denn sie weiß selbst nicht, wozu er eigentlich da ist. Vielleicht hat der Heiland schon lange über dich klagen müssen: „was soll ich denn nur mit diesem Menschen machen? Er ist weder kalt noch warm, er hinket beständig auf beiden Seiten, er hört so viele Zeugnisse und Ermahnungen aus meinem Munde, aber alles vergeblich; er empfängt so große Wohlthaten aus meiner Hand, aber sein Herz wird doch nicht von Liebe entzündet?" O höre doch endlich auf ein schwankend Rohr zu sein, wie Pilatus, stütze dich nicht mehr auf die öffentliche Meinung, sondern werde ein entschiedener Jünger und Nachfolger Jesu, fürchte dich nicht vor dem Zorne des großen Haufens, fürchte dich aber vor dem, der gesagt hat: „wer nicht mit mir ist, der ist wider mich", „wer mich nicht bekennet vor den Menschen, den will ich auch nicht bekennen vor meinem himmlischen Vater", „ach daß du kalt oder warm wärest, aber weil du lau bist, will ich dich ausspeien aus meinem Munde".

Der Landpfleger erhält eine entsetzliche Antwort auf seine an das Volk gerichtete Frage. „Laß ihn kreuzigen" schreit man ihm von allen Seiten entgegen. Dieses furchtbare Wort hat er nicht erwartet. Pilatus ist schrecklich getäuscht in dem Vertrauen, das er auf das Volk gesetzt; es steht tiefer dieses Volk und ist unzuverlässiger als er gemeint. Wer die Menschen wirklich lieb hat und doch immer neue Erfahrungen machen muß, wie verdorben, charakterlos und wetterwendisch sie sind, der möchte ja gern solchen traurigen Erfahrungen mißtrauen und sich überreden, daß er sich irre; denn es wird ihm schwer zuzugeben, daß das Verderben der Menschen so tief ist, und wenn er davon redet, fühlt's man seinen Worten ab, das Herz blutet ihm vor Schmerz. Schwerlich aber gehört Pilatus zur Klasse dieser wahren Menschenfreunde, die mit Thränen in den Augen das tiefe Verderben der Menschheit beklagen und schmerzlich darüber trauern, daß sie sogar ihren Heiland verwirft; — hätte der Haß des jüdischen Volks in die Pläne des römischen Landpflegers gepaßt, er wäre erfreut über ihn gewesen, jetzt aber erschreckt er vor dem wilden Begehren des aufgeregten Haufens, weil das: „kreuzige, kreuzige" ihn beunruhigt und einen Strich durch seine Rechnung macht. Es geht dem Pilatus wie vielen ihm verwandten Seelen bis auf den heutigen Tag: wenn die Gottlosigkeit anderer ihre eignen eigennützigen und ehrgeizigen Absichten fördert, da ist sie ihnen ganz willkommen; man hat kein Wort sittlicher Entrüstung dagegen, sondern nimmt sie ohne weiteres in seinen Dienst und scheut sich nicht, mit den Urhebern in ein Bündniß zu treten. Aber wenn die Gottlosigkeit anderer die eignen Pläne durchkreuzt, wenn sie den Pilatusseelen über den Kopf wächst, wenn diese nun die Leidenschaften nicht mehr bändigen können, die sie erst entfesselt haben, und in Gefahr sind, ihnen zum Opfer zu fallen — ach dann wird über die Schlechtigkeit der Menschen geklagt und unaufhörlich betheuert, daß die Leute doch viel verdorbener seien als man ihnen zugetraut, daß sie das Vertrauen, mit dem man ihnen entgegenkommt, die Freiheit, die man ihnen gewährt, nicht verdienen und dergleichen.

Pilatus erschreckt, als er das: „kreuzige, kreuzige" hört, aber nicht deshalb, weil ihm das Herz brechen möchte, daß die Menschheit fähig ist, an ihrem Heilande zum Mörder zu werden, sondern weil er erkennt, daß er die Macht nicht mehr hat, diesem wilden Toben siegreichen Widerstand entgegenzusetzen. Der Landpfleger gleicht jetzt einem Steuermann, der das Steuer zerbrochen, mit dem er das Schiff lenken soll, und der es nun gehen lassen muß, wohin die empörten Wogen es treiben. Er hat nicht den Muth, der Stimme des Gewissens und der Gerechtigkeit zu gehorchen, und zittert nun, weil er zu ahnen beginnt, daß er zuletzt die Hand werde bieten müssen, um eine von ihm selbst verabscheute, fluchwürdige Ungerechtigkeit zu begehen. In dieser Angst versucht er's von neuem, das Volk von seinem ungerechten Begehren abzubringen, aber nicht, indem er mit männlicher Entschlossenheit seine Macht gebraucht, sondern indem er das Bekenntniß von der Unschuld Jesu in schwächlicher Weise wiederholt und diesem Zeugnisse dadurch einen gewissen Nachdruck zu geben sucht, daß er zugleich an die Nationalehre der Juden appellirt. „Soll ich euren König kreuzigen?"*) „Ihr habt wol nur in leidenschaftlicher Erregung gehandelt, denn es kann doch euer Ernst nicht sein, daß ein Mann gekreuzigt werde, der sich selbst und den auch ihr euren König nennt! Ihr haltet ja sonst soviel auf eure nationale Ehre, überlegt's euch doch, wenn Jesus gekreuzigt wird, ihr befleckt ja damit den jüdischen Namen, ihr schändet euer eignes Volk" u. s/w.

Es mag dem Pilatus Überwindung gekostet haben, daß er, der sonst die jüdische Nationalehre mit Füßen trat, hier selbst an sie appellirte. Aber wozu entschließt ein feiger Mensch sich nicht, wenn er Furcht hat! Besonders in Zeiten großer Aufregung, in den Sturmtagen der Revolution müssen wir's immer wieder erleben, daß man wilden Haufen, wenn man sich ihnen gegenüber machtlos fühlt, die artigsten Schmeicheleien sagt und sie dadurch zu besänftigen sucht, daß man ein großes Zutrauen in ihr Ehrgefühl erheuchelt. Nur Angst und Feigheit kann sich z. B. zu der Heuchelei erniedrigen, zu einer aus der Hefe des Volkes gebildeten Rotte, nachdem sie sich Geld erzwungen hat, auch noch zu sagen: „ich bin überzeugt, ihr nehmt das nur als ein Darlehn, um es bald wieder zurück zu zahlen". Doch die Appellation an das Ehrgefühl kann man nicht immer eine Erniedrigung heißen. Es kann auch sittliche Pflicht sein, sich an das Ehrgefühl, an das persönliche oder nationale oder christliche Ehrgefühl zu wenden, nur darf man unter allen Umständen niemals eine Schmeichelei daraus machen, niemals die Gerechtigkeit damit erbetteln und niemals ein Zutrauen in Ehrgefühl erheucheln, das, wie man recht gut weiß, gar nicht existirt. Hätte Pilatus auf die Nationalehre der Juden sonst etwas gehalten,

---

*) Joh. 19, 15. Vergl. Anm. im XI. Abschnitt. Es liegt eine bittere Ironie in dieser Frage, aber eine Verhöhnung der Juden, einen „Scherz" des Landpflegers kann ich nicht in ihr finden. Zum Scherzen ist die Situation des Pilatus kaum noch angethan. In seiner Bedrängniß will er die Juden nicht beleidigen sondern besänftigen.

so müßte es als lobenswerth anerkannt werden, daß er das Volk jetzt an sie erinnerte und es auf diese Weise von einem Verbrechen abzuhalten suchte. So aber ist die Verfahrungsweise des Landpflegers verdächtig, denn es müssen ihr unreine Triebfedern zu Grunde liegen. Dem römischen Richter war es ja gleich, ob sich die Juden verunehrten oder nicht; er wählte diesen Ausweg nur aus Feigheit, um für den unschuldigen Jesus die Gerechtigkeit zu erbetteln, die er ihm ohne den Willen des aufgeregten Pöbels zu gewähren nicht den Muth hatte. Aber sehen wir von den Beweggründen ab, in der Sache selbst that der feine Menschenkenner einen guten Griff. Die Juden waren eifersüchtig auf ihre Nationalehre, und sie traten sie wirklich mit Füßen und handelten verächtlich, wenn sie ihren König kreuzigen ließen, zumal durch einen römischen Landpfleger kreuzigen ließen.

Aber die **Christen** handeln noch viel verächtlicher, wenn sie in die Fußtapfen der Juden treten. Wie Pilatus die Juden, so möchte man daher viele Christen fragen: „Wollt ihr euern König kreuzigen? Wie? Den Mann verunehrt ihr, dessen Namen ihr tragt? Dem Manne folgt ihr nicht, dessen hohe Tugend ihr bewundert, dessen weise Lehre ihr in den Himmel erhebt, dessen sittliche Vorschriften ihr als das Ideal aller Moral preist? Den Mann lästert ihr, der sich selbst, und den auch ihr euren Meister, König, HErrn, Heiland, Erlöser nennt? Seht ihr denn nicht, daß ihr **euch selbst** damit die allergrößte Schande anthut? Sonst ist euch doch an eurer Ehre soviel gelegen und ihr werdet leicht aufgebracht, wenn man sie euch antastet, warum tretet ihr sie denn hier selbst in den Staub? Ein Muhamedaner verunehrt ja nicht seinen Propheten und ein Heide nicht seine Götzen, und ihr Christen macht euch die Schande, euren Heiland Jesum Christum zu verunehren, indem ihr ihn verleugnet, verrathet, verwerfet, nicht an ihn glaubet, nicht ihm gehorchet, euch zu seinen Feinden schlagt!" Ach wie hätten die Juden sich schämen müssen, daß ein Römer sie daran erinnern mußte, was ihre nationale Ehre erforderte; und wie müssen erst Christen sich schämen, wenn, was ja sehr häufig geschieht,

die Feinde des HErrn, wenn selbst Juden und Türken und
Heiden ihnen vorhalten, daß sie, die doch Christen heißen und
vielleicht Gläubige zu sein beanspruchen, ihren Christus viel
schlimmer verunehren, als diejenigen es thun, welche seinen
Namen nicht tragen, oder die doch wenigstens zu den Gläubigen
nicht gerechnet sein wollen.

Allein auch mit dieser Appellation an die jüdische National=
ehre richtet Pilatus nichts aus. Sonst pflegen die Menschen
im Punkte der Ehre sehr empfindlich zu sein und man richtet
oft viel aus, wenn man in geschickter Weise sich an das Ehrgefühl
wendet, — aber der Haß des natürlichen Menschen gegen
Christus ist stärker als jedes Ehrgefühl. Da nun hier
die Appellation noch dazu von einem muthlosen, unent=
schlossenen Richter ausging, so machte sie das Volk nur dreister
und anmaßender. Die Leute fühlten recht gut, daß auch diese
neue Wendung nur ein Zeichen der Schwäche des Richters war,
und sie waren entschlossen, diese Schwäche auszubeuten. Man
wird niemals etwas ausrichten, wenn man aufgeregte Menschen
mit Schmeicheleien aufs artigste beehrt und mit wirklichem oder
erheucheltem Vertrauen an ihr Ehrgefühl sich wendet. Das ist
eine erniedrigende Schwäche, die die Leidenschaften entfesselt,
niemals sie zügelt. Wer wie Pilatus den Leidenschaften nach=
giebt und schmeichelt, der verliert Kraft und Fähigkeit sie zu
bändigen. Eine Obrigkeit in Staat oder Kirche, die, mit Jere=
mias zu reden, das „Volk gewöhnt, Fürsten und Häupter über
sie zu sein", die erntet nur, was sie gesäet hat, wenn sie eine
Sklavin der Menge wird. Als Pilatus die Entscheidung über
Christum einmal in die Hände des Volks gelegt, da hatte er
sich selbst mit in ihre Hände gelegt. Er braucht sich daher nicht
zu wundern, wenn die Juden jetzt „fordern", daß Christus
gekreuzigt werde. Die Muthlosigkeit des Pilatus macht die
Feinde Jesu kühner, und durch ihre zunehmende Unverschämtheit
hoffen sie den feigen Richter vollends einzuschüchtern. Sie
wissen, was sie wollen, und sind überzeugt, daß der Landpfleger
zuletzt thun werde, was sie wollen, wenn sie nur nicht wanken
und weichen. Unerschrockner Muth von Seiten des Richters

hätte sie eingeschüchtert, die Feigheit des Pilatus macht sie dreist. Findet der Feind Unentschiedenheit und Feigheit, so wächst ihm allemal der Muth. Je feiger wir uns zeigen, wenn wir eine gute Sache vertheidigen, desto kühner werden die, welche sie angreifen. Nur unsre Schwäche macht den Gegner stark. Wenn doch besonders alle diejenigen das beherzigen wollten, denen Gott der HErr ein Regiment gegeben hat im Staat oder in der Kirche, in der Gemeinde oder in der Familie. Beweist es nicht die Geschichte und die tägliche Erfahrung aufs handgreiflichste, daß die Schwäche und Nachgiebigkeit der Regierungen die Opposition ermuthigt, daß falsche Milde der kirchlichen Behörden die Feindschaft wider das Evangelium stärkt? Erfahren es die Eltern nicht immer wieder, daß die Kinder unverschämter werden, je laxer die Zucht ist, die an ihnen geübt wird? Nimmt nicht die Dreistigkeit der Dienstboten zu, je muthloser die Herrschaft ihrem Gebahren entgegentritt? Wenn es sich um das Bekenntniß und die Vertheidigung unsers allerheiligsten Glaubens handelt, machen wir ganz dieselbe Erfahrung. Seid zaghaft und feig und ihr sollt sehen, wie den Spöttern und Ungläubigen der Kamm schwillt. Tretet ihr ihnen aber muthvoll und tapfer, mit festem, freudigem Glauben unerschrocken entgegen, so ziehen sie die Segel ein. Ach, daß der starke Gott unsrer Unentschiedenheit, Halbheit und Feigheit ein Ende machen und Muth uns schenken möge, es ganz mit ihm zu halten und furchtlos seinen Feinden entgegenzutreten; wahrlich auch unser Glaube wird dann der Sieg werden, der die Welt überwindet.

Durch seine Nachgiebigkeit hat sich Pilatus machtlos gemacht. Je mehr er den Demokraten spielt, desto mehr spielen die Juden die Despoten. Sie halten es jetzt gar nicht mehr für nöthig, in geziemender Weise Rede und Antwort zu stehen, so oft sie auch der Richter auffordert, ihm doch zu sagen, was denn Jesus eigentlich Übels gethan habe. Nur das wüste Geschrei: „laß ihn kreuzigen" wiederholen sie. Ob Jesus Übles gethan oder nicht, das ist dem fanatischen Haufen ganz gleich und einerlei. Sie wollen, daß Jesus gekreuzigt werde, das ist Grund genng, daß es auch geschehe. Man giebt sich zwar gern den Schein, als habe man viele Gründe, weshalb man an den Christus der Evangelien nicht glaube, bei Lichte besehen ist aber der einzige Grund der, daß man nicht glauben will, und daß, was man selbst will oder nicht will, das oberste Gesetz sein soll. Man will nicht, daß Jesus Christus Gottes Sohn sein soll, darum ist er es auch nicht; man will nicht, daß Wunder geschehen sein sollen, darum sind sie auch nicht geschehen; man will nicht, daß die Schrift von Gott eingegeben sei, darum ist sie es auch nicht u. s. w. Weil nun der liebe Gott fester steht als Pilatus und dem eigensinnigen Völkchen den Willen nicht thut, weil er bleibt wie er ist, und nicht wird wie sie wollen, daß er sein soll, so kündigt man seinem Worte den Glauben und seinem Gesetze den Gehorsam. Diese vom menschlichen Eigensinn und Eigenwillen fabrizirten Vorstellungen von Gott, Himmel, Bibel und dergleichen nennt man dann vernünftige Religion; — es ist aber im Grunde dieselbe unvernünftige Kinderei, wie wir sie an jenem Betschuanenhäuptling belachen, der da erklärte: „ich will nicht, daß die Todten wieder auferstehen; darum stehen sie auch nicht auf". Der König des Himmelreichs läßt sich aber durch all dieses Geschrei nicht einschüchtern, es ist ja im Grunde viel lächerlicher, als wenn die Hündlein den Mond anbellen.

Fast scheint's einen Augenblick, als ob auch der Landpfleger zur Besinnung käme, nun fest stehen und der Dreistigkeit der Juden gegenüber endlich energisch handeln wollte. Er will nämlich Jesum loslassen. Es läßt sich nicht leugnen, Pilatus hat sich lange gewehrt gegen die Kreuzigung Christi, und wer weiß, ob mancher Christ, der frischweg über ihn den Stab bricht, auch nur halb so lange widerstanden hätte! Es giebt wenigstens viele Christen, die sich's nicht halb so angelegen sein lassen, den Heiland gegen seine heutigen Gegner in Schutz zu nehmen, wie es Pilatus gegen die damaligen that. Allein so anerkennenswerth es immerhin ist, daß er sich so viele Mühe um die Freilassung Jesu gab, — die Mittel, die er wählte, waren verwerflich, und die Anstrengungen, die er machte, höchst schwächlich. Nur mit Worten tritt er dem Drängen der Juden entgegen, zu Thaten bringt es seine feige Unentschiedenheit nicht. Den Vorsatz, Jesum zu befreien, faßt er wol mehrere Male, aber der Nachsatz fehlt, nämlich der feste Wille, den Vorsatz auszuführen. Wäre es dem Landpfleger nur ein heiliger Ernst gewesen Jesum loszulassen, die Macht dazu hätte er wol gehabt. Er pochte ja später selbst auf diese Macht, da er zu Jesu sprach: „weißt du nicht, daß ich Macht habe dich zu kreuzigen und Macht habe dich loszulassen?" Pilatus wollte aber nicht wirklich, nicht ernstlich, nicht energisch, er wollte nicht um jeden Preis, nicht weil es die Gerechtigkeit erforderte, sondern nur, — wenn das Volk nichts dawider hätte. Er gehörte unter die Leute, die sich den Weg zur Hölle mit guten Vorsätzen pflastern, die reich sind an jener Art guten Willens, die weder Wille noch gut genannt zu werden verdient, sondern von beiden das Gegentheil ist. Ein sogenannter guter Wille, der Arbeit, Kampf und Opfer scheut und dem alle Energie fehlt, der ist ein wohlfeiles, werthloses, ja verderbliches Ding. Er kräftigt nicht, sondern entnervt den Menschen, er ist ein Schlafpulver, das immer schlaffer und zum Handeln unfähiger macht. Nur wenn der Wille einem Strome gleicht, der Mühlen in Bewegung setzt, verdient er seinen Namen. Es ist ein gefährliches Spiel, das Spielen mit guten Vorsätzen, die nicht zur That werden. Man denkt wunder was für eine fromme Heldenthat man gethan, wenn man den und den Vorsatz gefaßt und immer den „guten Willen" hat, das und das zu thun, aber man wird nach jedem solchem Vorsatze nur ein größerer Knecht der Sünde und erkennt das nicht einmal, sondern ist noch eingebildet auf sein gutes Herz und seine in Angriff genommene Tugend. Man pflastert sich den Weg zur Hölle und wähnt auf dem Wege zum Himmel zu sein. Je seltener ein heute gefaßter Vorsatz ausgeführt wird, desto schwieriger hält's, einen morgenden auszuführen. Jeder blos vorgenommene Vorsatz lähmt die Thatkraft, bis sie zuletzt völlig ertödtet wird und der Mensch gar keinen mehr ausführen kann. Auch hier heißt's: „wer aber nicht hat, von dem wird auch genommen, was er hat". Das ist ein unumstößliches Gesetz der sittlichen Weltordnung — und Pilatus ist ihm zum Opfer gefallen.

Daß er auch jetzt den ernsten, wirklichen Willen nicht hatte, Jesum ohne weiteres loszulassen, zeigte er sofort durch sein Verhalten. Als nämlich das Volk abermal mit großem Geschrei die Kreuzigung verlangte, da modifizirte der Landpfleger seinen Vorsatz. Zwar loslassen will er Jesum noch immer und damit tröstet er sich über seinen neuen schmachvollen Rückzug, aber das Volk soll in die Loslassung willigen; daher will er den Haß desselben in etwas befriedigen, er will Christum züchtigen und loslassen. Pilatus will nicht ganz auf das Recht bestehen und das Volk soll nicht ganz auf sein Unrecht bestehen, es soll von beiden Seiten etwas nachgegeben, es soll ein Compromiß zu Stande gebracht werden. Schritt für Schritt geht der Weg des Pilatus abwärts auf der einmal betretenen schiefen Ebene, jeder folgende Vorschlag zeigt ihn feiger, ungerechter, machtloser, unfähiger energisch durchzugreifen. Jetzt also züchtigen — und wenn es dann dem Volke beliebt, den unschuldig gemarterten Mann loslassen. Wenn das Volk aber auf seiner Forderung beharrt? — o dann kreuzigst du ihn auch noch, Pilatus.

Schon ehe der Landpfleger die Entscheidung über den Heiland in die Hände des Volks spielte, war er auf diesen Gedanken gekommen, aber damals sträubte sich noch sein Gewissen gegen die Ungerechtigkeit, die darin lag, und er stand von diesem Auswege ab, weil er auch noch scharfsichtig genug war, ein bedenkliches und gefährliches Experiment in ihm zu erkennen. Jetzt ist sein Auge trüber und auch das Gewissen hat gegen die Ungerechtigkeit nichts mehr einzuwenden; es hat sich nun daran gewöhnt, daß ohne eine kleine Ungerechtigkeit aus diesem Handel nicht herauszukommen ist. O es geht geschwind abwärts, wenn man auf dem Sündenwege nicht umkehrt. Erst widerstrebt das Gewissen heftig, durch die Beschäftigung mit der Sünde gewöhnt es sich aber an sie, wird mit ihr bekannt, verliert den Abscheu vor ihr und zuletzt findet es kaum noch ein Unrecht darin, wenn die Sünde wirklich zur Ausführung kommt. Es geht in dieser

Beziehung mit dem Gewissen wie mit einem Hunde, welcher Fremde, die zum ersten Male das Haus betreten, grimmig anbellt, sie aber zuletzt frei passiren läßt, wenn sie täglich aus- und eingehen. Wenn dein Gewissen stumm und stumpf geworden, dann ist die Sünde Hausfreundin in deinem Herzen und die Hausfreundin wird deine Mörderin, so sie nicht mit aller Energie hinausgeworfen wird.

Jedenfalls hat es dem Pilatus nicht an glänzenden Scheingründen gefehlt, um den Compromiß, zu welchem er die Hand bot, zu rechtfertigen. Ein Zugeständniß, wird er sich gesagt haben, muß ich in diesem Falle dem Volke machen, denn ohne daß ich seinem Hasse in etwas Rechnung trage, kann ich es nicht besänftigen. Wer weiß, sonst bricht vielleicht ein Aufruhr aus, der viele Menschenleben kosten kann! Ich thue ein gutes Werk, wenn ich zu vermitteln und den Frieden herzustellen suche. Auch wähle ich ja nur zwischen zwei Übeln das kleinere und ich nütze Jesu am besten, wenn ich eine kleine Concession mache, denn durch die geringere Strafe, die ich vollziehe, will ich eben die größere verhüten, ich züchtige ja nur, um — loszulassen, und am Ende habe ich auch immer noch Macht, zu thun was ich will, und dergleichen. Schwerlich wird es dem Landpfleger gelungen sein, durch solche Scheingründe sein Gewissen wirklich zu beruhigen — aber je weniger der Mensch den Muth hat, entschieden zu thun, was göttliches und menschliches Gesetz verlangt, desto mehr pflegt er nach Feigenblättern zu suchen, um seine Feigheit zu verdecken und seine Schandthat als ein gutes Werk erscheinen zu lassen.

Es ist unsre Pflicht, diesen Entschuldigungsgründen und Beschönigungslügen unbarmherzig ihren blendenden Schein zu nehmen, um so mehr, da gerade unsre Zeit es so weit darin gebracht hat, schlechten Dingen schöne Namen zu geben und durch dieses verwerfliche Spiel den Leuten Sand in die Augen zu streuen.

Es bedarf keines Beweises, daß Pilatus eine Ungerechtigkeit beging, indem er sich entschloß, einen unschuldigen Mann zu züchtigen. Darf man aber um diesen Preis Frieden erkaufen? Darf man ein Stück Gerechtigkeit opfern, ja geradezu ein Stück Ungerechtigkeit thun, um ein aufgeregtes Volk zu besänftigen? O Pilatus, du treibst einen verwerflichen Handel mit dem Rechte und du begehst eine ganze Ungerechtigkeit, indem du nur halb Gerechtigkeit üben willst. Zwischen dem, was recht und unrecht ist, kann es keine Vermittlung, kann es kein Compromiß geben. Recht war es, Jesum freizulassen, unrecht, ihn zu kreuzigen, wenn du ihn aber züchtigst, Pilatus, so hast du nicht Gerechtigkeit und Ungerechtigkeit mit einander versöhnt, sondern du hast eine gerechte Sache und einen gerechten Mann schmählich verrathen! Auch das geringste Zugeständniß an die Juden war eine Ungerechtigkeit von Seiten des Richters, wo aber der Weg zum Compromiß durch eine offenbare Ungerechtigkeit geht, da ist jede Nachgiebigkeit feige Verrätherei.

Es können ja Fälle eintreten, wo Compromisse wünschenswerth, ja ehrenwerth sind. Um Streit zu vermeiden, oder um einem unerquicklichen Streite ein Ende zu machen, kann ich von meinem Rechte freiwillig etwas aufgeben, und niemand soll mir einen Vorwurf daraus machen. Ich handle hier vielmehr nach den idealsten Vorschriften der christlichen Moral. Der Heiland hat ja gesagt: „So jemand mit dir rechten will und deinen Rock nehmen, dem laß auch den Mantel", und sein Apostel Paulus schreibt: „Es ist schon ein Fehler unter euch, daß ihr mit einander rechtet. Warum laßt ihr euch nicht viel lieber Unrecht thun? warum laßt ihr euch nicht viel lieber vervortheilen?" Ganz anders aber liegt die Sache, wenn es sich nicht um mein persönliches, sondern um fremdes Recht handelt, das meinem Schutze anvertraut ist, und also einem Andern Unrecht geschieht, wenn ich etwas nachlasse. In diesem Falle darf ich keinen Finger breit nachgeben. Leider sind die meisten Menschen aber sehr geneigt, gerade umgekehrt zu handeln; in allen persönlichen Angelegenheiten sind sie sehr rechthaberisch und unnachgiebig, fremde Rechte hingegen geben sie geschwind preis, wenn sie sich damit Frieden, Gunst und Vortheil erkaufen können.

Es kann ferner zwischen zwei Menschen oder zwei Parteien, wenn es nicht ganz zweifellos, auf welcher Seite das volle Recht ist, oder wenn es sich nur um gleichgiltige Dinge, menschliche Meinungen und dergleichen handelt, eine ehrenvolle Vereinigung zu Stande kommen, indem beiderseits von dem vermeintlichen Rechte etwas geopfert wird — ganz anders aber liegt die Sache, wenn um feste Rechtsgrundsätze, um große ewige Wahrheitsprincipien der Streit sich dreht, da darf ich dem Rechte und der Wahrheit nichts vergeben und niemals die Hand zu Compromissen bieten. Hier ist jede Nachgiebigkeit Feigheit, Gewissenlosigkeit, ja Verrath. Gewiß, der Friede ist eine schöne Sache und es ist unsre heilige Pflicht, soviel an uns ist, mit allen Menschen Frieden zu halten und jeden Schein von Streit aus Rechthaberei zu vermeiden. Aber um jeden Preis darf der Friede doch nicht erkauft werden, es giebt eine Grenze, über die hinaus auch der friedfertigste Christ nicht gehen darf, wo Gott selbst ihm zuruft: bis hierher und nicht weiter. Das ist besonders der Fall, wenn ein göttliches Recht, eine göttliche Wahrheit geopfert werden soll, um eine vermeintliche Aussöhnung zu Stande zu bringen. In diesem Falle ist jedes Zugeständniß an die Gegner eine Versündigung, und um den Preis einer offenbaren Sünde soll ich niemals Frieden erbetteln. Solche Compromisse stiften auch nur einen faulen Frieden, der im Grunde niemand befriedigt und den Streit nur ein wenig vertagt, nicht ihn schlichtet. Steht die Welt der göttlichen Wahrheit feindselig gegenüber, so giebt es zwischen beiden keine andre Vermittlung, als daß die Welt zur göttlichen Wahrheit sich bekehrt. Will sie das aber trotz aller Bitten und Ermahnungen nicht thun, so müssen wir, so schmerzlich es uns auch sein mag, die göttliche Wahrheit von der Welt lieber schmähen und verschmähen lassen, als sie ihr dadurch annehmbar machen, daß wir sie abschwächen. Leider aber wird dieser bösen Vermittlungstheologie des Pilatus heutzutage viel das Wort geredet. Man meint der Wissenschaft, der Bildung, der öffentlichen Meinung Rechnung tragen und das Christenthum ihr dadurch mundrecht machen zu müssen, daß man die

hohen Wahrheiten preisgiebt, welche der Welt nicht zusagen und
ihr von jeher ein Ärgerniß und eine Thorheit gewesen sind.
Das nennt man das Christenthum mit dem Zeitbewußtsein ver=
mitteln, Glauben und Wissenschaft versöhnen und dergleichen.
Es ist ja leider ein offenbares, wenn auch gerade kein wunder=
bares Geheimniß, daß die große Menge der Gebildeten und
Ungebildeten dem Christenthume gleichgiltig, ja feindselig
gegenübersteht; die Gläubigen müssen daher alle Kräfte auf=
bieten, um innerhalb der Christenheit Mission zu treiben —
aber Christum zu züchtigen, um seine Gegner zu gewinnen,
dazu dürfen sie sich niemals verstehen. Der Unglaube ist eine
böse Krankheit, die in unserer Zeit epidemisch geworden; welcher
Arzt beseitigt denn aber eine Seuche dadurch, daß er die Ge=
sunden halb krank macht? Und thun das nicht jene Pilatusseelen,
die die göttliche Wahrheit abschwächen und ihres himmlischen
Gehaltes entleeren, um dadurch die Feindseligkeit gegen das
Christenthum zu beseitigen?

Aber Pilatus hatte doch eine gute Absicht, er wollte ja
Christum nur züchtigen, um ihn loszulassen! Ei, seit wann ist
es denn erlaubt, schlechte Mittel in Anwendung zu bringen,
um gute Zwecke zu erreichen? Wer darf denn Böses thun, da=
mit Gutes daraus hervorgehe? Wisset ihr nicht, daß St. Pau=
lus von Leuten, die solche Grundsätze befolgen, sagt: „ihre Ver=
dammniß ist ganz recht"? Es ist ja wol eine gute Absicht,
Nothleidende zu unterstützen, aber das Geld dazu darfst du doch
nicht stehlen. Es ist wol eine gute Absicht, ein aufgeregtes
Volk zu besänftigen, aber seinen maßlosen Forderungen wider=
rechtliche Zugeständnisse machen, das darfst du doch nicht. Es
ist wol eine gute Absicht, die Gebildeten unsrer Zeit für das
von ihnen verachtete Christenthum wieder zu gewinnen, aber die
Grundwahrheiten der Offenbarung preisgeben, nein! das darfst
du nun und nimmermehr. Man thut so groß mit sittlicher Ent=
rüstung gegen die Jesuiten, die den Grundsatz vertheidigen sollen:
„der Zweck heiliget die Mittel", und man handelt doch selbst
danach. Der gute Zweck heiliget niemals das schlechte Mittel,
aber das schlechte Mittel verdächtigt immer den

guten Zweck. Wer verwerfliche Mittel wählt, angeblich um
eine gute Absicht zu erreichen, der darf es wenigstens nicht übel
nehmen, wenn man hinter der guten Absicht Eitelkeit, Eigen=
nutz, Feigheit und dergleichen vermuthet. Hast du wirklich eine
gute Absicht, so wähle auch gute Mittel, wenn dich diese Mittel
auch nur durch Kampf zum Ziele führen, du darfst in diesem
Kampfe des göttlichen Beistandes gewiß sein. Schlechte Mittel
mit dem Aushängeschilde: „durch sie werden gute Zwecke er=
reicht", sind nur ein Blendwerk des Satans, der sich gerne in
einen Engel des Lichts verkleidet; aber gerade in dieser Gestalt
sollst du zu ihm sagen: „hebe dich von mir, Satan, du bist
mir ärgerlich". Wer aber nicht den Muth hat, auf ehrlichen
Wegen edle Ziele zu erreichen, der trage auch edle Zwecke nicht
zur Schau und mache nicht Feigenblätter aus ihnen, um unedle
Beweggründe zu verstecken.

Ein verwerfliches Mittel hat Pilatus jedenfalls gewählt, —
aber vielleicht hat er doch klug gehandelt? Nein, er hat nicht
einmal klug gehandelt. Um Jesum loszulassen, war die Züch=
tigung der verkehrteste Weg. Wurde Jesus gezüchtigt, so er=
schien er ja als schuldig; Pilatus zeigte sich wankend in seiner
Überzeugung von der Schuldlosigkeit des Angeklagten und ge=
stand den Anklagen der Juden eine gewisse Wahrheit zu. Da=
durch aber mußte er die Feinde des HErrn nur ermuthigen,
bei ihrer ungerechten Forderung zu verharren. Die Juden
freuten sich über die halbe Ungerechtigkeit des Landpflegers und
nahmen sie als eine Abschlagszahlung vorläufig an, indem sie
scharfblickend und feinfühlend genug waren zu erkennen, daß sie
nun bald die ganze Hand haben würden, nachdem ihnen einmal
der Finger gereicht war. Die Züchtigung mußte also die Kreu=
zigung vielmehr herbeiführen, statt sie zu verhüten. Keinen
Vortheil, sondern nur Nachtheil hatte der Heiland von ihr. Nun
wurde er mit doppelten Ruthen gestraft, erst gezüchtigt und dann
doch gekreuzigt.

Das ist in der Regel der Fluch solcher Vermittlungen, daß
sie gerade das bewirken, was sie verhüten sollen. Es tritt das
auf allen Lebensgebieten, besonders in Staat und Kirche zu

Tage; ich will mich aber nur auf das religiöse Gebiet beschränken. Da kann man häufig hören: um die Gebildeten unsrer Tage wieder für das Christenthum zu gewinnen, muß man manches über Bord werfen, was Schrift und Kirche lehrt, weil es sich mit dem modernen Zeitbewußtsein nicht mehr verträgt. So opfert man denn z. B. die Wunder, die göttliche Eingebung der heiligen Schrift, die ewige Gottheit Jesu Christi, die stellvertretende Bedeutung seines Todes u. s. w. Beiläufig wenn diese Opfer als Nebensachen betrachtet werden, wo soll dann eigentlich die Hauptsache stecken, und verlohnt sich's wol der Mühe, für solch ein entchristlichtes Christenthum noch die Leute zu gewinnen? Doch man meint, das sei eine feine Klugheit, so werde das Christenthum mit dem Zeitgeiste versöhnt, und dieser willig gemacht jenes anzunehmen. O ihr armen blinden Leute, seht ihr denn wirklich nicht, daß ihr nur dem Unglauben in die Hände arbeitet, indem ihr ein Kleinod nach dem andern aus dem Tempel des Christenthums hinauswerft? Ihr macht diesen gefräßigen Wolf nicht eher satt, als bis er das letzte Stück verzehrt hat. Indem ihr ihn füttert, reizt ihr nur seinen Appetit. Durch jedes Zugeständniß, mit dem ihr ein Stück biblisches Christenthum opfert, bekennt ihr ja, die Sache der göttlichen Wahrheit sei ein ungewisses, zweifelhaftes Ding*) und die widerchristliche Wissenschaft, Bildung und öffentliche Meinung habe ein Recht mit ihren Zweifeln und Angriffen, und so ist es ganz natürlich, daß ihr durch Concessionen den Unglauben fördert. Erst opfert ihr die wesentliche Gottheit des Sohnes, wartet nur, es dauert nicht lange, so glaubt man auch an den Vater nicht mehr. Habt ihr den dritten und zweiten Artikel preisgegeben, dann könnt

---

*) So ein ungewisses, zweifelhaftes Ding ist leider den meisten Christen ihr Christenthum. Sie meinen, daß sie glauben, aber sie sind nicht durch und durch überzeugt von dem was sie glauben. Ihr Christenthum ist in ähnlicher Weise eine Redensart, wie das Bekenntniß des Pilatus von Jesu Unschuld. Das Redensartenchristenthum hat daher auch „Züchtigen und Loslassen" sich zur Losung genommen. Es kann beten und das Beten lassen, bekennen und nicht bekennen, den Sonntag heiligen und nicht heiligen, den Weltton vermeiden und ihn mitmachen — wie es nach den Umständen bequem ist.

ihr auch den ersten nicht lange mehr halten. Jetzt gesteht ihr dem Unglauben zu, mit den Wundern sei es nicht so streng zu nehmen, man wird es in kurzer Zeit auch mit der Vorsehung nicht mehr streng nehmen. Erst opfert ihr die göttliche Eingebung der Bibel in vermeintlichen Nebensachen, ihr werdet sie bald in der Hauptsache preisgeben müssen. Erst beseitigt ihr die sogenannten materialistischen Vorstellungen von Himmel und Hölle, es wird nicht lange dauern, dann sind Himmel und Hölle selbst bildliche Redensarten geworden. Erst entleert ihr die Glaubenslehren der Schrift ihres göttlichen Gehaltes, und die Folge ist, daß man auch den sittlichen Vorschriften der Bibel bald nicht mehr gehorcht. Die Halbheit und das Vermitteln in Glaubenssachen schwächt nothwendig auch die Energie auf dem sittlichen Gebiete, lähmt die Zucht und macht das Regiment schlaff. Wie Pilatus durch Jesu Züchtigung den Weg zu seiner Kreuzigung bahnte, so richtet ihr das Christenthum zu Grunde, indem ihr es retten wollt durch Zugeständnisse, die ihr dem Unglauben macht. Nein, so gewinnt man nicht für's Christenthum, daß man das Christenthum selbst verliert. Was hülfe es uns, wenn wir die ganze Welt gewönnen und das Christenthum litte Schaden an seiner Seele? Es ist ja auch offenbar und am Tage genug, daß alle diese Pilatusmänner unsrer Zeit immer mehr herunter gekommen sind und nach und nach dem Unglauben soviele Zugeständnisse gemacht haben, daß zuletzt eigentlich nichts mehr zuzugestehen übrig geblieben. Ja „verflucht ist, wer davon thut".

Es ist ein großer Irrthum, wenn man sich vorredet, einige Zugeständnisse schaden nichts, man behalte doch immer das Heft in den Händen, könne jeder Zeit stille stehen, wieder einlenken u. s. w. Man kann nicht züchtigen und — loslassen, wie nach dem Vorgange des Pilatus das leichtsinnige Volkssprichwort sagt. Wenn man einmal gezüchtigt hat, muß man gewöhnlich auch kreuzigen, das ist der Lauf der Sache. In dem Zugeständniß liegt zweierlei, Feigheit und Mangel an fester Überzeugung; Feigheit, denn ich habe nicht den Muth, das ganze Recht durchzusetzen, die ganze Wahrheit festzuhalten;

Mangel an Überzeugung, denn ich könnte nichts preis=
geben, wenn ich fest glaubte, Gottes Wort habe allein Recht, sei
allein die Wahrheit. Merken aber die Gegner, daß es so mit
uns steht, dann machen sie's wie die Juden bei Pilatus, sie
fordern immer mehr und — selten tritt der Fall ein, daß
ein Pilatus umkehrt. Es ist der Fluch der Halbheit und Ver=
mittlungssucht, daß sie auf jedem Lebensgebiete die energische
Widerstandsfähigkeit und Thatkraft lähmt, bis diese zuletzt gänz=
lich verloren gehen. „Wer nicht hat, von dem wird auch ge=
nommen was er hat" — auf dieses Gesetz muß ich immer wieder
hinweisen, gerade weil man sich so wenig daran kehrt. Wer
mit der göttlichen Wahrheit handelt wie ein unreeller Kaufmann,
der sich so und so viel abziehen läßt, der ist nie geschickt, ihren
Feinden gegenüber das Feld zu behaupten.

Aber wenn nun großer Schaden entsteht, weil ich nicht
nachgebe? Die Hand aufs Herz, leitet dich wirklich zu Con=
cessionen der Wunsch, Schaden zu verhüten, Segen zu stiften, oder
hast du nicht vielmehr **selbstsüchtige Motive**? Wer glaubt es
dem Pilatus, das er um alles in der Welt Menschenleben schonen
wollte? Und wird man den modernen Vermittlern zwischen Christen=
thum und Zeitbewußtsein sehr unrecht thun, wenn man den Ver=
dacht hat, es gehe ihnen mehr darum, **ihren eignen fleisch=
lichen Sinn zufrieden zu stellen und sich bei dem
Zeitgeist in Gunst zu setzen**, als das Christenthum
zu retten! Aber angenommen, man machte Zugeständnisse wirk=
lich nur in der Absicht, einem größeren Abfalle vom Christen=
thume vorzubeugen — wo in aller Welt existirt denn eine Ver=
pflichtung, einen Verrath an der Wahrheit zu begehen, um es
dem Unglauben bequem zu machen? Muß das Christenthum
nicht zu solchen Beschützern sagen: HErr, bewahre mich vor
meinen Freunden? Oder hat etwa Paulus gesündigt, da an
seiner Predigt des „thörichten Evangeliums" die Weisen dieser
Erde Ärgerniß nehmen? Hat der Heiland selbst unrecht ge=
handelt, da er seinen Zeitgenossen die Predigt vom Himmelreich
nicht mundrechter machte? Ist er verantwortlich für den Un=
glauben der Juden und den Untergang Jerusalems? Nimmer=

mehr. Wenn die Feindschaft wider das Evangelium größer wird, weil ich seinen Gegnern keine Zugeständnisse mache, ich bin nicht verantwortlich dafür. Hier wird das Ärgerniß ge=
nommen, nicht gegeben. Christus ist auch zum Gericht in die Welt gekommen und vielen zum Falle gesetzt. Und zuletzt ist es eine große Lüge, daß das Evangelium allen ein Geruch des Lebens zum Leben würde, wenn man's dahin ge=
bracht hat, daß es kein Geruch des Todes zum Tode mehr sein kann. Die Befürchtung, daß die unabgeschwächte Wahrheit die Feindschaft wider das Christenthum vermehren werde, darf uns also nicht bewegen, Abzüge zu machen. Diese Befürchtung ist auch, bei Lichte besehen, ebenso irrig wie die Hoffnung, durch Concessionen dem Christenthume Freunde zu gewinnen. Wäre etwa der Haß der Juden gegen den Heiland größer geworden, wenn ihn Pilatus nicht gezüchtigt hätte? O hätte der Land=
pfleger die gerechte Sache Jesu nur energisch vertheidigt, es wäre nimmer zum Aufruhr gekommen. Wo die Wahrheit, die aus Gott ist, unabgeschwächt und mit Beweisung des Geistes und der Kraft gepredigt wird, da tritt wol der verborgene Haß gegen sie, der im Herzen des natürlichen Menschen schlummert, kräftig hervor, aber es werden ihr auch Jünger gewonnen, und in jedem Falle ist's gut, daß offenbar wird, was im Menschen ist. Habt ihr aber erst die göttliche Wahrheit zu einem hölzernen Schwerte gemacht, das nicht mehr verwunden kann, dann wird sie auch niemanden mehr heiligen und beseligen.

Sollte endlich sich das Verfahren des Pilatus damit ent=
schuldigen lassen, daß man sagt: er hat zwischen zwei Übeln das kleinere gewählt? Aber wo in aller Welt waren denn hier zwei Übel? Wenn er Jesum losließ, war ja die Sache abgemacht. Die Juden wollten den Heiland kreuzigen, das war eine schwere Sünde; Pilatus entschloß sich, ihn zu züchtigen, das war ebenfalls eine Sünde. Durch eine schlechte Vermittlungskunst war diese zweite, geringere Sünde erst aufs Tapet gebracht. Dazu war das nicht einmal die Frage: züch=
tigen oder kreuzigen? sie konnte nur künstlich so gestellt werden. Aber wenn das auch wirklich die Frage gewesen wäre:

Züchtigung oder Kreuzigung? — durfte denn zwischen zwei Sünden Pilatus die kleinere wählen? Zwischen zwei Übeln, wenn sie sich nicht beide vermeiden lassen, darf ich wol das kleinere wählen, aber von zwei Sünden soll ich gar keine wählen. Wer die kleinere Sünde wählt, kommt in der Regel aus dem Sturm in den Strudel. Es ist eine jesuitische Moral, eine kleine Sünde zu begehen, um eine größere zu verhüten, und ein gefährliches Experiment, denn die kleine Sünde öffnet der großen Thür und Thor. Das Exempel des Pilatus liefert den schlagendsten Beweis dafür. Und was ist das für ein **sauberes Gewissen**, das sich zufrieden giebt, wenn es einen unschuldigen Mann nur züchtigt, nicht tödtet! Als ob die in den Augen der Menschen kleinere und feinere Sünde keine Sünde wäre! Aber wie viele solcher Pilatusgewissen giebt es, die nur Verbrechen für Sünde halten und sich nicht rühren bei den tausend Versündigungen, die nicht ins **Gröbste gehen**! O man nimmt einen sehr niedrigen sittlichen Standpunkt ein, wenn man ein solches stumpfes, rohes Gewissen hat, und es geht ganz natürlich zu, daß man dann zwischen Recht und Unrecht, zwischen Wahrheit und Lüge, zwischen Glauben und Unglauben, zwischen Christus und Welt, zwischen Gott und Teufel vermittelt; — die Grenzsteine sind eben verrückt und die Augen des Geistes sind blöde geworden, daß sie den Betrug der Sünde nicht mehr zu entdecken vermögen.

Gott bewahre uns vor einem solchen Pilatusgewissen, welches dem Grundsatze huldigt: **züchtigen und loslassen**.

IX.

Sehet, welch ein Mensch!

Joh. 19, 1—5.

„Und die Kriegsknechte flochten eine Krone von Dornen und setzten
sie auf sein Haupt und legten ihm ein Purpurkleid an und sprachen:
Sei gegrüßet, lieber Judenkönig! und gaben ihm Backenstreiche.
Da ging Pilatus wieder heraus und sprach zu ihnen: Sehet,
ich führe ihn heraus zu euch, daß ihr erkennet, daß ich keine Schuld
an ihm finde. Also ging Jesus heraus und trug eine Dornen=
krone und ein Purpurkleid. Und er spricht zu ihnen: Sehet,
welch ein Mensch!"

Es war allerdings die Absicht des Landpflegers, durch die
Geißelung Jesum vor dem Tode zu bewahren; aber wehe dem
Menschen, der eine kleinere Sünde thut, um durch diesen Preis
sich von der größeren loszukaufen; in der Regel ist das der
sicherste Weg, um statt einer Sünde ihrer zwei zu begehen.
Die Geißelung hat ja nicht die Loslassung sondern gerade die
Kreuzigung Jesu herbeigeführt, und so hat der gewissenlose
Richter die Leiden des Heilandes nur vermehrt statt sie zu ver=
mindern. Die Juden wollten Jesum nur gekreuzigt haben, der
Landpfleger hat ihn gegeißelt und gekreuzigt.

Mit eigner Hand hat er allerdings die Geißelung nicht
vollzogen, aber doch hat der Evangelist Recht, wenn er schreibt:
„da nahm Pilatus Jesum und geißelte ihn", denn Pilatus

hatte den Befehl dazu gegeben und was ich andern zu thun befehle, das wird mir selbst billig so angerechnet, als ob ich's selbst gethan hätte. Das mag sich jeder merken, der andere entweder durch seinen Befehl oder seine Erlaubniß oder seinen Rath zur Sünde verleitet. Alle Ungerechtigkeiten, die auf deine Veranlassung geschehen, die werden auch auf deine Rechnung gesetzt. Pilatus muß also die Verantwortung tragen für alles, was seine Kriegsknechte an unserm HErrn Jesu Christo gethan haben.

Um nun recht deutlich zu sehen, wie abscheulich seine Handlungsweise war, lasset uns zunächst die schmerzliche und schmachvolle Mißhandlung genau ins Auge fassen, welche der unschuldige Jesus auf den Befehl und unter den Augen seines Richters zu erdulden hatte. Wendet eure Augen nicht weg, denn ihr sollt wissen, was euer Heiland für euch hat leiden müssen.

Brust und Rücken wird ihm entblößt und fast nackt wird er an eine Säule gebunden, so daß er sich nicht rühren kann. Dann treten die rohen Kriegsknechte an ihn heran mit wuchtigen Peitschen in ihren Händen, an deren Spitzen sich scharfe, eiserne Haken befinden, die ins Fleisch hineinfahren und es zerreißen und zerfetzen. Mit diesen Peitschen wird nun der zarte, heilige Leib Jesu geschlagen; Haut und Fleisch ist bald aufgerissen — aber immer fort schlagen die rohen Knechte zu, so daß es bis auf die Nerven und das nackte Gebein dringt und das Blut aus den Wunden zur Erde fließt. So wird Jesus gezüchtigt! Und wenn ihr einen der Soldaten fragt: was hat dieser Mann mit dem blutig gegeißelten Rücken denn Übles gethan? so antwortet er euch: „ich weiß nichts", und wenn ihr den Pilatus fragt, der den Befehl zur Geißelung gegeben: was hat denn dieser Mann der Schmerzen Übles gethan? so antwortet auch er: „ich finde keine Schuld an ihm". Sie alle wußten nicht, was sie thaten, aber der alte Prophet Jesaias weiß den Grund dieser Schmerzen: „Er ist um unsrer Missethat willen verwundet und um unsrer Sünde willen zerschlagen; die Strafe liegt auf ihm, auf daß wir Frieden hätten und durch seine Wunden sind wir geheilet."

Unsre alten Kirchenlehrer pflegten zu sagen, an diesem von den Geißelhieben zerrissenen Fleische Jesu zeige sich besonders, was wir durch unsre Fleischeslust verschuldet. Zwar würde es eine sehr äußerliche und mechanische Vorstellung des Opfers Jesu Christi sein, wollte man annehmen, daß bestimmte einzelne seiner Leiden bestimmte einzelne unsrer Sünden gebüßt und getilgt hätten, dem Gesammtleiden des Heilandes vielmehr wohnt diese sühnende und versöhnende Kraft bei; — dennoch liegt es sehr nahe, durch die Schmerzen, welche Jesus Christus an seinem Fleische erduldet, sich an unsre sündlichen Fleischeslüste erinnern zu lassen. Ein wahres Riesenheer von Sünden hängt ja allein an dem sechsten Gebote bis auf diesen Tag. Hätte der Heiland auch nur die Sünden gegen die Keuschheit zu sühnen gehabt, schon das allein hätte sein Werk zu einem Riesenwerke gemacht. Wenn einst alles offenbar wird, auch jeder unkeusche Gedanke, jeder lüsterne Blick, dann erst werden wir ermessen, welchen Berg von Schuld allein die Unkeuschheitssünden auf das Lamm Gottes gewälzt haben. Unter die, welche in jener Welt am meisten Pein leiden müssen, gehören auch die, welche „wandeln nach dem Fleisch in der unreinen Lust". Darum ihr alle, die ihr durch fleischliche Lüste befleckt seid, netzet mit Thränen der Buße eures Heilandes Füße, damit sein Blut euch rein wasche von eurer Schuld. Beharrt ihr aber in eurer unkeuschen Lust, so wisset, daß die Schmerzen des gegeißelten Jesu euch nur ein Vorbild sind der ewigen Pein, die eurer wartet am Orte der Verdammten.

Mit der Geißelung waren aber die rohen Kriegsknechte noch nicht zufrieden. Nachdem sie Jesu Rücken zerfleischt, vergreifen sie sich auch an seinem heiligen Haupte. „Sie flechten eine Krone von Dornen und setzen sie ihm aufs Haupt." Damit wollen sie ihm nicht blos wehe thun, sondern ihn auch verspotten. Seine königliche Würde soll zum Gelächter gemacht werden. Sie wollen ihn höhnen, indem sie ihn krönen, aber sie krönen ihn doch, indem sie ihn höhnen. Wie Pilatus selbst, so müssen auch seine Knechte bezeugen: „du bist dennoch ein König". Kronen von Gold und köstlichem Edelgestein tragen die Könige dieser

Erde, aber der König, dessen Reich nicht von dieser Welt ist, ber durch sein Blut sich seine Bürger erkauft hat, der trägt eine Krone von Dornen! Die Menschen wollten aus der königlichen Würde Jesu einen Spott machen, aber dieser Spott gerade muß offenbaren, in welchem einzigartigen, erhabenen Sinne Jesus Christus ein König ist. Sein ganzer Weg über diese Erde war schmerzensvoll und thränenreich, konnten denn die Menschen seine königliche Würde und Bürde passender bezeichnen, als daß sie am Ende dieses Weges eine Dornenkrone aufs Haupt ihm setzten! Er war umhergegangen und hatte gesegnet und wohlgethan — für sich selbst hatte er nur Dornen gefunden. Ja für sich selbst nur Dornen gewollt! Seitdem die Sünde ist in die Welt gekommen, trägt zum Zeichen ihres Fluches Dornen die Erde; damit dieser Fluch getilgt werde, hat Jesus Christus diese Dornen zusammenwinden lassen in einen Kranz und ihn aufs Haupt sich setzen. Zum Zeichen ihrer Siege tragen Lorbeerkränze die Könige der Erde, aber Jesus Christus trägt zum Zeichen seines Sieges einen — Dornenkranz! Während irdischen Königen durch Arbeit, Kampf und Blut der Unterthanen Reiche gewonnen werden, hat Jesus Christus durch seine Arbeit, seinen Kampf, sein Blut seinen Unterthanen das Reich gewonnen. Darin sucht Jesus Christus seine königliche Würde, daß er die Bürde der Unterthanen trägt; er läßt sich peinigen, damit wir erquickt werden; er trägt eine Dornenkrone, damit wir eine Ehrenkrone erhalten.

Um den Spottkönig fertig zu machen, hängen die Soldaten dem blutig gegeißelten, dornengekrönten Manne einen alten Purpurmantel um und sprechen: "gegrüßet seist du, lieber Judenkönig!" So haben sie den Heiland vollends zum Narren und treiben ihr Spiel mit ihm. Mein Gott! ein Narrenspiel treibt man mit deinem eingebornen Sohne! Ach daß es wenigstens das einzige geblieben wäre, das man mit ihm getrieben hat! Aber leider giebt es zahllose Christen, die es im Grunde nicht besser machen als des Pilatus Kriegsknechte. Von den frechen Spöttern und Lästerern will ich gar nicht reden, aber was thun denn die vielen tausend Christen, die ihre Knie vor Jesus beugen und doch nicht ihm dienen, die „HErr, HErr" zu ihm sagen und doch seinen Willen nicht thun, die mit den Lippen ihm nahen und ihre Herzen bleiben ferne von ihm: was thun die denn anders, als ein heuchlerisches Spiel mit ihm treiben? Statt daher gegen die Kriegsknechte zu ergrimmen, welche den Heiland zum Spott einen König geheißen, murre lieber ein jeglicher wider seine Sünde, wider das Scheinchristenthum, das bei und mit dem Namen Jesu lügt und trügt und ringe ein jeglicher danach, aus der Heuchelei herauszukommen, welche mit der Anbetung und dem Dienste Jesu Christi ein leichtfertiges Spiel treibt.

Aber auch mit ihrem Narrenspiel ließen es die römischen Soldaten nicht genug sein. Der Verspottung fügten sie die ärgste Beschimpfung hinzu, „sie gaben Jesu Backenstreiche". Wie würde unser einer durch einen einzigen Schlag ins Gesicht aufgebracht werden. Es giebt ja Leute, die eine solche Beschimpfung für so groß halten, daß sie meinen, sie könne nur mit Blut abgewaschen werden. Und hier steht der eingeborne Sohn des lebendigen Gottes, durch welchen alle Dinge gemacht sind, vor dessen Majestät die heiligen Engel anbeten, zu dessen Dienste die tausend mal tausend „starken Helden" bereit stehen, welche Gottes Befehle ausrichten; Er durfte nur hauchen, und die frechen Beleidiger würden todt hinsinken, oder die Erde würde sich aufthun sie zu verschlingen, wie sie einst die Rotte Korah verschlungen hat! Aber Er thut nichts, gar nichts gegen sie, spricht nicht einmal ein Wort, sondern leidet stumm wie ein Lamm, das zur Schlachtbank geführt wird! O du ewige Liebe! die Gedanken gehen mir aus, wenn ich deine Leiden sehe und die riesengroße Geduld und übermenschliche Sanftmuth, mit der du sie trägst! Wahrlich, so leidet kein Mensch, so konntest nur du leiden, der du die menschgewordene Liebe und so viel mal höher als andre Menschenkinder bist, wie der Himmel höher ist denn die Erde.

Pilatus wollte Jesum nur gegeißelt haben, seine Knechte aber haben ihn auch noch mit Dornen gekrönt, verspottet und beschimpft. Die Ungerechtigkeit ihres Herrn hat sie dazu ermuthigt. Wenn große Herren sündigen, ihre Diener machen's ihnen nach und sie machen's noch roher und ärger. Schon bei den Knechten der Hohenpriester war das zu bemerken. Die Untergebenen meinen sich bei ihren Herren zu insinuiren und ihnen einen Gefallen zu thun, wenn sie's treiben wie jene. Ist ein einflußreicher Mann ein Feind Christi und seiner Nachfolger, so giebt es immer genug von ihm abhängige oder nicht abhängige elende Creaturen, welche sich bei ihm in Gunst zu setzen meinen, wenn sie sich auch feindselig zeigen. Und wenn sie auch nicht gerade immer Gunst zu erlangen suchen, so ist's ihnen doch erwünscht, daß sie ungestraft, ja unter höherem Schutze sich ihr Müthchen kühlen können. Schlechter als die Herren sind deshalb die Knechte nicht, wenn sie's äußerlich roher und gröber treiben, die feineren Leute sind vielmehr oft innerlich gemeiner als sie, und sie haben ja durch ihr Exempel sie erst zur Nachfolge gereizt. Pilatus kann sich durchaus nicht weißbrennen und sagen: „was kann ich für die Übelthaten meiner Knechte, ich habe sie ihnen nicht geheißen" — er hat sie eben hervorgerufen durch seinen ungerechten Befehl, Jesum zu züchtigen, und konnte sie nun nicht einmal verbieten. Auch gegen seine Knechte hatte der arme Mann ein zerbrochenes Schwert.

Endlich war das grausame Schauspiel zu Ende! Jetzt glaubt der Landpfleger werde es ihm gelingen, das Volk zum Mitleid zu bewegen, wenn er ihm diese Jammergestalt vorführe. „Er führte Jesum also heraus aus dem Richthause." O du heuchlerischer Pilatus, erst lässest du den unschuldigen Jesus so grausam behandeln und nun willst du durch deine Grausamkeit andre zum Mitleid bewegen? Nachdem du Jesum gegeißelt hast, spielst du die Rolle eines Predigers der Barmherzigkeit! Und du verblendeter Mann! willst du denn Feuer löschen, indem du Öl hineingießest? Wird der Haß der Juden nun nicht erst recht die Kreuzigung verlangen, nachdem du selbst Jesum gezüchtigt hast? Wol läßt sich sonst das Herz des natürlichen Menschen leicht zum Mitleid bewegen, wenn ihm fremdes Leiden recht rührend vorgemalt oder wenn ein ihm sonst ziemlich gleichgiltiger Mann zum Märthrer gemacht wird, aber das heißt das Menschenherz schlecht kennen, wenn man auf sein Mitleid gegen diejenigen rechnet, welche es haßt, und das noch dazu in einem Augenblicke, wo alle Leidenschaften aufgeregt sind. Da macht der Anblick eines Leidens, das man, wie Pilatus, nur verhängt hat, um dem Hasse ein Zugeständniß zu machen, nicht mitleidig sondern schadenfroh und facht das Feuer an, statt es zu löschen.

Und — abgesehen von der Grausamkeit, welcher Pilatus durch die Geißelung Jesu sich schuldig machte, abgesehen von der Heuchelei, daß ein so grausamer Mensch auch noch auf Empfindsamkeit speculirt, abgesehen von der Ungerechtigkeit, daß von dem Mitleide des Volkes die Freilassung eines unschuldig gezüchtigten Mannes abhängig gemacht wird — wie ganz raffinirt abscheulich war es, daß Pilatus den HErrn der Herrlichkeit zu einer Jammergestalt machte, die das Volk rühren und bewegen sollte, aus gnädigem Mitleide von der Kreuzigung abzustehen! War das nicht vielmehr die Pflicht des Landpflegers, daß er die Juden hinwies auf die majestätische Erhabenheit Jesu, von der er selbst wiederholt tiefe Eindrücke empfangen, auf das unvergleichlich würdevolle Betragen des Heilandes, welches zur Achtung, Ehrfurcht, ja zur Anbetung nöthigte? Hätte nicht darin der stärkste Beweis für die Unschuld des Angeklagten gelegen! Gewiß, hätte Pilatus mit Jesu dem Volke imponirt, statt ihn zu einem Gegenstande des Mitleids herabzuwürdigen, es wäre eher und mehr Hoffnung gewesen, ihn zu retten. Der wirklichen Größe gelingt es zuletzt immer, wenn auch nicht gerade Zuneigung so doch Respect sich zu verschaffen. Das aber muß jedes Kind sinnlos finden, wenn der Landpfleger den auf seinen Befehl blutig gegeißelten Jesum dem Volke vorführt und spricht: „erkennet, daß ich keine Schuld an ihm finde!" Wenn der Richter einen Angeklagten erst aufs grausamste und schimpflichste behandeln läßt, wird denn dadurch irgend ein Mensch von seiner Unschuld überzeugt werden? Und wenn man unsern HErrn Jesus Christus, statt ihn in seiner Majestät als anbetungswürdig hinzustellen, seiner Würde entkleidet, beschimpft und zu einer Jammergestalt herabwürdigt, die nur noch auf zweideutiges Mitleiden Anspruch machen kann, können dadurch seine Feinde beruhigt, zur Überzeugung seiner Sündlosigkeit gebracht und in Freunde verwandelt werden?

Dennoch hat man auch in diesem Stück das höchst verwerfliche und verkehrte Verfahren des Pilatus sich zum Vorbild genommen. Eine große Menge gelehrter und nicht gelehrter Leute sind gerade in unserer Zeit der Meinung, man werde die große Masse, die den Heiland haßt, für ihn gewinnen, wenn man ihn seiner göttlichen Würde entkleide und die Majestät verdunkele, mit der die heilige Schrift ihn umgibt. Je menschlicher man Jesum darstelle, je mehr die Leute fühlen: „das ist Fleisch von unserm Fleisch" desto mehr werden sie ihm zufallen. In diesem Sinne sind z. B. mehrere der neuesten „Leben Jesu" geschrieben. Ich wüßte kein besseres Motto für sie als das Wort des Pilatus im Sinne des Pilatus: „sehet! welch ein Mensch!" Ihre Verfasser spielen die Rolle des einstigen Richters Jesu mit großem Geschick. Ihre Schriften thun dasselbe, was einst die Geißel des römischen Landpflegers that: **sie machen aus Jesu eine Jammergestalt in der Meinung, gegen diese Jammergestalt wenigstens werde die große Menge nichts einzuwenden haben und einen solchen Christus nicht mehr kreuzigen wollen.** Allerdings macht man der ungläubigen, fleischlich gesinnten Menge eine große Freude, und es fehlt nicht an jubelnden Beifallsrufen, wenn dem HErrn Jesu Christo alles geraubt wird, was an himmlische Abkunft, an göttliche Majestät, an überirdische Kräfte und Geheimnisse erinnert, und die Geißel des Spotts geschwungen wird gegen alles, was an dem Christus der Evangelien dem Fleische nicht gefällt; — aber die Welt ist seitdem nicht anders geworden, als sie vor zweitausend Jahren gewesen, der HErr Jesus Christus wird durch solche Pilatus-Apologien nicht gerettet, sondern gekreuzigt, und die auf diese Weise das Christenthum erhalten wollen, die zerstören es. Ist der Heiland erst seiner göttlichen Majestät beraubt und aus einem Gegenstande der Anbetung zu einer — Karrikatur gemacht, so dauert es gar nicht lange und er ist der Gleichgiltigkeit, ja der Verachtung verfallen.

Die Geschichte beweist das aufs handgreiflichste. Man greift begierig nach solchen Christusbildern, die Fleisch vom eignen Fleische sind. Der Heiland ist ja zu groß als daß man ihn ignoriren könnte; die Welt möchte sich also mit ihm abfinden, und da der Heilige Gottes ihr unbequem ist, so ist's ihr ganz recht, wenn seine zu imponirende Größe heruntergedrückt wird. Aber die Begeisterung für diese Pilatusfabrikate dauert nicht lange. Man kann sich wol eine Zeit lang vorreden, man hätte nun einen Christus, und kann thun, als glaubte man auch an ihn, zuletzt aber wird das Spiel langweilig und die Gleichgiltigkeit ärger als vorher. Die stattlichen Phrasen, mit welchen solche Zerrbilder Jesu herausgeputzt werden, kommen mir vor wie jener Purpurmantel, den die römischen Soldaten dem gegeißelten Christus umhingen. Niemand wird durch sie überredet, ein König sei dahinter verborgen. Dazu hat die Phrase auch im vornehmen Gewande der Wissenschaft kein Leben und giebt kein Leben, sie pflegt sich aber reichlich einzustellen, wo Sache und Leben fehlt, und ist nur gut dazu die Gräber zu übertünchen.

Gesetzt aber den Fall, es gelänge, solchen Luft- und Zerrbildern ein dauerndes Interesse zu verschaffen und sie vor dem Geschick der Spreu zu bewahren, die der Wind zerstreuet — was wäre Christo und dem Christenthum für ein Dienst damit erwiesen? Nur der ärgste **Schaden** würde damit angerichtet. Es ist besser gar keinen Christus haben als eine Karrikatur von Christo und ist besser gar kein Christenthum haben als einen Wechselbalg sich unterschieben lassen, der nur die Maske des Christenthums trägt. Das mag befremdlich, hart und übertrieben klingen, aber es ist so gewiß wahr wie der HErr gesagt hat: „ach daß du kalt oder warm wärest; aber weil du lau bist, will ich dich ausspeien aus meinem Munde". Die Zerrbilder des Lebens Jesu, denen die imponirende Majestät des Schriftbildes fehlt, sind keine Brücken, die zu Bibel und wahrem Christenthum hinüberführen, sie sind vielmehr Abgründe, die immer mehr von ihnen trennen. Man meint, man habe etwas, und hat doch nichts, aber weil man's nicht sieht, daß man arm ist, so hält man sich für reich und spricht: „ich habe gar satt und bedarf nichts". Das ist das Verführerische an diesen falschen Christusbildern, daher der Heiland auch so beweglich gewarnt hat, ihnen zu glauben. Ein Mensch, der Christum ganz und gar verwirft, ist leichter für ihn zu gewinnen als ein solcher, der vor einem falschen Christus seine Knie beugt. Es tritt hier ganz derselbe Fall ein, wie bei den Pharisäern und Schriftgelehrten. Die Selbstgerechten sind am schwersten zu bekehren. Gerade der Wahn gerecht zu sein verriegelt ihnen die Thür, die ins Himmelreich führt. Der Wahn wirklich einen Christus zu haben, wenn man doch nur ein Gebilde der eignen Phantasie hat, ist ganz derselbe Riegel. Und wir sollen uns auch noch freuen, wenn es gelingt, den Leuten statt eines Schlüssels zum Himmelreich, der ihnen die Thür aufthut, einen Riegel in die Hand zu spielen, der ihnen die Thür zuthut?

Doch kehren wir wieder zu Pilatus zurück. Es kann doch zweifelhaft sein, ob der Landpfleger durch die Vorführung des gemißhandelten Jesus die Juden wirklich zum Mitleid bewegen und auf diese Weise ihren Haß besänftigen, oder ob er nicht den Heiland in ihren Augen nur recht verächtlich und unwerth machen will. Ihm selbst, dem ungläubigen Römer, war ja Jesus Christus im Grunde ein ganz gleichgiltiger Mann, dessen schwärmerische Ansichten zu bedauern, zu belächeln und zu ignoriren waren. Seine eigentliche Meinung ist daher wol diese: „Sehet euch doch nur diese Jammergestalt an; ist denn dieser arme Mann überhaupt werth, daß ihr so viel Aufhebens von ihm macht? Laßt ihn doch laufen, schenkt ihm das Leben, er ist ein unschädlicher Schwärmer, ihr thut am besten, wenn ihr euch gar nicht weiter um ihn kümmert u. s. w." Das ist auch eine Art Mitleid, aber nicht ein Mitleid, das aus einem barmherzigen, zartfühlenden, gerührten Herzen kommt, sondern es ist jenes vornehme, verächtliche Bedauern, das mit der Gleichgiltigkeit, innern Abneigung und geheimen Feindschaft häufig verbunden zu sein pflegt. Bis auf diesen Tag giebt es Pilatusseelen, die dem HErrn eine ähnlich verächtliche Behandlung angedeihen lassen. Erst entkleiden sie den Sohn Gottes mit ihren unheiligen Händen seiner anbetungswürdiger Majestät, und dann, wenn sie eine Karrikatur aus ihm gemacht haben, fragen sie spöttisch: ist der denn werth, daß man ihn anbete und um seinetwillen alles für Schaden achte? Erst entstellen sie die großen Worte der heiligen Schrift und dann, wenn sie etwas Lächerliches aus ihnen gemacht haben, fragen sie spöttisch: kann man denn solch albernes Zeug glauben und gar für Gottes Wort halten? Wer eben keine Ehrfurcht hat vor der Majestät der ewigen Wahrheit, der macht sich auch kein Gewissen daraus sie zu verunstalten, um sie der Verachtung preiszugeben. Auch giebt es einen gewissen vornehmen Unglauben, der so hoch über dem biblischen Christenthum zu stehen wähnt, daß er's nicht der Mühe für werth erklärt, sich dagegen zu ereifern, der aber großmüthig genug ist es als einen beschränkten Standpunkt zu dulden und sich auf diese Toleranz nicht wenig zu gute thut. Freilich dauert diese gnädige Duldung nur so lange, wie der als beschränkt bemitleidete Standpunkt ungefährlich ist und niemand beunruhigt; sobald er aber zu zeigen beginnt, daß Kraft und Leben in ihm wohnt, und die Todtengebeine sich regen auf dem weiten Kirchhofe, dann macht die vornehme Gleichgiltigkeit sofort der gehässigsten Feindschaft Platz und die Geringschätzung und Verächtlichthuerei verkehrt sich in die erbittertste Intoleranz.

Wir mögen die Sache ansehen, von welcher Seite wir wollen, der Ausweg, den Pilatus einschlug, war grundverwerflich. Dennoch hat er durch seinen Ausspruch: „sehet, welch ein Mensch!" schon mehr als Eine Seele dem Heiland zugeführt. Wir finden in der heiligen Schrift mehr als Ein Beispiel davon, daß aus dem Munde von Menschen, denen ein wichtiges Amt übertragen war und die sich dieses Amtes unwürdig erwiesen, Worte gegangen sind, die sie entweder gar nicht aussprechen wollten, oder deren tiefen Sinn und große Tragweite sie selbst nicht ahnten. So mußte Bileam, der Prophet, Israel segnen und war doch gekommen Worte des Fluchs zu sprechen. So mußte Kaiphas, der Hohepriester, obgleich er Christum tödtlich haßte, das Geheimniß des Erlösungsrathschlusses aussprechen: „es ist uns besser, ein Mensch sterbe für das Volk, denn daß das ganze Volk verderbe". Ähnlich ging's dem Pilatus, da er den gezüchtigten Jesus dem Volke vorführte und sprach: "sehet, welch ein Mensch!" Er hat mit diesem Worte weit, weit mehr gesagt, als er wollte, und eine viel beweglichere Passionspredigt gethan, als er beabsichtigte. Oder vielmehr so liegt die Sache: Gott hat diesen im Munde seines Urhebers oberflächlichen Ausspruch vertieft, erweitert, bedeutungsvoll und kräftig gemacht, so daß er im Dienste der Boten des Evangeliums dem Manne mit der Dornenkrone viele Herzen hat aufthun müssen. Obgleich es nicht die nächste Absicht dieser Betrachtungen ist, die Worte des Pilatus als Worte des heiligen Geistes aufzufassen und sie zum Thema einer christlichen Passionspredigt zu machen, so soll doch ganz in der Kürze darauf hingewiesen werden, daß sie dem christlichen Prediger einen reichen Stoff bieten, um christliche Zuhörer zu belehren, zu erwecken, zu erbauen, zu trösten; ja es würde diesem Abschnitte entschieden der rechte Schlußstein fehlen, wenn diese Hinweisung unterbliebe.

Sehet, welch ein Mensch! Es kann für Christen kaum ein ergreifenderes Bild geben als Jesum Christum mit dem dornengekrönten Haupte und dem blutig gegeißelten Rücken. O Christen, sehet dieses Bild euch an, sehet es lange, sehet es andächtig, sehet es mit bewegtem Herzen an! Leider richtet ihr eure Blicke viel zu selten, viel zu flüchtig, viel zu äußerlich auf dieses Bild. Die Martergestalt eures Heilandes hält euch ja die beweglichste, eindringlichste, erwecklichste Passionspredigt. Oft mag die Schuld an den Predigern liegen, wenn die Botschaft von der Versöhnung keinen tiefen Eindruck auf euch macht. Sie legen auch dieselbe vielleicht nicht ernstlich, beweglich und eindringlich genug ans Herz. Aber wenn man euch vor das Bild des dornengekrönten Christus führt, und ihr bleibt doch kalt und unbewegt, dann liegt die Schuld allein an euch, denn dieses Marterbild in seiner Leidensmajestät redet viel gewaltiger zu euren Herzen, als jede Predigt, wenn sie auch alle Hebel der Beredtsamkeit in Bewegung setzte. Sehet, welch ein Mensch!

Welch ein Mensch!*) Solch einen Menschen giebt es nicht weiter, er ist der rechte, der wahre Mensch, der vollkommen das Ebenbild Gottes an sich trägt. Jetzt ist sein Haupt voll Blut und Wunden, aber auch unter Blut und Wunden bleibt dies edle Angesicht ein Spiegel der Majestät und Hoheit, der Demuth, Liebe, Geduld, Sanftmuth, Freundlichkeit, Gütigkeit, Milde, Gottergebenheit. Dieser Mensch hat nur gesegnet und wohlgethan, hat das Verlorne gesucht, das Verwundete geheilt, die Traurigen getröstet, die Mühseligen erquickt, die Hungrigen gespeist; sein ganzes Leben ist aufgegangen in selbstverleugnender Liebe gegen seine Brüder, in willigem Gehorsam gegen seinen Vater. Er ist der Mensch ohne Sünde, voll Heiligkeit und Gerechtigkeit, der unverletzte, reine, gottähnliche Mensch, an dem der Vater nur Wohlgefallen hatte. Wie er ist, so solltest du auch sein.

Welch ein Mensch! In was für einer Leidensgestalt steht er vor uns! sieh, das ist das Bild der leidenden Menschheit. Ein König sollte der Mensch sein und ein Knecht ist er geworden und Dornen sind seine Krone. Dornen zu tragen das ist des Menschen Loos auf Erden, und (wenn ihm nicht geholfen wird) auch in der Ewigkeit. Und was ist seine Ehre? Ein Purpurmantel, der mühsam die Spuren der Geißelung verhüllt. Nur wie zum Spott unterwirft sich ihm die Creatur, aber sie gehorcht ihm nicht. Freude und Genuß sollte sein Theil sein auf Erden und nun findet er Leid, Schmerz und Entbehrung. Wie du bist, ein leidender Mensch, so ist Jesus Christus geworden. Es ist wol kein Leid zu ersinnen, das er nicht getragen. Sein ganzes Leben ist ein Leiden gewesen von der Stunde seiner Geburt bis zum Augenblicke seines Todes.

Wie aber kommt Jesus der Gerechte zu solchem Leiden, da das Leiden doch nur Strafe der Sünde ist? Sehet, welch ein Mensch! Er hat freiwillig die Rolle mit uns getauscht. Er, der ohne Sünde war, hat sich behandeln lassen, als ob er

---

*) Genau übersetzt: „siehe, der Mensch!" — ecce homo!

der allergrößte Sünder wäre, damit wir, die wir voll Sünde sind, behandelt werden könnten als ob wir keine Sünder wären. Weil wir nicht haben die Gerechtigkeit, die vor Gott gilt, hat er sich zur Sünde machen lassen, um uns seine Gerechtigkeit schenken zu können. Welch eine Liebe zu den Sündern hat dieser Mensch! Er leidet was wir verdient, er trägt unsre Strafe, er stellt sich für uns in's Gericht, er wird ein Fluch an unsrer Statt! Welch ein Geheimniß offenbart dieser leidende Gerechte! Sein Leiden tilgt unsre Schuld, verschafft uns Vergebung unsrer Sünde, Leben und Seligkeit! Nun kann ja aber kein Mensch seinen Bruder erlösen?! — O sehet, hier welch ein Mensch! Gott war in Christo und versöhnte die Welt mit ihm selber. Dieser wahre Mensch ist zugleich wahrer Gott, und weil Gottheit und Menschheit in ihm sich vereint, weil er der Gottmensch ist, darum hat er uns verlorne und verdammte Menschen erlöset, erworben, gewonnen von allen Sünden, vom Tode und von der Gewalt des Teufels — durch sein heiliges, theures Blut und sein bitteres, unschuldiges Leiden und Sterben.

Welch ein Mensch! Von Ewigkeit her ist er bei Gott und selbst Gott gewesen und alle heiligen Engel haben ihm gedienet und er hat in seiner Herrlichkeit nur Freude und Wonne gehabt und ein Leben von unendlicher Seligkeit geführt. Siehe, da ist er vom Himmel auf die Erde gekommen und geworden wie unser einer, hat sich als ein Kindlein von einer Jungfrau gebären und in eine elende Krippe legen lassen, ist so arm gewesen, daß er nicht hatte wohin er sein Haupt legte und von Almosen leben mußte, hat sich vom Teufel versuchen, von den Menschen hassen, verfolgen, verrathen, schlagen, verspeien, kreuzigen, von Gott zu einem Fluche machen und behandeln lassen, als ob er ein Sünder, ja der einige Sünder wäre. Welch ein Mensch! Ruft euch nicht jedes Leiden, das er erduldet, nicht jeder Blutstropfen, den er vergossen, zu: sehet, wie habe ich euch so lieb gehabt? Könnt ihr diesen Menschen ansehen, ohne von dieser Liebe ergriffen, überwältigt und genöthigt zu werden zur heißesten Gegenliebe? Mein Gott! wenn das Marterbild dieses

Menschen die Eisrinde nicht durchbricht, die sich um eure Herzen gelegt hat, was soll denn auf euch einen Eindruck machen? Ihr seid unselige, verlorne Leute, wenn ihr kalt und stumpf an diesem Bilde des Gottmenschen vorübergeht, der aus Liebe zu euch solche Leiden trägt.

Noch einmal sage ich: sehet, welch ein Mensch! Ihr habt es bisher leicht genommen mit euren Sünden und euch nicht gefürchtet vor dem Zorne des heiligen Gottes, ja ihr seid noch vergnügt gewesen, indem ihr die Wege der Sünde ginget, o sehet an dem leidenden Christus, was es mit der Sünde auf sich hat! Meinet ihr, der heilige Gott habe Comödie gespielt, da er seinen eingebornen Sohn ein solches Meer von Leiden durchmachen ließ? Wie beweglich bat der Sohn in Gethsemane, der Vater möchte ihn dieses Kelches überheben, aber er mußte ihn trinken, bis auf die Hefe trinken. O wer in jener Stunde in dem Herzen des himmlischen Vaters hätte lesen können! — wie schwer muß es ihm geworden sein, dem Sohne seine Bitte (menschlich zu reden) abzuschlagen! Wie groß muß also in den Augen Gottes unsre Sünde sein, daß ein solches Opfer für sie nöthig war! O siehe nur, wie der Heilige Gottes, wie der Gottmensch hat leiden müssen — und „wenn das geschieht am grünen Holz, was will am dürren werden?" Darum daß du dem zukünftigen Zorne entrinnest, glaube endlich an Jesum Christum, liebe ihn, diene ihm, folge ihm nach; heute verstocke dein Herz nicht.

Wenn ihr einen fremden Menschen, ja wenn ihr einen Verbrecher schwer leiden seht, wenn in einem Romane oder auf dem Theater euch Leidende vorgeführt werden, da laßt ihr euch ja rühren und von Mitgefühl ergreifen — und hier, wo der Sohn des lebendigen Gottes in der schrecklichsten Martergestalt vor euch steht, noch dazu in einer Martergestalt, die die Liebe zu euch ihn bewogen hat anzunehmen und die euch vor der ewigen Pein bewahren will, da empfindet ihr nicht einmal Mitgefühl? Über eure eignen irdischen Leiden seid ihr leicht zu Thränen zu rühren, wenn man sich dazu hergiebt sie recht weinerlich zu schildern — wie viel Thränen habt ihr denn schon geweint, wenn euch die Leiden enres Heilandes vor die Seele gemalt wurden? O wer noch nicht einmal mit thränendem Auge und schmerzlich bewegtem Herzen vor der Leidensgestalt Christi gestanden hat, wie kann der die Frucht seines Leidens zu schmecken bekommen!

Freilich nicht das ist meine Absicht, nur euer Mitleid mit Jesu rege zu machen. Ihr wißt ja, wie der Heiland selbst zu den weinenden Töchtern Jerusalems gesprochen: „weinet nicht über mich, sondern weinet über euch selbst". Ihr sollt das Leiden Jesu Christi nicht als ein Trauerspiel ansehen, das euch nur zu Thränen rührt und am Ende gar noch eingebildet macht anf eure gefühlvollen Herzen. Dergleichen Rührungen haben wenig Werth, sie vergehen in der Regel ebenso schnell wie sie gekommen sind und lassen alles beim Alten. Ihr sollt Jesum ansehen als das Lamm Gottes, welches eure Sünde trägt, ihr sollt in ihm euch selbst, in seinem Leiden die Strafe für eure Sünde und die Liebe, die euch vom Verderben erlösen will, erblicken und durch diesen Anblick sollt ihr zur Buße, zum Glauben, zur Heiligung euch bewegen lassen. Das ist die rechte Betrachtung des Leidens Jesu.

Ergebet euch also eurem Heilande mit Leib und Seele, und wie er um euretwillen keine Arbeit, keine Leiden, keine Schmach gescheut hat, so dient auch ihr ihm und seid bereit um seines Namens willen zu leiden. In dieser Welt, die eurem Heiland eine Dornenkrone hat auf's Haupt gesetzt, wird man euch nicht auf Rosen betten und keine Lorbeerkränze winden. Aber es ist eine selige Sache, ein klein wenig für den Mann leiden zu dürfen, der so unaussprechlich viel für uns gelitten hat. Die Dornenkrone, die man dem Heilande nachträgt, ist schon hier eine Ehrenkrone und außerdem ist uns ausdrücklich verheißen, daß wir mit Jesu dort zur Herrlichkeit erhoben werden, so wir hier mit ihm leiden.

X.

Noch einmal ins Gewissen.

Joh. 19, 6—11.

„Da ihn die Hohenpriester und die Diener sahen, schrieen sie und sprachen: Kreuzige, kreuzige! Pilatus spricht zu ihnen: Nehmet ihr ihn hin und kreuziget ihn, denn ich finde keine Schuld an ihm. Die Juden antworteten ihm: Wir haben ein Gesetz, und nach dem Gesetz soll er sterben; denn er hat sich selbst zu Gottes Sohn gemacht. Da Pilatus das Wort hörete, fürchtete er sich noch mehr; und ging wieder hinein in das Richthaus und spricht zu Jesu: Von wannen bist du? Aber Jesus gab ihm keine Antwort. Da sprach Pilatus zu ihm: Redest du nicht mit mir? Weißt du nicht, daß ich Macht habe dich zu kreuzigen und Macht habe dich loszugeben? Jesus antwortete: Du hättest keine Macht über mich, wenn sie dir nicht wäre von oben herab gegeben; darum der mich dir überantwortet hat, der hat es größere Sünde."

Vergeblich hatte Pilatus einen Ausweg nach dem andern eingeschlagen, um den unschuldigen Jesus loszubekommen ohne es mit seinen Feinden zu verderben. Nachdem das Volk Barrabam losgebeten, war der gewissenlose Richter sogar soweit gegangen, Jesum zu züchtigen. Zur Hälfte wollte er dem Hasse der Juden, zur Hälfte den Forderungen des Gewissens und der Gerechtigkeit Genüge thun. Aber zwischen Unrecht und Recht wie zwischen Lüge und Wahrheit giebt es keine goldene Mittelstraße. Wer mit Recht und Wahrheit Handel treibt, der öffnet nur dem Unrecht und der Lüge Thür und

Thor. Hat man dem Teufel einmal den kleinen Finger gegeben, so muß man ihm bald auch die ganze Hand lassen. Die Zugeständnisse des Pilatus, weit entfernt die Juden zufrieden zu stellen, reizen sie vielmehr, den Tod Jesu nun erst recht zu verlangen. Als daher Pilatus den Heiland mit der Dornenkrone auf dem Haupte und dem Purpurmantel um den gegeißelten Rücken dem Volk und seinen Hohenpriestern vorführte, da „schrieen sie erst recht und sprachen: kreuzige, kreuzige!"

Die Juden haben ganz richtig gerechnet: nachdem der Landpfleger **halb** nachgegeben, wird er auch bereit sein uns **ganz** den Willen zu thun. Und der feige Richter selbst tröstet sich damit, es sei doch unmöglich solchem Geschrei gegenüber durchzudringen, er habe ja alles gethan, was in seinen Kräften gestanden, und er wisse sich frei von Schuld, wenn die Ungerechtigkeit doch geschehe u. s. w. Nur will er sie nicht **selbst** ausführen, die Juden mögen die Verantwortung auf sich nehmen. Und froh, sein Gewissen mit einer neuen Lüge beruhigen zu können, spricht er: „**nehmet ihr ihn hin und kreuziget ihn, denn ich finde keine Schuld an ihm**".

Diese Aufforderung ist in vollem **Ernste** gemeint. Es ist gewiß verkehrt sie so anzusehen, als ob Pilatus der Ohnmacht der Juden nur habe **spotten** wollen, wie er das am Anfang der Gerichtsverhandlung that, da er sagte: „so nehmet ihr ihn hin und richtet ihn nach eurem Gesetz". Jetzt ist seine Lage eine ganz andre geworden. Ganz ohnmächtig, mit zerbrochenem Steuer und Schwert, steht er jetzt dem aufgeregten Volke gegenüber, dem er Schritt für Schritt durch seine feigen Zugeständnisse das Feld geräumt hat; der Übermuth des Landpflegers ist bedeutend gebrochen und die Lust vergeht ihm seine Dränger auch noch zu höhnen. Nur noch darum geht es jetzt dem eingeschüchterten, geängstigten Richter, wenigstens den Schein zu retten, als habe er nicht ganz und gar ungerecht und wider seine Überzeugung gehandelt. Daher will er zwar **selbst** den Befehl zur Kreuzigung nicht geben, aber er will die Juden machen lassen was sie wollen und ein Auge zudrücken, wenn **sie** die Kreuzigung vollziehen. O du feige, gewissenlose Seele, du meinst also, dich treffe keine Schuld, wenn die Hinrichtung des unschuldigen Jesu durch einen Act tumultuarischer Volksjustiz geschehe? Fürwahr, dieser Pilatus hat ein sauberes Gewissen; er ist zum Wächter der Gerechtigkeit bestellt und will nicht hinsehen, wenn einem unschuldigen Manne himmelschreiendes Unrecht gethan wird, ja er giebt es den Juden deutlich selbst unter den Fuß, wie sie ihren Haß ungestraft befriedigen können!

Leider gleichen auch in diesem Stücke bis auf den heutigen Tag vieler Gewissen dem des Pilatus. Wie viele Pfleger des Gesetzes geben Rath, auf welche Weise das Gesetz am besten ungestraft übertreten werden könne! Wie viele Wächter in Staat, Kirche und Gemeinde drücken beide Augen zu, wenn das offenbarste Unrecht verübt wird, und fühlen nicht, daß das ein Unrecht von ihrer Seite ist! Wie viele für rechtschaffen geachtete Leute geben heimlich deutliche Winke, daß andre den und jenen Betrug u. s. f. ausüben, und wenn die Schlechtigkeit wirklich geschehen, so spielen sie vor wie nach die Tugendhaften! Wie viele lassen geschehen, was ihrer Überzeugung nach sündlich ist, aber sie hindern es nicht, ja sie leisten dem Unrecht in der Stille allerlei Vorschub, weil sie zu feige sind, es mit den Leuten zu verderben, oder zu selbstsüchtig, um den Gewinn aus einer Sünde zu verschmähen. O wisset ihr denn noch nicht, daß vor Gott nicht allein diejenigen schuldig sind, welche die Sünde begehen, sondern auch diejenigen, welche sie im Verborgenen ver= anlassen, und diejenigen, welche sie nicht hindern? Wer die Pflicht und die Macht hat ein Unrecht zu verhindern und er verhindert's doch nicht, den trifft dieselbe Schuld wie den= jenigen, der das Unrecht begangen. Für alle die Sünden, die wir hindern konnten und die ohne Widerstand oder gar mit unserer Bewilligung geschehen sind, wird auch von uns Rechen= schaft gefordert. Nach der göttlichen Moral ist's ja schon Sünde, wenn man weiß Gutes zu thun und thut's nicht, wie viel mehr wird es also Sünde sein, wenn man weiß Böses zu verhindern und verhindert's nicht. Wenn Gott einst anfangen wird mit uns zu rechnen, wie viel tausend Sünden wird er da aufdecken, an denen wir auf diese Weise Schuld mittragen und die uns selbst völlig verborgen geblieben sind! Und doch giebt es so wenig Christen, die mit David beten: „verzeihe mir, HErr, die verborgenen Fehler", aber sehr viele, die mit Kain sprechen: „soll ich meines Bruders Hüter sein?" Es wird zwar mit Gewissenhaftigkeit und Tugend viel geprahlt, aber gerade diese Prahler haben die alleroberflächlichsten sittlichen Begriffe. Wenn sie nur die gröbsten Verbrechen nicht mit eigner Hand begehen, das däucht ihnen schon lobenswerthe Rechtschaffenheit zu sein; davon, daß das Gute unterlassen, das Böse nicht verhindern auch große Sünde sei, davon hat die Moral solcher Leute keine Ahnung.

Aber siehe, die Juden verschmähen es, von der durch Pilatus ihnen gegebenen Erlaubniß: Jesum auf eigne Hand zu kreuzigen, Gebrauch zu machen. Auf den ersten Blick könnte es fast scheinen, als wären sie gewissenhafter wie der Richter. Es kann ja keinem Zweifel unterliegen, daß es unsre Pflicht ist nicht zuzugreifen, wenn uns die Erlaubniß zu irgend einem Unrecht gegeben wird, selbst wo diese Erlaubniß von der Obrigkeit ausgeht. Leider kommen ja solche Fälle vor, welche die Gewissen verwirren können, z. B., wenn das Hazardspiel, die Lotterie, Sonntagsentheiligung und dergleichen öffentlich erlaubt wird. Aber nicht blos wenn Vater oder Mutter sondern auch wenn die Obrigkeit in Staat oder Kirche etwas erlaubt, was unser Gewissen und Gottes Wort als Sünde bezeichnet, so dürfen wir es nimmermehr thun, und wer es doch thut, weil's ihm gerade gelegen ist, der kann sich nicht damit entschuldigen, daß er ja von oben her Erlaubniß dazu gehabt. So sehr wir uns zu hüten haben vor allem unehrerbietigen Urtheilen über die Maßregeln, die die Obrigkeit ergreift, so dürfen, ja so müssen wir doch diese Maßregeln an dem Gesetze Gottes messen, und wo das Gesetz Gottes wider sie ist, da haben wir uns mehr nach dem Worte Gottes als nach dem der Menschen zu richten.

Schwerlich indeß haben die Juden solche zarte Gewissen gehabt. Sie lassen den Wink des Landpflegers nicht deshalb unbeachtet, weil sie kein Recht hatten Jesum auf eigne Hand zu kreuzigen, sondern weil sie zu klug sind. Sie kennen diesen Pilatus wol und fürchten, daß er ihnen nur eine Falle stelle.

Augenblicklich ist allerdings der Landpfleger in großer Bedräng=
niß, aus Noth giebt er den Juden die Erlaubniß zu einer un=
gesetzlichen Hinrichtung Jesu — aber wer weiß, ob er nicht
nachher sagt: „ihr habt mich falsch verstanden, ich habe die
Sache ganz anders gemeint" und dann die Mörder Jesu straft,
wenn er erst wieder mehr Luft bekommen hat? Wer weiß, ob
sich Pilatus nicht absichtlich so zweideutig ausdrückt, um sich
auf jeden Fall den Rücken zu decken? Es ist ja eine be=
kannte Sache, daß besonders vornehme aber auch nicht vornehme
Leute, nachdem sie andre erst zur Sünde veranlaßt, ihre Urheber=
schaft oder Mitwirkung hinterher leugnen, wenn sie von den
Folgen der Sünde zu leiden haben oder sie sich vor der öffent=
lichen Meinung u. s. w. weißbrennen wollen.*)

Um ihrerseits gesichert zu sein, verlangen also die Juden,
daß Pilatus den Befehl zur Kreuzigung selbst gebe. Wie hat
sich das Blatt gedreht! Zu Anfange der Verhandlungen wären
sie froh gewesen, wenn der Landpfleger ihnen eine ungesetzliche
Kreuzigung gestattet hätte. Damals antworteten sie: „wir dürfen
— leider — niemand tödten, so gern wir es auch wollten".
Jetzt heißt es: „wir wollen Jesum nicht tödten, obgleich wir
es nun dürfen". Woher diese Wandelung? Die Feigheit des
Pilatus, die ein Zugeständniß über das andre machte, hat sie
bewirkt. Weil der Landpfleger den Anklägern Jesu so unent=
schieden entgegentrat, hat er sie ermuthigt ihn zu tyrannisiren
und zu ihrem Bedienten zu machen. Am Ende ist das das
Loos aller, welche ungerechtem Begehren nicht gleich anfänglich
fest entgegentreten, sondern den Leidenschaften schmeicheln und
nachgeben; man tanzt ihnen (mit dem vulgären Ausdruck zu
reden) zuletzt auf der Nase herum, und sie müssen alles thun,
was man von ihnen verlangt. Wie manche Obrigkeiten müssen
sich von ihren Unterthanen, wie manche Herrschaften von ihrem
Gesinde, wie manche Eltern von ihren Kindern aufs empörendste

---

*) Eine solche Handlungsweise giebt Schiller z. B. der Königin
Elisabeth schuld, die sich ganz unwissend und ungeberdig stellt, als sie
Kenntniß erhält von der Hinrichtung der Maria Stuart, zu welcher sie in
zweideutigen Worten vorher den unzweideutigsten Befehl gegeben.

tyrannisiren lassen; weil sie zu schwach gewesen sind, ungerechte
Anmaßungen gebührend zurückzuweisen, da es noch Zeit war.

Die Juden wissen wol, daß Pilatus ihnen jetzt zu Willen
sein muß. Er hat einmal A gesagt, so muß er auch B sagen
und so fort, bis er das Z ausgesprochen hat. Vorher hat der
Landpfleger die Juden gehöhnt, jetzt höhnen die Juden den
Landpfleger. „Wir könnten Jesum ja ohne weiteres tödten,
sagen sie, nicht blos weil du's uns verstohlen gestatten willst,
nein, wir haben ein Gesetz und nach dem Gesetze muß
er sterben, denn er hat sich selbst zu Gottes Sohn
gemacht; — aber wir wollen nun, daß du das Urtheil
sprichst." Die immer wiederholte Unschuldigkeitserklärung von
Seiten des Pilatus wird den Juden nun auch lästig; daher
rücken sie endlich mit der Anklage heraus, auf Grund deren
Jesus bereits von ihrem Hohenrathe zum Tode verurtheilt
worden war. Wären sie gleich anfangs damit gekommen, so hätte
sie der römische Landpfleger ohne weiteres abgewiesen, da er sich
mit jüdischen Religionssachen weder befassen sollte noch wollte —
jetzt aber ist es den Juden ein wahrer Triumph, den römischen
Richter zu nöthigen, wegen eines Vergehens gegen die von ihm
sonst verachteten jüdischen Gesetze ein Todesurtheil zu fällen.

Durch göttliche Leitung muß auf diese Weise die Sünde
der Menschen selbst offenbar machen, warum eigentlich Jesus
stirbt. Das Gesetz verlangt seinen Tod. Gott hat ihn ja
für uns zur Sünde gemacht und das Gesetz verdammt die
Sünde. So leidet denn Jesus Christus den Tod, den das
Gesetz verlangt, damit er den Fluch des Gesetzes tilge. Und
zwar kann er diesen Fluch wirklich tilgen, weil er Gottes Sohn
ist. Er leidet ja nicht als ob er selbst ein Sünder wäre, sondern,
wie seine Ankläger ausdrücklich sagen, weil er sich Gottes
Sohn genannt hat. Die Gottheit Jesu war den Juden
also der Stein des Ärgernisses und die Hauptursache ihres Hasses.
Wunderbar! Gerade wegen der Gottessohnschaft verlangen
die Menschen den Tod Jesu, die ihn doch allein befähigt, uns
verlorne Sünder von dem Fluch des Gesetzes zu erlösen!
Denket dem weiter nach; das ist auch ein Stück von dem Ge=

heimniß unsrer Erlösung, in das wir hier nur schauen als durch einen Spiegel in einem dunkeln Worte. — Das ist's im Grunde ja auch jetzt noch, weshalb der HErr Jesus so heftig angegriffen wird: weil er sich für den Sohn des lebendigen Gottes erklärt, der von Ewigkeit her bei dem Vater gewesen. Wäre er das freilich nicht wirklich und wesentlich, hätten dann die Juden nicht Recht gehabt, da sie ihn kreuzigten? Wenn aber alle Welt die Kreuzigung Jesu das verabscheuungswürdigste Verbrechen nennt, wie ist's eigentlich möglich, daß sie dann doch seine Gottheit noch angreift?

Wie vorher die Erwartung des Pilatus so wird jetzt die der Juden getäuscht. Der Landpfleger spricht nicht sofort das Todesurtheil, sondern da er das Wort „Sohn Gottes" hörte, „fürchtete er sich noch mehr". Bei einer andern Gelegenheit würde er hierüber die Achseln gezuckt und vornehm gelächelt haben, aber in seiner jetzigen Seelenangst und Gewissensnoth macht die Rede der Juden einen tiefen Eindruck auf ihn und steigert seine geheime Furcht. „Er fürchtete sich noch mehr", schreibt der Evangelist; dieses „noch mehr" ist auch eins jener Wörtlein, an denen man die Feder des heiligen Geistes erkennt. Kein Mensch hatte gemerkt, daß sich Pilatus innerlich fürchtete; man sah ihm ja keine Gewissensangst an und hörte ihn eben nicht sonderlich klagen; aber so ruhig er sich äußerlich stellte und den Schein annahm, als werde er innerlich von dieser Angelegenheit nicht im mindesten berührt — sein Gemüth befand sich doch in der gewaltigsten Unruhe, und eine Seelenangst drückte ihn, wie er sie bisher noch gar nicht gekannt. Durch das Wörtlein „noch mehr" zieht der Evangelist nur den Schleier weg, mit welchem der Landpfleger seine geheime Angst bisher künstlich verborgen hatte. Man sieht es manchem Sünder, manchem Ungläubigen nicht an, welche Angst ihn innerlich quält. Aber so sehr er sich auch vor der Welt verstellt, damit sie das in seiner Brust brennende Feuer nicht entdecke, da ist dieses Feuer doch, obgleich es manchmal nur unter der Asche glimmen mag. Der Wurm kann wol schlafen aber nicht sterben und es kommen Stunden, wo auch der gleichgiltigste

Mensch, ja der verhärtetste Sünder die Posaune des Gerichts hört und innerlich zusammenfährt, wo die unter der Asche glimmende Flamme mit Gewalt ausbricht, wo das Geschrei des Gewissens so überhandnimmt, daß es nicht möglich ist ihm den Mund zu stopfen. Dann bricht eine Angst aus, die dem Menschen die Welt zu enge macht, eine Angst, die nicht durch das Getümmel der Welt, nicht durch Pfeifen und Saitenspiel, nicht durch Vernunftgründe des Unglaubens zu beseitigen ist. Eine solche Angst überwältigte jetzt den Pilatus. Es geht dem aufgeklärten Weltmanne wie es so manchem ungläubigen Spötter heutzutage auch noch geht: ein einziges Wort weckt oft den innerlichen Richter auf und pocht mit solcher Gewalt an's Herz, daß es vor Schrecken entsetzt zusammenfährt und auch dem Ungläubigsten das Lachen und Spotten vergeht. So lange das Gewissen geschlafen, hat er über die Bibel gelächelt und sie als ein Mährchenbuch für Kinder betrachtet; auf einmal fällt eins ihrer Worte, eine ihrer Geschichten ihm auf die Seele und nun fürchtet er sich als sehe er ein Gespenst. So sehr die Ungläubigen sich auch stellen, als wären sie fest von der Wahrheit ihres Unglaubens überzeugt, so werden sie doch die Angst nicht los, am Ende könnte der Unglaube vielleicht doch Unrecht haben, und ist es wirklich wahr, was die Schrift sagt — entsetzlich! dann, ja dann sind sie verlorne Leute! Wäre der Mann, der mit vornehmer Verachtung ausgerufen: „was ist Wahrheit!" wäre er wirklich fest davon überzeugt, es giebt keine Wahrheit, giebt keine himmlische Welt, giebt keinen lebendigen Gott, warum hätte er sich denn gefürchtet, da er hörte, daß Jesus Gottes Sohn sei? Aber so entsetzlich dem Menschen diese Angst, sie ist eine Gnade von Gott, eine Weckstimme von oben, eine Hand, dem Sünder gereicht, ihn von der ewigen Angst zu erretten. Ergreift der Sünder diese Hand und bekehrt sich von seinem bösen Wege, so wird ihm die Angststunde zu einer Segensstunde, ja sie kann seine Geburtsstunde werden für das ewige Leben. Hört er aber nicht auf den Weckruf, sondern verstockt sein Herz, so wird es mit ihm ärger als vorher und die Angststunde ist nur ein Vorschmack jener ewigen Pein, welche den unbußfertigen und ungläubigen Sünder erwartet am Orte der Verdammten.

Was für seltsame, abergläubische Vorstellungen mag das Wort „Sohn Gottes" in der Seele des Pilatus hervorrufen! Zwar längst meinte er hinaus zu sein über die Fabeln des Heidenthums, die von Göttersöhnen wunderliche Geschichten erzählten, aber das ist der Fluch des Unglaubens, daß er zum Aberglauben zurückführt, weil er den Glauben verachtet. Es wird wol auch heute gelacht über den Aberglauben der alten Zeit — aber wie viel Aberglaube findet sich gerade bei denen, die den wahren Glauben bespötteln! Es wohnt nun einmal in der Menschenbrust ein unaustilgbares Ahnen einer übersinnlichen Welt und ein geheimer Zug, hinter den Schleier zu blicken, der sie unsern Augen verbirgt. Wer nun das Licht verschmäht, welches der lebendige Gott über die Geheimnisse der übersinnlichen Welt giebt, der folgt gewöhnlich Irrlichtern, und wer die himmlischen Offenbarungen für Mährchen erklärt, der fürchtet sich oft vor Gespenstern. Während man die Wunder der heiligen Schrift, z. B. die Heilungen Christi, für unmöglich, für unvereinbar mit den Naturgesetzen hält, läuft man zu Schäfern und Scharfrichtern und glaubt steif und fest an Sympathie, Besprechungen und allerlei Zauberkuren. Die Weissagungen der Propheten, die geredet haben, getrieben von dem heiligen Geiste, die werden mit spöttischem Lächeln aufgenommen, aber was die Kartenlegerinnen, was die tanzenden Tische, was allerlei Vorzeichen und Ahnungen prophezeien, das gilt vielen derselben Leute als ein Evangelium. Wo geht die Geisterklopferei im Schwange, bei denen, die an Gottes Offenbarungen glauben, oder bei denen, die nicht an sie glauben? Mit welcher Begierde werden die Bücher gelesen, welche Aufschlüsse über die Geisterwelt, über die Zukunft, über Heilungen durch Sympathie und dergleichen Dinge zu geben verheißen, und die Bibel liegt bestaubt im Winkel. Wie ängstlich gehorcht man den Satzungen des Aberglaubens, und die heiligen Gebote des heiligen Gottes zu übertreten macht man sich keine Bedenken. Wie viele aufgeklärte Leute, die den Tag des HErrn fortwährend entheiligen, treten

den Freitag keine Reise an, wie viele, die ruhig bei den Spöttern
sitzen, gerathen in die größte Angst, wenn sie bemerken, daß
sie sich in einer Gesellschaft von dreizehn Personen befinden
u. s. w. u. s. w. Und das ist der Fluch des Aberglaubens,
daß er den Menschen furchtsam macht, während das der
Segen des Glaubens ist, daß er den Menschen fröhlich macht.
Es geht ganz natürlich zu, daß der Unglaube die Macht nicht
hat den Aberglauben auszutreiben. Den lebendigen Gott, sein
Licht, seine Liebe, seinen Frieden kann der Unglaube dem Herzen
rauben, aber das Bedürfniß nach dem allem kann er ihm
ebenso wenig nehmen wie es befriedigen. Der Mensch sucht
also auf einem andern Wege mit der übersinnlichen Welt in
Verbindung zu treten. Daher die Erscheinung, daß gerade in
den Zeiten, wo der Unglaube das Regiment führt, auch der
Aberglaube weit verbreitet ist, und daß die erklärtesten Ungläubigen meist dem lächerlichsten Aberglauben huldigen*). Der Aberglaube kann allein vertrieben werden durch den Glauben, denn
die Abgötter werden nur gestürzt durch den lebendigen Gott**).
Wer sich der Leitung dieses Gottes mit kindlichem Vertrauen
überläßt, sein Wort zu seines Fußes Leuchte macht und im
lebendigen Glauben den Frieden für seine Seele findet, der ist
dadurch befreit von jedem abergläubischen Wahn, so daß er
weder Hilfe noch Aufschlüsse sucht auf geheimen Wegen, die Gott
nicht geordnet hat, noch sich fürchtet, wenn ihm etwas Unerklär-
liches in seinem Leben begegnet. So entschieden es nun aber
auch betont werden muß, daß der Aberglaube nur eine fratzen-
artige Karrikatur des Glaubens ist — er kann unter der

---

*) Z. B. vor, während und nach der französischen Revolution, diesem
Höhepunkte des frivolsten Unglaubens, hatten die Wahrsager und Geister-
beschwörer, die sich wie die Adler um das Aas sammelten, einen ganz gewaltigen Zulauf.

**) Es ist auch ein beachtenswerthes Zeichen der Zeit, wenn eine große
Versammlung zur Beseitigung des Aberglaubens kein andres Mittel zu
empfehlen weiß als — das Studium der Naturgeschichte. Als ob es nicht
offenbar und am Tage wäre, daß viele naturgeschichtlich gebildete, selbst
durchgebildete Leute im tiefen Aberglauben stecken! Oder heißt das etwa
frei sein vom Aberglauben, wenn man ohne Glauben ist?

gnädigen Hand Gottes dennoch ein Führer werden aus der Wüste des Unglaubens in das gelobte Land des Glaubens, denn er ist ein Ruf an das Gewissen, die Irrlichter zu verlassen und dem wahrhaftigen Lichte zu folgen. Es giebt eine übersinnliche Welt und Geheimnisse zwischen Himmel und Erde, die sich nicht berechnen lassen wie das Einmaleins, und die nicht passen wollen in die Schablone der vergötterten Naturgesetze; das predigt auch der Aberglaube. Aber, du Mensch, der du das Überirdische ahnst, nimm dir nun doch einen zuverlässigen Führer und verlasse die falschen Propheten, die dich in Sümpfe führen! Und wer kann dich zuverlässiger führen als die Offenbarung des lebendigen Gottes, der, nachdem er vor Zeiten manchmal und auf mancherlei Weise geredet hat durch die Propheten, am letzten und deutlichsten zu uns geredet hat durch den Sohn, der ja selbst vom Himmel herniedergekommen und wieder aufgefahren ist gen Himmel? O Pilatus, hättest du die Stimme des Gewissens verstanden, als der Name „Sohn Gottes" dich so furchtsam machte — wahrlich; noch jetzt hätte dir können geholfen werden!

Und fast scheint es als hätten abergläubische Réminiscenzen den Landpfleger aus den Banden seines Unglaubens retten wollen, denn er „geht mit Jesu hinein in das Richthaus und fragt ihn: von wannen bist du?" Es ist klar, daß Pilatus diese Frage nicht thut um Jesu irdische Heimath zu erfahren, denn diese wußte er bereits, er will vielmehr wissen, ob Jesus wirklich eine andre als blos irdische Heimath habe, ob er aus der himmlischen Welt stamme, wirklich der Sohn Gottes sei.

Doch Jesus schweigt. Wir müssen auch bei diesem Schweigen etwas stehen bleiben, denn es ist wieder eine höchst inhaltsreiche, bedeutungsschwere Predigt. Zum fünften Male verweigert an diesem Tage Jesus die Antwort, aber dieses fünfte Schweigen scheint am schwersten zu verstehen. Jetzt, wo es uns bedünkt, als liege es dem Pilatus ernstlich daran über die Person Jesu ins Klare zu kommen, ja wo es uns als wahrscheinlich vorkommt, er habe durch ein deutliches Zeugniß noch gewonnen werden können, jetzt giebt ihm Jesus keine Antwort! Warum thut er das? O das Schweigen Jesu ist auch eine Antwort, und eigentlich **mehr als eine Antwort**. Zunächst steht soviel fest, wäre Jesus nicht Gottes Sohn, dann forderte nicht nur die Pflicht der Wahrhaftigkeit sondern auch die Klugheit, daß er mit **nein** antwortete. Stellte er seine göttliche Abkunft in Abrede, so wäre er ja wahrscheinlich freigekommen. Durch sein Schweigen bejaht also der Heiland die neue Anklage der Juden und erklärt, daß er wirklich Gottes Sohn sei. So viel mußte sich auch Pilatus zusammenreimen können. Aber das Schweigen Jesu sagte noch mehr. Der Heiland handelt jetzt dem Pilatus gegenüber nach demselben Grundsatze, wie er ihn lange dem Volke gegenüber befolgt hat, indem er nur durch **Gleichnisse** zu ihm sprach. „Euch — sagt er zu seinen **Jüngern** — euch ist es gegeben, daß ihr das Geheimniß des Himmelreichs vernehmet, **diesen** aber — nämlich dem religiös=gleichgiltigen Volke — ist es nicht gegeben. **Denn wer da hat, dem wird gegeben, daß er die Fülle habe; wer aber nicht hat, von dem wird auch genommen, was er hat. Darum rede ich zu ihnen durch Gleichnisse, denn mit sehenden Augen sehen sie nicht und mit hörenden Ohren hören sie nicht, denn sie verstehen es nicht."** Nach demselben Grundsatze redet **Jesus zu Pilatus durch Schweigen**, denn er war einer eigentlichen Antwort Jesu weder **werth**, noch **fähig** sie zu verstehen, noch **heilsbegierig** sie in sein Herz aufzunehmen.

Pilatus hat dem Könige der Wahrheit den Rücken gekehrt, als dieser ihm die Wahrheit zeugen wollte; das ist nun das göttliche **Gericht**, daß der Mund Jesu verstummt, da Pilatus ein Zeugniß begehrt. Wer die göttliche Wahrheit nicht hört, wenn sie reden will, dem antwortet sie mit Schweigen, wenn er vielleicht auf den Knieen ein Wörtlein von ihr erbettelt. Verschmähst du die göttliche Liebe, wenn sie um deine Seele wirbt, so verhüllt sie dir zuerst ihr Angesicht, und zuletzt werden ihre „Sonnenblicke Wetterstrahlen auf dein schuldiges Haupt". Irre dich nicht, Gott läßt seine Majestät nicht unbestraft beleidigen. Jedem Menschen kommen Stunden, wo Gott mit seiner Gnade vor dem Herzen steht und anklopft; wehe dem Menschen, der ihm dann die Thüre verschließt. Wo Gottes Gnadenheim=

ſuchungen verachtet werden, da folgen ſeine Gerichtsheimſuchungen. Und das iſt der Anfang des Gerichts, daß Gott zu einem Menſchen nicht mehr redet. Pilatus hatte eine Gnadenheim=ſuchung der reichſten Art erlebt. Der Sohn Gottes ſtand ihm leibhaftig gegenüber und hatte mehrere Male verſucht ſeine Seele herumzuholen vom Verderben und ſie zu erleuchten mit dem Lichte der Lebendigen, Pilatus aber hatte ſein Herz verſchloſſen. Dadurch hat er ſich **unfähig** gemacht eine Antwort Jeſu auf die letztgeſtellte Frage zu verſtehen. Das iſt der Fluch der Gleichgiltigkeit und des Unglaubens, daß der zuletzt das Wort Gottes nicht mehr verſtehen **kann**, der es anfänglich nicht ver=ſtehen **will**. Je öfter du dein Herz verſchließeſt, wenn Gott zu dir redet, deſto verſtockter wird dein Herz und ſchwerhöriger dein Ohr, bis du zuletzt ganz und gar taub wirſt. Es iſt eine bekannte Erfahrung, daß z. B. Leute, welche ſich lange an ein träges Leben gewöhnt haben, am Ende wirklich keine Kraft mehr haben zur Arbeit. Sie können ſich nicht mehr zuſammenraffen, wenn ſie's auch wollen, ſie haben die **Fähigkeit** zur Arbeit **verloren**. So verliert man auch die Fähigkeit das Wort Gottes zu verſtehen, wenn man ſich gewöhnt gleichgiltig, kalt, ſtumpf, ungläubig es anzuhören und dem, was man gehört hat, weder nachzuſinnen noch nachzuleben. Ein Magnet, an den man ein Stückchen Eiſen nach dem andern hängt, wird immer ſtärker; hängſt du aber nichts daran, ſo verliert er nach und nach ſeine Tragkraft. — Pilatus hatte auch gar nicht aus **Heilsbegierde** gefragt. Der Heiland merkte ſofort, daß ſein Richter ihn nicht fragte um gläubig zu werden, ſondern vielmehr um ungläubig zu bleiben. Um die unheimliche, innere Angſt los zu werden, wünſcht natürlich der Landpfleger, Jeſus möge erwidern: „ich bin ein gewöhnlicher Menſch wie du und alle andern Erdenſöhne; ich bin nicht vom Himmel, du brauchſt dir keine Angſt zu machen" und dergleichen. Wer ſich aber nur deshalb mit Jeſu und ſeinem Worte beſchäftigt, um ſich in ſeiner Unbuß=fertigkeit und ſeinem Unglauben zu beſtärken und das Gewiſſen wie=der einzuſchläfern, das die Hand Gottes erſt aufgerüttelt hat, der kann ſicher darauf rechnen, daß der lebendige Gott ihm ſchweigt.

Jesu Schweigen ist also eine Bußpredigt für Pilatus. Das hat der Landpfleger auch richtig herausgefühlt, aber statt in sich zu gehen, machte er's wie die meisten Menschen, wenn ihnen Buße gepredigt wird: er that verletzt und beleidigt und nahm dem HErrn sein Schweigen arg übel. „Redest du nicht mit mir?" herrscht der Richter den Angeklagten an. Vor den Kriegsknechten, vor den Hohenpriestern, selbst vor Herodes magst du schweigen, aber daß du auch dem Landpfleger keine Antwort giebst, welch ein Mangel an Respect ist das! Ach, der Heiland weiß recht gut, wen er vor sich hat, er hat wahrlich den schuldigen Respect nicht verletzt, sondern Ehre gegeben dem Ehre gebührte, aber wenn die vornehmen Sünder verlangen, daß der Heiland gegen sie besondere Rücksichten nimmt, da werden sie freilich arg getäuscht. Auch Könige und Landpfleger müssen sich die Zucht des göttlichen Wortes gefallen lassen, wenn ihre Sünden Strafe verdienen und sie wollen, daß ihre Seelen gerettet werden. Wer die schwere Pflicht hat, an den Gewaltigen der Erde mit dem göttlichen Worte Zucht zu üben, der darf sich von dieser Pflicht nicht abhalten lassen, wenn auch Feiglinge und Schmeichler ihm den Vorwurf machen, daß er die Ehrfurcht verletze. Wer will es wagen, einen Nathan, der den König David, oder einen Johannes, der den König Herodes strafte, der Verletzung der schuldigen Ehrfurcht anzuklagen? Und wenn Pilatus in dem Schweigen Jesu einen Mangel an Respect sieht, was bezeugt er damit anders als die allgemeine Erfahrung, welche ernste Bußprediger bei tausend vornehmen und nichtvornehmen Sündern noch täglich machen, daß sie nicht wollen Buße thun und gegen die Zeugen der Wahrheit verbittert werden, weil die Wahrheit ihnen unangenehm ist? Verlangt denn etwa dieser Pilatus, daß der HErr Jesus auch noch die Hand küssen soll, die ihn gegeißelt hat und im Begriff ist, ihn auch kreuzigen zu lassen? Dagegen empört sich das Ehrgefühl dieser Leute nicht, den Heiland in seinem Worte und seinen Dienern aufs gemeinste zu behandeln und allerlei Sünden und Schanden zu begehen; aber wenn sie darüber gezüchtigt werden, sei's auch wie hier mit der zartesten Zucht, so fühlen sie sich ungeheuer an ihrer Ehre beleidigt.

O wie groß steht der angeklagte Jesus da, daß er statt ängstlich um die Gunst seines Richters zu buhlen ihn durch Schweigen straft, wenn dieses Schweigen ihm auch den Tod bringen sollte! Und welch niedrigen, gemeinen Sinn offenbart Pilatus, indem er auf das Schweigen Jesu im Gefühl seiner Würde und Macht mit der unverkennbaren Drohung antwortet: „Redest du nicht mit mir? weißt du nicht, daß ich Macht habe dich zu kreuzigen und Macht habe dich loszulassen?" Pfui wie gemein ist das, damit zu drohen, daß man Macht habe sich zu rächen für ein muthiges Zeugniß der Wahrheit oder eine verdiente Züchtigung, durch die man sich beleidigt fühlt. Mit dieser unedlen Äußerung stellt sich ja Pilatus selbst an den Pranger. Und neben ihm müssen alle diejenigen stehen, welche sich an denen zu rächen suchen, die ihnen die Wahrheit sagen und sie zur Buße ermahnen; alle, welche lebendige Frömmigkeit mit roher Gewalt bedrohen, besonders hochgestellte Leute, die ihren Einfluß mißbrauchen um den Gläubigen Schaden zu thun, z. B. gewissenlose Vorgesetzte, die ihre Untergebenen tyrannisiren, weil sie's ernst mit ihrem Christenthume nehmen und sich an Ungerechtigkeiten nicht betheiligen, oder Arbeitgeber, die den Arbeitern das Brod entziehen, wenn sie den Sonntag heiligen u. s. w.

Auf seine Macht pocht Pilatus, um den gefangenen Jesus seine Überlegenheit fühlen zu lassen. Abgesehen davon, wie kleinlich und erbärmlich das ist auf seine Macht zu pochen, wenn man sich einer ganz überlegenen Geistesgröße gegenüber tief gedemüthigt fühlt — kam es denn auf die Macht und nicht vielmehr auf das Recht an, ob Jesus losgelassen oder gekreuzigt werden sollte? Ist die Macht eines gewissenhaften Richters nicht gebunden und beschränkt durch das Recht? War Jesus unschuldig, hatte dann Pilatus wirklich Macht ihn zu kreuzigen, und war er schuldig, Macht ihn loszulassen? Aber Pilatus ist ein gewissenloser Richter, der seine Macht der Willkür und nicht der Gerechtigkeit zu Diensten stellt, und leider hat er viele Genossen unter denen, die sich über unsern HErrn Jesum Christum, sein Wort und seine Diener zu Richtern setzen.

Dem Volke gegenüber ist der Landpfleger so feig als ob er gar keine Macht hätte und erniedrigt sich zu einem willenlosen Werkzeuge seiner Launen, und dem wehrlosen Jesus gegenüber prahlt „die feige Memme" mit ihrer Gewalt. Aber aus deinen Worten sollst du gerichtet werden. Du sprichst dir ja selbst das Verdammungsurtheil, Pilatus, da du Jesum doch nicht losläffest, obgleich du bekennst die Macht dazu zu haben und auch ausdrücklich erklärst keine Schuld an ihm zu finden.

Wenn sich nun etwa der Landpfleger eingebildet hat, den angeklagten Jesus durch seine Drohung einzuschüchtern, so soll er von diesem Irrthum bald zurückkommen. Jetzt hätte Schweigen von Seiten des Heilandes wie Ängstlichkeit ausgesehen, er antwortet daher; aber nicht um sich zu vertheidigen oder gar zu entschuldigen, auch nicht — was unser einem etwa sehr nahe gelegen — um der Ohnmacht des zum Spielball des großen Haufens gewordenen Richters zu spotten oder mit seiner eignen göttlichen Macht ihm zu imponiren, sondern um seinem Richter nochmals ins Gewissen zu reden, indem er ihn hinweist auf den alleroberften Richter, von dem Pilatus seine Macht erst empfangen und dem er Rechenschaft ablegen muß, welchen Gebrauch er von ihr gemacht hat. „Groß wie ein König, den seine Unterthanen vor ihr Gericht stellen" antwortet Jesus: „Du hätteſt keine Macht über mich, wenn sie dir nicht wäre von Oben herab gegeben, — darum der mich dir überantwortet hat, der hat es größere Sünde." Das ist das letzte Wort, welches der Heiland an seinen Richter gerichtet hat; versuchen wir nach verschiedenen Seiten hin den Reichthum seines Inhaltes auseinanderzulegen.

Daß Pilatus sich wirklich im Besitze der von ihm in Anspruch genommenen Macht befinde, stellt Jesus nicht in Abrede; aber um den mit seiner Macht prahlenden Mann zu bemüthigen und den willkürlich mit ihr schaltenden Richter zur Gewissenhaftigkeit zu ermahnen, erinnert er ihn an den Ursprung dieser Macht. „Du hätteſt keine Macht über mich, wenn sie dir nicht wäre von Oben herab gegeben." Besonders Leute, welche durch ihre Macht, ihren Reichthum, ihre geistigen Fähigkeiten

etwas in der Welt vermögen, kommen leicht in Gefahr auf
diese Dinge sich etwas zu gute zu thun, sich zu rühmen, als
ob sie dieselben nicht empfangen hätten, und zu vergessen, daß
sie ihnen **gegeben sind von Oben**. Sowol um sie in der
Demuth zu erhalten als vor einem willkürlichen, gewissenlosen
Gebrauche der ihnen anvertrauten Güter zu bewahren, müssen
sie also immer wieder daran erinnert werden, daß sie alles
empfangen haben, was sie besitzen, und nur Verwalter, **Haus=
halter** darüber sind. Es ist ein ernstes, gefährliches Ding
um irdische Macht (um bei dieser einen Gabe Gottes stehen zu
bleiben); wer das erkennt, der wird nicht darauf trotzen, wenn
er sie hat, und nicht danach verlangen, wenn er sie nicht hat.
**Wem viel gegeben ist, von dem wird ja auch viel ge=
fordert**, und wie für die an Geld und Gut und Weisheit
und Tugend Reichen so ist es gewiß auch für die an Macht
Reichen schwer ins Himmelreich zu kommen.

Aber der Heiland legt den Hauptaccent auf das: „**von
Oben**" gegeben. Selbstverständlich will er damit **mehr** sagen,
als daß Pilatus seine Macht vom römischen Kaiser erhalten
habe. Eine solche Bemerkung in solcher Lage dem Pilatus
gegenüber aus Christi Munde wäre nicht nur überflüssig und
gehaltlos, sondern geradezu abgeschmackt. Nicht in Rom als dem
Sitze der Weltmacht, sondern in der himmlischen Welt bei
seinem himmlischen Vater verweilt jetzt der Sohn Gottes mit
seinen Gedanken und über diese Erde hinaus, auch den Sinn
des Pilatus zu richten ist ja sein Bemühen. Wie Jacobus an
den „**Vater des Lichts**" denkt, wenn er schreibt: „alle gute
Gabe und alle vollkommene Gabe kommt **von Oben herab**",
so kann auch der HErr Jesus unter dem „**von Oben**" nur den
lebendigen Gott meinen. Weil er aber einem Heiden gegen=
übersteht, noch dazu einem religiös=unempfänglichen und stumpf=
sinnigen Heiden, der wahrscheinlich wieder mit Achselzucken und ver=
ächtlichem Spott geantwortet hätte, so vermeidet es der Heiland
den Namen Gottes ausdrücklich zu nennen und begnügt sich damit
an das unklare Ahnen in der Brust seines Richters anzuknüpfen.

Die Macht, welche Pilatus besitzt, ist ihm **von Gott** ge=

geben — im zweifachen Sinne versteht diesen Ausspruch der Heiland: einmal in dem **allgemeinen** Sinne, daß die Macht des Pilatus **überhaupt** von Gott stamme, dann in dem **speciellen** Sinne, daß die Überantwortung Jesu in die Hände des römischen Richters in Folge einer **besondern göttlichen Veranstaltung** geschehen sei.

Verweilen wir einen Augenblick bei dem ersten allgemeinen Sinne. In derselben Stunde, in welcher Jesus Christus das himmelschreiendste Unrecht von der Obrigkeit erfährt, sanctionirt er feierlich ihre Macht als eine von Gott gegebene, ehrt ihr Amt als ein von Gott eingesetztes und giebt ihr damit die erhabenste Stellung und die gewichtigste Autorität. Was St. Paulus Römer am dreizehnten über das göttliche Recht der vorhandenen Obrigkeit lehrt, ist im Grunde nur eine weitere Ausführung des vor Pilatus gethanen Ausspruches Christi (und seiner Antwort an die Pharisäer Matth. 22, 21). Für alle Zeiten müssen Jesu Jünger an diesem Grundsatze ihres HErrn als ihrem **politischen Programm** unerschütterlich festhalten. Noch niemals fast ist der Zeitgeist so energisch dagegen Sturm gelaufen als in unsern Tagen. Nicht mehr von **Oben**, sondern von **Unten** soll ja die Macht herkommen, nicht mehr von **Gottes-** sondern von **Volkes-Gnaden** das Königthum und alle Obrigkeit sein, nicht mehr auf göttlichem Grunde sondern auf der **Mehrzahl der Stimmen** Recht und Ordnung ruhen u. s. w. Gegen diese Verkehrung der göttlichen Wahrheit müssen alle Christenleute, denen das Wort ihres Heilandes noch etwas gilt, Front machen, wenn sie's auch mit dem Zeitgeiste verderben. Die Personen der Regierenden mögen wechseln, Verfassungen mögen sich ändern, aber was der Heiland zu den Pharisäern und zu Pilatus gesagt und was sein Apostel an die Römer geschrieben, das ist ein **unveränderliches politisches Princip**. Es ist nicht eine politische Parteifrage, ob wir es annehmen wollen oder nicht, wir müssen es annehmen, denn es ist Glaubenssache und eine Forderung der christlichen Moral. Die Träger des obrigkeitlichen Amts können gewissenlose, ja verworfene Menschen sein, die die ihnen gegebene

Macht mißbrauchen — Gott straft und züchtigt die Unterthanen oft
auf diese Weise —, wir müssen doch dabei bleiben, daß ihr Amt, ihre
Gewalt göttlichen Ursprungs ist, wie das ja der Heiland einem
Pilatus, der Apostel Paulus sogar einem Nero zugesteht.
Welche Regierungsform für die beste zu halten, darüber mag
Streit sein; ja es können in einem und demselben Staate von
einander abweichende Überzeugungen und Sympathien verschiedene
politische Parteien bilden; aber das muß ein Glaubensartikel für
alle Christen sein, daß jede mit der öffentlichen Gewalt be=
kleidete Regierung eine göttliche Ordnung ist, sie mögen auf
einer Partei stehen auf welcher sie wollen; ja selbst wenn
gläubige Christen in die traurige Lage kommen, Gegner der
Regierung zu sein, davon dürfen sie nie und nie lassen: ihre
Gewalt ist ihr von Gott gegeben. Beherzigenswerth ist die
leider vielfach unbeachtet gelassene Warnung: das Christenthum
nicht mit der Politik zu vermengen und sich zu hüten, specielle
politische Tagesfragen auf Grund bestimmter biblischer An=
weisungen erledigen zu wollen — denn specielle Politik
treibt die Bibel nicht —, aber von der eben beschriebenen all=
gemeinen Politik darf das Christenthum auch unmöglich ge=
schieden werden; wer in der Obrigkeit keine göttliche Ordnung
mehr sieht und ihre Macht nicht als von Oben gegeben anerkennt,
der kann keinen Anspruch auf den Namen eines Christen machen.

Sowol für das Verhalten der Obrigkeit als für das der Unter=
thanen ergeben sich nun aus dem von dem Heilande aufgestellten
christlich=politischen Grundsatze die wichtigsten Folgerungen.

Hat die Obrigkeit ihre Gewalt von Gott, so darf sie
ja damit nicht schalten und walten nach Belieben, sondern muß
immer dessen gedenken, daß sie Gott Rechenschaft schuldig
ist und als Gottes Dienerin nach seinem Willen sich zu richten
hat. Gerade die Herren der Erde bedürfen der Erinnerung,
daß sie auch einen HErrn im Himmel haben, und nichts ist
mehr geeignet die Obrigkeit vor dem Mißbrauche ihrer Gewalt
zu bewahren als der Gedanke an die Rechenschaft vor diesem
himmlischen HErrn. Darum kann ich gar nicht begreifen, was
die Unterthanen eigentlich wollen, welche der Obrigkeit ihr gött=

liches Recht streitig machen, da sie ihr ja damit den stärksten Antrieb zur Gewissenhaftigkeit und Treue nehmen. Ihr bemüht euch freilich an die Stelle der Verantwortlichkeit vor Gott eine Verantwortlichkeit vor euch selbst zu setzen; sollte es euch aber gelingen, der Obrigkeit je das Bewußtsein von ihrer Verantwortlichkeit vor Gott abwendig zu machen, seid ihr denn im Ernst so maßlos verblendet zu wähnen, ihr würdet die Stelle Gottes ausfüllen? Doch, Gott sei Dank, der lebendige Gott hat's mit großer Schrift in die Gewissen der Träger der Gewalt geschrieben: „ihr seid Mir Rechenschaft schuldig", und wenn es auch scheint, als ob's mancher vergessen habe, von Zeit zu Zeit hebt der Mahner in der eignen Brust doch drohend den Finger in die Höhe, und wenn vollends ein auswendiger Mahner die Stimme des inwendigen verstärkt, so müßte es schon weit gekommen sein, wenn kein heilsamer Schrecken durch's Gewissen ginge. Bei Pilatus hatte es schon während der ganzen Gerichtsverhandlung inwendig rumort, und als nun jetzt der Heiland den sich fürchtenden Richter in so zarter Weise an seine Verantwortung vor dem höheren Richter erinnert, meinet ihr nicht, das Wort habe wie ein Donnerschlag an sein Gewissen geschlagen?

O das Dogma von dem göttlichen Ursprunge der obrigkeitlichen Gewalt ist keine graue Theorie, für die Obrigkeiten so wenig wie für die Unterthanen. Was für diese daraus folgt, der HErr Jesus hat's durch sein Exempel gezeigt; weil er wußte, daß der Obrigkeit ihre Macht von Oben gegeben, so beugte er sich unter sie und war ihr unterthan, obgleich sie ihm das himmelschreiendste Unrecht that und er auch Macht hatte, sich der ungerechten Behandlung zu entziehen. Seine Jünger dürfen nicht anders handeln; Gehorsam, Unterwürfigkeit, Ehrerbietung sind wir der Obrigkeit unter allen Umständen schuldig, sie mag nach unserm Sinne sein oder nicht, mag gerecht oder ungerecht handeln — ausgenommen den einen Fall, wo sie etwas wider Gottes Gebot von uns verlangt; da gilt's Gott mehr gehorchen als den Menschen. Sonst ist jede Widersetzlichkeit verpönt und das Gericht dem HErrn anheimzustellen, wenn wir Unrecht leiden. So lehrt übereinstimmend das ganze neue Testament, und was da geschrieben steht, das kann nicht gebrochen werden. Christen sollen auch in den schlimmsten Fällen nicht zu gewaltthätiger Selbsthilfe greifen, für die Nachfolger Jesu ist niemals Platz unter den Empörern. Freimüthiges Zeugniß in aller Ehrerbietung, Bitte und Gebet sind unsre Waffen, wenn die Obrigkeit ihrer Pflicht vergißt. Zu Sklaven der Obrigkeit, zu willen= und gesinnungslosen Creaturen will die christliche Moral uns freilich nicht machen. „Gebet dem Kaiser, was des Kaisers ist" hat der Heiland gesagt. Gehorsam, Ehrerbietung, Fürbitte gehört dem Kaiser unter allen Umständen, aber meine Überzeugung, mein Gewissen, mein Herz kann ihm unter gewissen Umständen nicht gehören. Es ist eine Gnade, wenn ich eine solche Obrigkeit habe, die ich auch von ganzem Herzen lieben kann, aber über mein Herz hat nicht jeder Kaiser zu gebieten und zur Sünde der Heuchelei kann und soll mich keine Obrigkeit zwingen. Nur muß man gegen sich auf der Hut sein, daß man sich nicht aus unlautern Beweg= gründen innerlich seiner Obrigkeit entfremdet; unser Herz ver= steht sich meisterlich auf die Kunst der Selbstbelügung, sucht allerlei Ausflüchte, um der Selbstverleugnung aus dem Wege zu gehen und stellt seine Rechthaberei gern als Überzeugungs= treue und übergroße Gewissenhaftigkeit dar.

Nun enthält aber der Ausspruch des Heilandes noch einen **speciellen** Sinn, der blos für den vorliegenden Fall Geltung hat und dem die eben besprochene **allgemeine** Wahrheit nur zur Vorbereitung und Unterlage dient. „**Du hättest keine Macht über mich** — **wenn es nicht der Wille meines himmlischen Vaters wäre, daß ich gerade durch dich zum Kreuzestode verurtheilt werden sollte.**" Es fällt ja schon kein Haar von unserm Haupte ohne den Willen Gottes, wieviel weniger würde über den ewigen Sohn Gottes einem Pilatus Macht gegeben worden sein, wenn Gott nicht ausdrücklich gewollt und einen großen Zweck damit ver= folgt hätte! Der Heide freilich mag wenig verstehen von dem großen Geheimniß, das der Heiland jetzt andeutet, aber er hat seine Andeutung auch nicht für den Heiden allein gemacht.

Dieser hörte wol nur aus dem Worte heraus, daß hier von einer besondern Veranstaltung des ihm unbekannten Wesens in der Höhe die Rede sei und seine Seele zitterte bei der Ahnung, die sie durchleuchtete — wir aber sollen mehr heraushören und unsre Kniee beugen vor dem Wunderrath, der sich uns aufschließt.

Von Ewigkeit her hatte Gott beschlossen, daß sein eingeborner Sohn sterben sollte zur Versöhnung für die Sünden der ganzen Welt. In Jesu Christo als unserm Haupte und Stellvertreter wollte Gott unsre Sünden strafen. Mit eigner Hand konnte und wollte er aber das Urtheil nicht vollstrecken, Menschen mußten die Mörder Christi werden, damit es offenbar wurde, ihre Sünde sei seines Todes Ursache. Damit aber auch die Welt erkenne, Gott selbst habe seinen eingebornen Sohn gegeben, Gott selbst habe Christi Verdammungs- und damit unser Erlösungsurtheil gesprochen, so ließ Gott durch die Obrigkeit, die ja seine Dienerin und Stellvertreterin ist, Jesum verurtheilt und hingerichtet werden. — Und zwar war durch eine besondere Fügung Gottes gerade Pilatus der geeignete Träger der obrigkeitlichen Gewalt, um den Rathschluß Gottes auszuführen. Es gehörte ein Charakter wie der seinige zu diesem Werke; ein Mann, der der Sache so lange widersteht, bis sie beleuchtet ist, und sie dann doch geschehen läßt; ein Mann, der einen schweren Kampf kämpft, ehe er einen unschuldigen und gerechten Mann seinen Feinden opfert; ein Mann, der nicht aus Leidenschaft gegen Jesum, sondern aus Rücksicht auf seine Feinde handelt. Dazu war Pilatus nur der Statthalter eines abwesenden Herrn und einer höheren Macht, wodurch aufs deutlichste abgebildet wird, daß er nicht im eignen Namen sprach. Man muß ja freilich das Werk Gottes und das Werk des Pilatus scharf von einander scheiden, Pilatus hat seine obrigkeitliche Gewalt gemißbraucht, aber gerade daß er das durfte, um Jesum zu richten und zu kreuzigen, das geschah nach Gottes ganz besonderem Rath und Willen. Und unter diesen ganz besonderen Willen seines himmlischen Vaters beugt sich der Sohn und wird gehorsam bis zum Tode, zugleich seinen Jüngern zum Vorbilde, damit sie sich gewöhnen nicht auf die Menschen zu sehen, welche Gewalt über sie ausüben, sondern stets auf den, welcher den Menschen die Gewalt giebt und läßt.

Aber noch eine andre Folgerung zieht der Heiland für Pilatus aus dem ihm eben gegebenen königlichen Worte: „darum der mich dir überantwortet hat, der hat es größere Sünde". Das ist für den ersten Blick ein höchst überraschender, seltsamer Schluß, und wir hätten wol einen andern gezogen. Wir werden aber sofort erkennen, daß der HErr die Kunst meisterlich versteht den Menschen ins Gewissen zu reden und daß in der unerwarteten Wendung eine Kraft der Milde und des Ernstes liegt, durch welche der bereits hervorgebrachte Eindruck noch vertieft und verschärft wird.

Ohne Zweifel fühlte Pilatus, daß die Kreuzigung Christi ein Mißbrauch seiner Macht sei, durch den er sich schwer versündige. Durch seinen Ausspruch über den Ursprung der Macht seines Richters hatte der Heiland den Stachel noch tiefer ins Gewissen gedrückt. Unmöglich kann er nun diesen Eindruck wieder abschwächen wollen. Der HErr Jesus gehört nicht zu jener Sorte leidiger Tröster, die sofort nach den Löscheimern greifen, wenn ihr Wort ein Feuer im Gewissen angezündet hat und die wol waschen aber nicht naß machen wollen. Schon aus diesem Grunde ist es verkehrt ihn diesen Schluß machen zu lassen: „weil dir deine Macht von Oben gegeben ist, darum ist deine Sünde in etwas entschuldigt". Wenn die Obrigkeit ungerecht handelt, so kann das ja nimmermehr ihre Schuld verringern, daß sie ihre Gewalt von Gott hat. Oder soll Pilatus entschuldigt werden, weil seine Sünde das Mittel wird Gottes Rath und Willen auszuführen? Aber ist nicht bei dem Verrathe des Judas dasselbe der Fall und sagt da der HErr nicht ausdrücklich: „Des Menschen Sohn gehet zwar dahin, wie es beschlossen ist, doch wehe demselben Menschen, durch welchen er verrathen wird?" Trifft dieses Wehe nicht auch den Mann, durch welchen Jesus gekreuzigt wurde? Niemals kann der Sünder seine Schuld für geringer halten, weil er ohne sein Wissen einen heilsamen Rath Gottes gefördert hat oder viel=

mehr, weil die Weisheit des weltregierenden Gottes das zum Heil zu lenken verstand, was der Mensch böse zu machen gedachte. Das sind die Meisterstücke der göttlichen Vorsehung — aber Gott macht diese Meisterstücke nicht, daß der Sünder Feigenblätter habe um seine Sünde zu entschuldigen, sondern daß wir die überschwängliche Gnade preisen, die in ihrer Weisheit selbst die Sünde zu einem Mittel macht den Sünder zu segnen.

Aber der Heiland spricht doch klar aus: die Sünde des Pilatus sei geringer als die des Kaiphas (denn an diesen ist hier vornämlich zu denken), durch welchen er erst dem römischen Landpfleger überantwortet worden! Allerdings. Nur will er damit dem Gewissen seines Richters keinen Schlaftrunk geben. Leichtsinnige Menschen pflegen die Stimme des anklagenden Gewissens wol dadurch zum Schweigen bringen zu wollen, daß sie sich vergleichen mit Sündern, die es ärger getrieben als sie selbst, und sich dann damit zu trösten, so schlecht sind wir denn doch lange noch nicht. Aber dem Meister in der Seelsorge wird doch niemand eine solche pharisäische Moral zutrauen, zumal die Evangelien zeigen, daß er sie überall bis aufs Blut bekämpft hat. Was treibt ihn denn aber einen Milderungsgrund für die Schuld des Pilatus hervorzusuchen? Nichts anderes als erbarmende Liebe, welche den Sünder dadurch zu gewinnen sucht, daß sie zur rechten Zeit feurige Kohlen aufs Haupt ihm sammelt. Wie die Sonne durch ihre erwärmenden Strahlen das Eis zum Aufthauen bringt, so will der Heiland durch die zarte Milde, mit der er die Sünde des Pilatus beurtheilt, sein Gewissen vollends erweichen. Wie mußte der ungerechte Richter sich schämen, daß der Mann, den er sich bewußt ist unschuldig zu verurtheilen, so mild über ihn urtheilte! Gewiß hat gerade diese Milde Jesu sein Gewissen am stärksten erschüttert.

Und welches ist nun der Grund, den die Barmherzigkeit des Heilandes geltend macht um die Schuld des Pilatus zu mildern? Antwort: seine Unwissenheit und Unböswilligkeit. Der arme Heide wußte nicht, daß ihm seine Macht von Oben gegeben, wußte nicht, daß er dem lebendigen Gott Rechenschaft schuldig, wußte nicht, daß Jesus Christus der längst

verheißene Erlöser, der Sohn Gottes, er willigte nicht aus
Bosheit und Haß in die Kreuzigung, er hatte nicht von selbst
Jesum vor sein Gericht gezogen, sondern dieser war ihm überantwortet worden; seine Sünde war eine theilweise Unwissenheits-
und Schwachheitssünde — „darum", sagt der Heiland, „der
mich dir überantwortet hat, der hat es größere Sünde".

Größere Sünde! Pilatus hat demnach auch Sünde, und
zwar große Sünde. Jesu Milde verringert die Schuld des
Pilatus, aber hebt sie nicht auf. Der Knecht, der seines Herrn
Willen weiß und thut ihn nicht, der leidet doppelte Streiche;
also, der Knecht, der seines Herrn Willen nicht weiß und nicht
thut, der geht nicht leer aus, er leidet einfache Streiche.
Unwissenheit macht nicht schuldfrei, zumal wenn sie wie hier
bei Pilatus doch nur eine theilweise und eine selbstverschuldete ist. Daß Pilatus einen unschuldigen Mann kreuzigte, das wußte er, und wenn er dem Könige der Wahrheit den
Rücken kehrt, das ist doch eigne Schuld. In dem Maße als
der Mensch eine klare Einsicht in die Sünde hat, steigert, und
in dem Maße als diese Einsicht fehlt, verringert sich die Schuld.
Ganz aufgehoben wird sie aber wegen der Unwissenheit bei
geistig überhaupt zurechnungsfähigen Menschen niemals. Am
Kreuze betet unser barmherziger Hoherpriester: „Vater, vergieb
meinen Mördern, denn sie wissen nicht was sie thun." Wozu
die Bitte um Vergebung, wenn das Nichtwissen straffrei
machte? Ebenso wenig entschuldigt es den Pilatus, daß er
nicht aus Bosheit sondern aus Schwachheit gehandelt, und
nur durch seine Stellung als oberster Richter in die ganze
Sache verwickelt worden ist. In dem Maße als der Mensch
aus Haß und Bosheit sündigt steigert sich seine Schuld, und
sie wird gemildert vor Gott in dem Maße als Haß und Bosheit fehlen, aber nur bis zu einer gewissen Grenze, denn die
Schwachheit des Fleisches, die der Sünde nachgiebt, ist ja selbst
Sünde. Daher sind auch die zur Sünde Verführten nie straffrei. Wol wird das Blut der Verführten gefordert von der
Hand ihrer Verführer, aber die Verführten selbst müssen sterben
in ihren Sünden wenn sie nicht Buße thun. Ihre Schuld ist

geringer, als die ihrer Verführer, aber geringere Schuld bleibt doch immer Schuld. Wenn sich kein Zunder in uns fände für das fremde Feuer, könnte das eigne Herz nicht in Brand gesteckt werden. Des Menschen Herz ist eine Festung, die von außen niemals erobert werden kann, wenn nicht von innen dem Feinde die Hand geboten wird. Und wie Pilatus dem erobernden Feinde die Hand geboten, das hat uns der Verlauf unsrer Betrachtungen zur Genüge gezeigt.

Indem der Heiland im Vergleich mit der Sünde eines Kaiphas die des Pilatus mildert, erinnert er doch diesen zugleich in einer eben so zarten wie ernsten Weise daran, daß er Sünde thut. Er sagt es nicht ausdrücklich, aber es giebt eine Kunst zwischen den Zeilen lesen zu lassen, durch die man kräftiger redet als wenn man die Worte in die Zeilen setzt, und die doch niemals verbittert. Die Reden Jesu liefern viele Exempel dieser Kunst, und das Abschiedswort an Pilatus ist der meisterhaftesten eins. Möchten wir die Kunst nun lernen zwischen den Zeilen zu lesen was uns der Heiland sagen will mit den an Pilatus gerichteten Worten.

XI.

Der Ausschlag.

Joh. 19, 12—16.

„Von dem an trachtete Pilatus, wie er ihn losließe. Die Juden aber schrieen und sprachen: Lässest du diesen los, so bist du des Kaisers Freund nicht; denn wer sich zum König macht, der ist wider den Kaiser! Da Pilatus das Wort hörete, führete er Jesum heraus, und setzte sich auf den Richtstuhl, an die Stätte, die da heißt Hochpflaster, auf hebräisch aber Gabbatha. Es war aber der Rüsttag in Ostern, um die sechste Stunde. Und er spricht zu den Juden: Sehet, das ist euer König. Sie schrieen aber: Weg, weg mit dem, kreuzige ihn! Spricht Pilatus zu ihnen: Soll ich euren König kreuzigen? Die Hohenpriester antworteten: Wir haben keinen König denn den Kaiser. Da überantwortete er ihn, daß er gekreuzigt würde."

Obgleich der durch das Schweigen Jesu beleidigte Landpfleger so unedel gewesen war mit einer niedrigen Drohung zu antworten, so war er doch noch nicht gesunken genug um auf das freimüthige, majestätische Zeugniß des Angeklagten ein gemeines Wort oder eine gemeine Handlung folgen zu lassen. Er besaß etwas von jener natürlichen Noblesse, die für geistige und sittliche Größe empfänglich ist oder wenigstens eine Achtung vor ihr hat, wenn auch das Gewissen durch sie erweckt und das Fleisch unangenehm berührt wird. Pilatus konnte dem edlen

mit der größten Demuth und Sanftmuth gepaarten Freimuthe
Jesu seine Bewunderung nicht versagen, und der hohe Ernst
sowol, der in seiner Antwort lag, wie die zarte Rücksicht, welche
für die Schuld des Richters auch noch einen Milderungsgrund
suchte, drückte sichtlich einen neuen Stachel in sein Gewissen,
denn „von dem an trachtete Pilatus, wie er ihn losließe".

Man muß herzliches Mitleid mit diesem Manne haben,
der bei so vielen guten Regungen und löblichen Ansätzen doch
nichts ausrichtet, und es kann einem ordentlich wehe thun, daß
man kein günstigeres Urtheil über ihn fällen darf. Aber man
darf doch nicht, denn gerade die Schwäche, die immer will
und will und nichts kann, die wol trachtet aber keinen Ernst
macht das Ziel zu erreichen, ist sie nicht bei einem Manne,
zumal bei einem so hochgestellten, einflußreichen Manne und in
einer so hochwichtigen Angelegenheit eine widerliche Erscheinung,
ein Zeichen von Charakterlosigkeit, ein sittliches Gebrechen, das
das Mitleid wieder in Unwillen verwandelt? Was hilft zuletzt
alle Gutmüthigkeit, was nützen alle Rührungen und löblichen
Absichten, wenn kein kräftiger Wille da ist zum Handeln! Ein
Baum in vollem Blüthenschmuck ist ein lieblicher Anblick, aber
wenn alle Blüthen taub sind und keine Früchte auf ihm
wachsen, wer will's dem Gärtner verdenken, wenn er ihn um-
haut? Blüthen genug haben wir bei Pilatus gesehen, Früchte
keine, keine einzige. Auch dieses Mal wird sie vergeblich
gesucht. Pilatus trachtete nur Jesum loszulassen — aber
er ließ ihn nicht los. Es geht dem Landpfleger wie unzähligen
Beinahechristen, die da trachten ins Himmelreich zu kommen
aber doch nicht hineinkommen. Wer wird denn reich, wenn er
beinahe eine Erbschaft gemacht hätte? Ob das Feld ver-
hagelt kurz vor der Ernte oder lange eh die Frucht reif war,
das ist doch gleich, die Ernte ist in beiden Fällen verloren, ja
im zweiten Falle bin ich noch besser daran, denn da kann noch
etwas anderes gesäet werden.

Mit seinen Vermittlungen war der Landpfleger jetzt am
Ende. Hätte er noch eine Hinterthür gewußt, so würde er sich

die Mühe nicht haben verdrießen lassen, Jesum durch sie hinaus-
zulassen zu versuchen, aber die Juden sind der Verhandlungen
müde und machen daher einen letzten kräftigen Sturmangriff
gegen die schwach besetzte Festung, die längst keinen Commandanten
mehr hatte und sich nicht mehr halten konnte. Lange hatte das
Zünglein der Wage hin und hergeschwankt bei Pilatus und die
Schäle, in welcher die Loslassung lag, hatte noch immer das
Übergewicht behalten. Plötzlich schnellt diese Schale hoch in
die Höhe, es wird ein bedeutendes Gewicht in die andre geworfen,
welche die „Kreuzigung" enthielt und nun ist jeder Widerstand
des Richters gebrochen. Welches war dieser gewichtige Umstand,
der endlich den **Ausschlag** gab?

Als die Juden bemerken, daß die religiöse Anklage einen
ihren Berechnungen entgegengesetzten Erfolg gehabt und Pilatus
entschlossener als je ist Jesum loszugeben, da lassen sie dieselbe
geschwind wieder fallen und kommen auf die politische zurück, indem sie einen für den Landpfleger höchst bedenklichen Schluß daraus
herleiten. „**Lässest du diesen los**", schreien sie, „**so bist
du des Kaisers Freund nicht; denn wer sich zum
König macht, der ist wider den Kaiser.**" Das war
eine unmißverständliche Drohung, die nichts Geringeres sagte als:
„Thust du uns nun nicht auf der Stelle den Willen, so zeigen
wir die Sache dem Kaiser an und stellen deine Parteinahme
für Jesum als die Beschützung eines Empörers dar und was
du dann von dem Kaiser zu erwarten hast, wenn ein solcher
Verdacht auf dich fällt, das wirst du selbst am besten wissen."

Der damalige römische Kaiser Tiberius war nämlich ein
äußerst mißtrauischer Tyrann; fiel auch nur ein Funken solchen
Verdachts in seine niedrige Seele, so zündete der ein Feuer an,
welches den Verdächtigen ohne Erbarmen verzehrte. Hätten nun
vollends die Juden, die als schlechte römische Unterthanen bekannt waren und häufig rebellirten, den Schein hervorzurufen
vermocht als seien sie dem Kaiser treuer ergeben als sein eigner
Landpfleger, welcher Sturm würde gegen diesen losgebrochen
sein!

Es ist daher erklärlich, daß diese Drohung der Juden wie

ein Donnerschlag auf Pilatus wirkte und alle seine guten Vorsätze mit einem Male über den Haufen warf. Einen lebendigen Gott, den er fürchtete und um deßwillen er seines Amtes wartete, den hatte ja der arme Mann nicht, der Kaiser stand bei ihm an der Stelle Gottes und das erste Gebot seines Katechismus lautete: „du sollst den Kaiser fürchten über alle Dinge, denn der hat dir Amt und Brod gegeben und hat Macht dir beides auch zu nehmen". Die Drohung mit des Kaisers Ungnade traf also seine verwundbarste Stelle. Hier war die schwache Seite, wo der Angriff des Feindes gelingen mußte.

So weiß der Teufel und seine Helfershelfer noch immer jeden Menschen an seiner schwächsten Seite anzugreifen und zur rechten Zeit die Lockungen oder die Drohungen zu bringen, für welche er am empfänglichsten ist. Lässest du Christum nicht fahren, wird der Feigling bedroht, so trifft dich die Mißgunst der Menschen, die der Freundschaft und Kundschaft raubt und nur Spott und Hohn einträgt. Lässest du Christum nicht fahren, heißt es bei dem auf seine Bildung Eingebildeten, so wirst du als ein ungebildeter Mensch bemitleidet, der weit hinter der Aufklärung des Jahrhunderts zurückgeblieben. Lässest du Christum nicht fahren, so erleidest du große Verluste an Geld und Gut, damit wird der Geizige eingeschüchtert. Lässest du Christum nicht fahren, sagt man zu dem Lebemann, so mußt du ein freudenloses Leben führen und bringst dich um alle Genüsse. Kurz, die Feinde unsers HErrn Jesu Christi verstehen sich ganz meisterlich darauf, das entschiedene biblische Christenthum bei den unentschiedenen Seelen dadurch in Mißkredit zu bringen, daß sie große Nachtheile in Aussicht stellen, wenn man sich zu ihm bekenne; denn das wissen sie recht gut, daß diejenigen um des Heilands willen nicht Schaden zu leiden bereit sind, denen Jesus Christus im Grunde ein gleichgiltiger Mann ist.

Ehe die Juden mit des Kaisers Ungnade und dem Verlust von Amt und Leben drohten, da war Pilatus allenfalls bereit Jesum freizulassen, denn er erlitt keine erheblichen Nachtheile, wenn er gerecht war. Aber jetzt, wo er für seine Überzeugung und Gerechtigkeitsliebe mit Gut und Blut einstehen und die eigne

Existenz um Jesu willen aufs Spiel setzen sollte, jetzt ist der
Landpfleger geschwind bereit in die Kreuzigung einzuwilligen.*)
So machen viele ein großes Geschrei mit ihrer Gläubigkeit,
Gewissenhaftigkeit und Gerechtigkeitsliebe, so lange es ihnen keine
Nachtheile bringt, gläubig, gewissenhaft und gerecht zu sein;
werden sie aber ernstlich bedroht und sollen sie vollends für ihre
Überzeugungen und Handlungen wirklich leiden, dann kehren
sie dem Glauben, der Gewissenhaftigkeit und Gerechtigkeit den
Rücken. O schon einen kleinen Verlust an Geld und Gut, ein
bischen Spott und Haß mag man um Christi willen nicht leiden;
wenn nun die Scheiterhaufen erst wieder erstünden, wo
sollten die Märthrer sein? — Schon vor der blosen Drohung fürchtet sich der feige Pilatus. Schwerlich war es den Juden
rechter Ernst damit, die Sache vor den Kaiser zu bringen; sie
drohten nur um durch die Drohung ihren Willen durchzusetzen.
Hätten sie's aber auch mit der Drohung ernstlich gemeint, durfte
das denn ein Grund für den Landpfleger sein wider bessere
Überzeugung in ein himmelschreiendes Unrecht zu willigen?
Mußte er nicht hoffen den Kaiser zu überzeugen, daß die Hinrichtung des unschuldigen Jesus ein Justizmord gewesen sein
würde? Und gesetzt, der Kaiser wäre gegen die Wahrheit taub
geblieben und hätte den Verdächtigungen der Juden Glauben
geschenkt, mußte Pilatus nicht lieber Amt und Leben lassen, als
wider klar erkanntes Recht handeln? Darf auch ein gewissenhafter Mann um der möglichen übeln Folgen willen von der

---

*) Der schwache Versuch, welchen Pilatus nach der V. 12 ausgesprochenen
Drohung noch macht, Jesum loszulassen (V. 15), ist schon Abschnitt VIII,
S. 118 ff. besprochen. Dort schien diese Besprechung besser am Platze als
hier, wo sie den Zusammenhang der Betrachtung etwas zerreißen möchte,
abgesehen davon, daß Marc. 15, 12 einen historischen Anhalt bot. Wenn
Stier die Auffassung Dräseke's: „noch immer will Pilatus das verlorene
Spiel nicht verloren geben und die Scherze mit dem Judenkönig kommen
noch einigemal, gleichsam in den letzten Zuckungen wieder", auch tieftreffend
nennt und als die richtigste Deutung von V. 14 u. 15 bezeichnet — so muß
der Verfasser doch bei der oben entwickelten gegentheiligen Auffassung entschieden beharren und dem Leser überlassen zu beurtheilen, welche von beiden
einer natürlichen, gesunden Psychologie am besten entspricht.

Bahn der Gerechtichkeit weichen? Muß er nicht fest stehen, wenn auch eines Kaisers Zorn ihn treffen sollte? Freilich muß man sich's oft gefallen lassen verdächtigt zu werden, wenn man der Gerechtigkeit und Wahrheit nichts vergiebt, aber wer in seinen Handlungen wirklich nur von Gerechtigkeits= und Wahr= heitssinn und =liebe geleitet wird, der kann sich dann auch über die Verdächtigungen erheben und Freudigkeit gewinnen sie zu verachten.

Aber Pilatus war nicht von wirklicher Liebe zur Gerechtig= keit beseelt, daher hatte er auch keine Lust, um ihretwillen Amt und Leben aufs Spiel zu setzen. An ihm ist recht deutlich zu sehen, daß das, was die Welt Rechtschaffenheit und Gewissen= haftigkeit nennt, gemeiniglich da am Ende ist, wo man um ihretwillen Opfer tragen, Nachtheile sich gefallen oder gar Leiden über sich ergehen lassen soll. So lange die Tugend mit Vor= theil und Annehmlichkeit verbunden ist, will man gerne fröhlich sein in ihrem Lichte, aber wenn ernste Versuchungen kommen, da wird sie von dem ersten kräftigen Windstoße über den Haufen geworfen. So lange alles glatt abgeht, thut man, als ob einem Rechtschaffenheit und Gewissenhaftigkeit über alles ginge; bringt aber die Ausübung derselben wirkliche Gefahren, so giebt man der gepriesenen Tugend geschwind den Abschied, denn Vortheil und Gunst hat größeren Werth als Gerechtigkeit und Wahrheit.

Dazu kam, daß alte Sünden dem Landpfleger die Hände banden und das böse Gewissen ihn furchtsam machte. Wäre er bisher in seinem Amte gerecht und treu gewesen, so hätte er's getrost auf die Anklage beim Kaiser können ankommen lassen. Aber es lagen bedenkliche Sachen vor, Erpressungen, Grausam= keiten und dergleichen, die dann leicht hätten zur Sprache ge= bracht werden können, und um für diese alten Sünden sich Ver= zeihung, wenigstens Stillschweigen zu erkaufen, muß er sich zu neuen entschließen, mit denen er den Juden einen Gefallen thut. Das ist immer der Fluch des bösen Gewissens, daß es den Menschen furchtsam macht und daß, wer wegen alter Sünden nicht aufrichtig vor Gott und Menschen Buße thut, daß der ein Sclave derjenigen wird, die um seine Sünde wissen.

Aber hätte Pilatus auch kein böses Gewissen gehabt, er würde in diesem Kampfe doch unterlegen sein. Er hatte ja keinen Halt, der ihm Kraft gegeben zu siegen. Jesus Christus war ihm ein zweifelhafter König, von dem er nicht wußte, welchen Gewinn er ihm bringe; der Kaiser hingegen war ihm ein sicherer Gott, von dem er wußte, daß er ihm Amt und Leben nehmen könne. Ist es für einen solchen Menschen nicht natürlich, daß er das Gewisse dem Ungewissen, das Sichtbare dem Unsichtbaren, den Kaiser Christo vorzieht? Den Glauben an eine ewige unsichtbare Welt hat der Landpfleger verloren, daher läßt er sich nur von der sichtbaren Gesetze geben. O wenn Pilatus den Gott gefürchtet hätte, der Leib und Seele verderben mag in die Hölle, dann hätte er den Kaiser nicht gefürchtet, der höchstens den Leib aber nimmermehr die Seele zu tödten vermag. Wie furchtlos steht ein Johannes dem König Herodes gegenüber! Weil er Gott fürchtet, scheut er die Menschen nicht. Es gibt keine furchtloseren Leute als die, welche Gott wahrhaft fürchten. „Fürchte dich nicht", ruft die Schrift immer wieder denen zu, die Gott fürchten. Die Furcht Gottes macht die charakterfestesten Männer und die ehrenfestesten, treuesten Beamten, die, ihr Beruf mag sein welcher er will, durch keine Lockung oder Drohung bewogen werden können wider Recht und Wahrheit zu handeln. Der arme Pilatus aber fürchtet die Menschen, weil er Gott nicht fürchtet. Weil's eine ewige Wahrheit für ihn nicht gibt, so geht ihm der Vortheil über ein unbeflecktes Gewissen. Jesus Christus und sein Reich hat keinen Werth für ihn, daher erscheint's ihm eine Thorheit, um ihretwillen Güter aufs Spiel zu setzen, die für ihn den höchsten Werth haben. Wo nicht der Glaube die Handlungen der Menschen bestimmt, da bestimmt sie zuletzt nur das Interesse.

Weil es so wenig wahre Gottesfurcht in der Welt giebt, daher giebt es der Wetterfahnen so viel und der Entschiedenheit so wenig, und weil der lebendige Glaube eine so seltene Sache, ist auch die wahre Tugend und Gewissenhaftigkeit mit der Laterne zu suchen. Nur feste Glaubensüberzeugungen bilden die Charaktere, die unter allen Umständen auf Christi Seite stehen und alles für ihn zu opfern bereit sind. Ist mir Jesus Christus mehr werth als die ganze Welt, so kann ich auch die ganze Welt für ihn hingeben. Bin ich wie von meinem eigenen Leben fest davon überzeugt: es giebt einen lebendigen Gott, es giebt eine gerechte Vergeltung in der Ewigkeit, es giebt eine Hölle, es giebt einen Himmel, es ist Wahrheit, lauter unumstößliche Wahrheit, was in der heiligen Schrift geschrieben steht, bin ich von diesem Glauben in jedem Augenblicke meines Lebens durchdrungen, so muß er mir die Kraft geben, unter allen Umständen zu thun, was nach dem Gesetze Gottes Recht ist. Wer aber diesen Glauben nicht hat oder zwischen Glauben und Unglauben schwankt oder nur auswendig weiß, was er glauben soll, ohne innerlich wahrhaft davon durchdrungen zu sein, der gleicht „einer offenen Stadt, die keine Mauern und Wälle hat und demnach keine Belagerung aushalten kann", der wird sich nicht lange bedenken, wofür er sich entscheiden soll, wenn ihm die Wahl gestellt wird zwischen Rechtthun und Nachtheil auf der einen und zwischen Unrechtthun und Vortheil auf der andern Seite. Man wählt, was für den Augenblick Geld, Macht, Ehre, Gunst, Vermögen einbringt, ohne sich viel darum zu bekümmern, welche Folgen diese Wahl in der Ewigkeit haben wird. Durch göttliche Verheißungen oder Drohungen, die man nicht ernstlich glaubt, läßt man sich auch in seinem Thun oder Lassen nicht bestimmen. Für einen angezweifelten Glauben, für eine Wahrheit, die man halb glaubt und halb nicht glaubt, opfert man keinen Groschen, geschweige daß man Blut und Leben für sie aufs Spiel setze. Ich finde es ganz natürlich, daß diejenigen sich für ihren Heiland sengen und brennen lassen, bei denen ihres Lebens Leben der Glaube geworden ist, daß Jesus Christus sie von der ewigen Verdammniß errettet und zu Kindern Gottes und Erben des Himmels gemacht hat. Ich finde es aber eben so natürlich, daß diejenigen für den Heiland keine Stecknadel opfern, welchen der lebendige Glaube fehlt, denen Jesus Christus ein gleichgiltiger Mann und sein Heil eine werthlose Sache ist.

Die Ungerechtigkeit des Pilatus war also eine nothwendige Folge seines Unglaubens. Es ist schon früher darauf hingewiesen,

daß der Glaube des Menschen auch seine Handlungen bestimmt.
So lange der Mensch auf dem Grunde des Glaubens steht, steht er
fest. Der Unglaube aber raubt ihm seinen Schwerpunkt und dann
kann ihn, wäre er auch ein Fels, ein Strohhalm zum Wanken
bringen. Das weiß der Teufel wol. Darum ist er allezeit
darauf ausgegangen, aus dem Herzen des Menschen den Glau=
ben herauszuphilosophiren. Schon im Paradiese wendete er diese
Taktik an. Mit seiner Frage: „Ja, sollte Gott gesagt haben?"
machte er das Wort Gottes zweifelhaft und den Glauben der
Menschen wankend. Ein einziges Fragezeichen, hinter das Wort
Gottes gestellt, kann ein verheerendes Feuer anzünden, wie die
Geschichte des Sündenfalls einleuchtend beweist. Unser HErr
Jesus Christus sagt: „hättet ihr Glauben wie ein Senfkorn,
so könntet ihr Berge versetzen". Der Teufel denkt: „habt ihr
nur erst Unglauben wie ein Senfkorn, so sollt ihr auch
Berge versetzen, nämlich die Berge des Gesetzes und des Ge=
wissens existiren dann für euch bald nicht mehr". Und wenn
der Mensch nun vollends Unglauben wie einen Eichbaum besitzt!
Riesen im Reiche Gottes hat ein wenig Unglaube zu Fall
gebracht, wie sollte denn ein Zwerg Stand halten, wenn er
des Unglaubens voll steckt? Und Pilatus stand ganz und gar
außerhalb des Reiches Gottes!

Statt nun aber Steine zu werfen auf den irdisch gesinnten,
ungläubigen Pilatus, der aus Furcht vor der Ungnade des
Kaisers den unschuldigen Jesus verurtheilte, lasset uns zusehen,
ob unser Unglaube uns nicht einer ganz ähnlichen Sünde theil=
haftig macht. Es giebt in der Welt mehr als einen Kaiser,
der mit seiner Ungnade droht, wenn man's mit dem Könige
Christus hält. Indeß das Geld, „das die Welt regiert", die
Wissenschaft, die sich über die Offenbarung stellt, und der=
gleichen Kaiser will ich jetzt ganz beiseite lassen und auch davon
nicht reden, wie mancher Namenchrist aus Furcht vor einzelnen
hochgestellten, einflußreichen Männern seinen Heiland ver=
leugnet und sich nach dem traurigen Sprichwort richtet: „deß Brod
ich esse, deß Lied ich singe". Es herrscht heute ein Kaiser, den die
meisten Menschen noch viel mehr fürchten, als weiland Pilatus

den Tiberius zu Rom, das ist die öffentliche Meinung, welche die Welt ihre „Königin" heißt, der Herr „Omnes", wie Luther sagt. „Christus, der sich zum Könige macht, ist wider unsern Kaiser", schreit der große Haufe, dem die öffentliche Meinung sein Gott geworden. Souveräne Regentin der Welt will sie sein, diese öffentliche Meinung, und Christum sich unterthan machen. Beansprucht nun Christus König zu sein, so wird die öffentliche Meinung, welche Kaiser zu sein beansprucht, zornig und drohet mit ihrer Ungnade allen, welche es wagen wider sie Partei zu nehmen und den König über den Kaiser zu stellen.

Man ereifert sich sehr wider „Fürstenknechte", aber derer sind viel mehr, welche Knechte der öffentlichen Meinung sind, und es nimmt sich sonderbar aus, wenn dieselben Leute, welche in der knechtischsten Weise von der öffentlichen Meinung kriechen, den Mund voll nehmen vor sittlicher Entrüstung gegen „Fürstendiener", „Creaturen der Regierung", „Fuchsschwänzer" in den Vorsälen einflußreicher Männer u. dergl. Gesetzt, diese Leute wären wirklich, was ihr ihnen schuld gebt — ziehet doch erst den Balken aus eurem Auge, ehe ihr an den Splitter jener auch nur mit einem Finger rührt. Aber man weiß, daß vielfach nur die Treue gegen König und Obrigkeit mit dem Namen der Knechtschaft gebrandmarkt werden soll. Es ist ja eine ebenso leichte wie schlechte Kunst, einem Könige und seinen Räthen das Gegentheil von Schmeicheleien zu sagen, besonders wenn sie es nicht hören können und man sich durch sein Räsonniren populär macht; wenn freilich ein Mann, der nicht das Seine, sondern das des Königs sucht, dem die Wahrheit wirklich über alles geht und das Heil der Großen auf dem Herzen liegt, der auch die Sünder auf den Thronen von dem Heil nicht ausschließen und verkommen lassen will, — wenn der, wie Johannes der Täufer, seinen Hals dran wagt und sie straft und schilt, weil sie so unglücklich sind Übels zu thun, das ist ein ander Ding und vor solchem Manne kann man den Hut nicht tief genug abnehmen*). Es kommt mir aber

---

*) Matthias Claudius: Brief über Johannes den Täufer.

immer vor, als müßte der Hut ruhig auf dem Kopfe bleiben, wenn jene Räsonneurs etwa einmal in die Lage des Täufers kommen sollten und das Wahrheitsagen keine Popularität einbrächte, sondern den Hals kostete! Es mag ja viel Unheil gestiftet worden sein durch Fürstenschmeichler, ganz gewiß aber ist das Unheil viel größer, welches die **Volksschmeichler** angerichtet haben. Wol gehört Muth dazu, auf die Gefahr hin, in Ungnade zu fallen, einem Fürsten die Wahrheit zu sagen, aber wider die öffentliche Meinung aufzutreten auf die Gefahr hin, sich die Ungnade dieses vielköpfigen Kaisers zuzuziehen, dazu gehört **viel mehr Muth**.

Nun ist es eine bekannte Sache, daß die öffentliche Meinung unserm HErrn und König Jesu Christo und seinen treuen Dienern niemals günstig gewesen ist, und daß es ganz besonders in unserer Zeit Haß, Verleumdung und Schaden einbringt, wenn man entschieden auf der Seite des Heilandes steht, des Heilandes, der der Sohn des lebendigen Gottes, der Sünder Freund, der Pharisäer Feind, der Weg, die Wahrheit und das Leben ist, außer welchem es kein Heil giebt in Zeit und Ewigkeit, der die Gottlosen ohne Verdienst gerecht macht, so sie an ihn glauben, der von seinen Nachfolgern verlangt, daß sie sich selbst verleugnen, ihr Kreuz ihm nachtragen, allem absagen was sie haben und ihm allein und mit allen Kräften dienen. Es ist keine Kleinigkeit, einer öffentlichen Meinung, die wirklich mit kaiserlicher Macht und Majestät in der Welt umgeben ist und die von dem König Christus, wie ihn die Bibel zeichnet, durchaus nichts wissen will, die seine Diener nicht nur mit den ärgsten Spott- und Schimpfnamen belegt, sondern sie auch auf alle Weise zu verdächtigen und zu schädigen sucht, es ist keine Kleinigkeit, einem solchen Kaiser gegenüber treu und muthig zu der Wahrheit zu stehen und keinen Finger breit von ihr zu weichen und es gehört ein sehr fester und entschiedener Glaube dazu, wenn man nicht in die Fußtapfen des Pilatus treten will. Von Noah rühmt die Schrift: „er führte ein göttliches Leben zu seinen Zeiten". Sie schlägt es also hoch an, daß er in der Zeit eines **allgemeinen Abfalls** fest blieb an dem lebendigen

Gott. Nur ein ganzer, unerschütterlicher Glaube konnte ihm diese Kraft geben. Halbgläubige gab's gewiß zu seinen Zeiten auch genug, die aber heulten mit den Wölfen und kamen daher auch mit ihnen um in der Sündfluth. Noch sind zwar die Zeiten nicht da, wo es ebenso schwer ist wider den allgemeinen Abfall zu stehen wie zu den Zeiten Noahs, aber der Abfall ist doch schon groß und die öffentliche Meinung entschieden genug gegen Christum, so daß es auch in unsern Tagen etwas sagen will, treu an dem Christus zu hangen, der gestern und heute und in alle Ewigkeit derselbe ist, es mag Schimpf und Schaden einbringen soviel es will. Ohne festen, ganzen Glauben ist es unmöglich und wird immer unmöglicher werden, je mächtiger der Kaiser wird, der sich öffentliche Meinung nennt. Es ist wahr, heute wird an vielen Orten der Glaube noch von Oben her begünstigt und es mag viele geben, welche heucheln, um sich Gunst und Vortheil zu verschaffen. Aber wie im Staat, so giebt es gewiß auch in der Kirche viel weniger, die nach Oben heucheln, als die nach Unten schmeicheln und es mit der dem Glauben feindlichen öffentlichen Meinung halten. Und welches das größere Uebel: die Heuchelei nach Oben oder die Schmeichelei nach Unten, darüber kann das Urtheil kaum zweifelhaft sein. Jedenfalls kommt es denen, die vor der öffentlichen Meinung ihren Glauben verleugnen, nicht zu, sich zu Gericht zu setzen über diejenigen, welche aus ähnlichen unlautern Gründen Glauben erheucheln. Heuchelei ist ja eine verdammungswürdige Sünde und es kann keinem gläubigen Christen in den Sinn kommen ihren Advocaten zu spielen, aber man darf nur nicht denken sich rein waschen zu können von der ebenso verdammungswürdigen Sünde der Verleugnung Christi, wenn man tüchtig auf die Heuchelei schimpft. Es ist aber dieses Schimpfen ein sehr beliebtes Feigenblatt und kein übelangebrachtes Mittel, um sich in gewissen Kreisen populär zu machen, man soll's uns also wenigstens nicht übel nehmen, wenn wir sehr mißtrauisch dagegen sind.

Wie gering ist doch heutzutage die Zahl der Christen, welche den Muth haben wider den Strom zu schwimmen! Beugen

nicht die allermeisten ihre Kniee vor dem Götzen der öffentlichen
Meinung und drehen sich wie die Wetterhähne, wenn Ihre
Kaiserliche Majestät ein andres Decret erläßt! In seinen vier
Pfählen vielleicht, wo ihn niemand sieht, oder in der Gesell=
schaft gläubiger Christen hält es noch mancher mit dem gehaßten
Christus, aber der öffentlichen Meinung gegenüber wagt er kein
Bekenntniß abzulegen, da wird mit den Wölfen geheult. Warum?
Aus Furcht vor der Schmach, die das Bekenntniß zu Christo
einträgt. Ja manchem geht's wie einst dem Nikodemus: in
seinem Herzen empfindet er einen Zug zum Heiland und wenn
er immer ungesehen von den Leuten bei Jesu Nachtbesuche
machen könnte, so würde er wol manchmal kommen, aber am
hellen lichten Tage sich als Jesu Jünger zu zeigen und vor
der Welt mit seinem Christenthum Ernst zu machen, dazu kann
er sich nicht entschließen. Warum denn nicht? O einfach aus
Furcht vor der Schmach, die das Bekenntniß zu Christo ein=
trägt. Wenn nun zu der Schmach vollends noch Schaden
kommt, wenn gedroht wird: wir entziehen dir unsre Kund=
schaft u. s. w., wenn du ein „Frommer" wirst — o wie beeilt
man sich dann dem Pilatus zu folgen und Christum fahren
zu lassen. Ja wenn Christi Freundschaft auch der Welt Freund=
schaft wäre, dann hätte unser Heiland wol viele Jünger, nun
aber seine Freundschaft der Welt Feindschaft ist, so opfert man
jene, um diese zu behalten oder wieder zu gewinnen. Nicht
wenige erkennen und beklagen diese Tyrannei der öffentlichen
Meinung, die ihnen die Ruhe des Gewissens raubt, sie machen
diesem Kaiser der Welt eine Faust in der Tasche — aber mit
tapfern Muthe ihm entgegenzutreten und es auf seinen Zorn
ankommen zu lassen, nein das wagen sie nicht. Die Gunst bei
den Menschen gilt ihnen mehr als die Gunst bei Gott, äußer=
licher Vortheil mehr als das Heil der Seele, die eigne Bequem=
lichkeit mehr als die Sache des Reiches Gottes, daher tragen
sie kein Bedenken, wenn sie sich entscheiden müssen, gleich Pilatus
ihren Glauben zu opfern und das Christenthum Christenthum
sein zu lassen. Das ist ja im Grunde ganz einerlei, ob man
ein Knecht der öffentlichen Meinung oder ein Knecht der Großen

dieser Erde ist und Jesum verwirft, um bei dem Volke oder bei den Fürsten in Gunst zu stehen — oft genug ist aber in ihrer Stellung zu Christo zwischen beiden kein Unterschied und beugen auch die Könige vor der öffentlichen Meinung ihre Knie — die Menschenfurcht bleibt dieselbe und die daraus hervorgehende Sünde auch). Wer feig genug ist nach Unten zu kriechen, der kriecht gemeiniglich auch nach Oben, wenn der Wind sich dreht, und wer den Königen schmeichelt, der schmeichelt auch dem Volke, wenn ihm das mehr Gewinn einbringt, wenn er nicht etwa beiden zugleich zu Diensten steht.

Aber wie täuscht sich, wer um des Kaisers willen den König Christus kreuzigt! Die Gunst des Volkes und des Kaisers hat den Pilatus bald genug im Stich gelassen. Er war der Meinung, das Gewisse für das Ungewisse gewählt und sehr zu seinem Vortheil gehandelt zu haben — aber er hat bei diesem Handel nicht nur seine Seele, sondern auch Amt und Leben verloren. Durch die Hinrichtung Christi hatte er sich nämlich die Juden keineswegs zu Freunden gemacht, ihre Klagen kamen doch nach Rom und in Folge derselben wurde der Landpfleger drei Jahre später seines Amtes entsetzt und in die Verbannung geschickt. Dort soll er, wie die Geschichte berichtet, nachdem ihn schwere Unglücksfälle betroffen, durch Selbstmord seinem Leben ein Ende gemacht haben. Wer den Gott nicht fürchtet, der Leib und Seele verderben kann in die Hölle, der scheut sich zuletzt auch nicht Hand an sich selbst zu legen, wenn das Leben ihm zur Qual wird. Und muß dem, der unsichtbare, ewige Güter nicht glaubt und hat, das Leben nicht zur Qual werden, wenn ihm die sichtbaren irdischen Güter entrissen sind, die seine Götter waren? Sehet da, wohin es mit dem Menschen kommen kann, aus dessen Herzen Glaube und Gottesfurcht gewichen — er sucht im Selbstmord seine Rettung, wenn die irdischen Güter ihm genommen sind. Und wenn jeder Gedanke an Selbstmord, mit dem die Ebenbilder des Pilatus sich tragen, gleich zur That würde, wir würden die Hände über dem Kopfe zusammenschlagen vor der Menge von Selbstmördern, die es unter uns giebt.

Es geht euch, die ihr heute Christum preisgebt, nicht besser, als es einst dem Judas und Pilatus gegangen ist. So wenig die Hohenpriester mit Judas Erbarmen hatten, als er das Blutgeld wiederbrachte, um welches er ihnen den Heiland verrathen, so wenig sie des Pilatus sich annahmen, als er sein Amt verlor, das er doch gemißbraucht hatte, um nach ihrem Willen den Heiland zu kreuzigen — so wenig wissen's die, welche die öffentliche Meinung repräsentiren, euch Dank, wenn ihr um ihretwillen euren Heiland verwerft. Für den Augenblick sind sie eure guten Freunde und loben euch sehr wegen der Verleugnung eures Glaubens, aber wenn eure Sünde euch ins Elend bringt, sie helfen euch nicht. Und eure Sünde bringt euch ins Elend; sollte euch auch kein irdischer Verlust treffen, wie den Pilatus, und euer Gewissen hier in der Zeit nicht aufwachen wie bei Judas, wenn das Gewissen, was ganz gewiß geschieht, erwacht in der Ewigkeit und der heilige Gott das Verdammungsurtheil über euch ausspricht — meinet ihr, die könnten und wollten die ewige Pein euch abnehmen, um deretwillen ihr sie euch zugezogen habt? O theuer, sehr theuer müßt ihr eure Menschenfurcht bezahlen: die Seligkeit eurer Seele ist der Kaufpreis und ich sollte meinen, ihr bedächtet euch ernstlich, ehe ihr um diesen Preis euch die Gunst der öffentlichen Meinung erkauftet. O alles, alles, um deß willen ihr euren Heiland preisgebt, Menschen, Geld, Wollust, Ehre, Wissenschaft u. s. w., alles läßt euch zuletzt jämmerlich im Stich und wehe euch, wenn der Heiland euch dann auch im Stich läßt und ihr aus seinem Munde als letztes Wort den furchtbaren Urtheilsspruch höret: „Gehet hin von mir, ihr Verfluchten, in die ewige Pein!"

Daher gilt es sich Jesum zum Freunde zu machen und sich ganz für ihn und seine heilige Sache entscheiden. Vielleicht seid ihr bisher halbe Freunde Jesu gewesen. Ihr wollt Jesum nicht ganz verwerfen, aber ihm dienen und nachfolgen wollt ihr auch nicht. Ihr wollt es nicht ganz mit dem Heiland verderben, aber die Welt vor den Kopf stoßen wollt ihr auch nicht. Ihr wollt nicht in die Hölle kommen, aber am ersten nach dem Reiche Gottes trachten wollt ihr auch nicht. Ihr wollt nicht

im Schmutze der Sünde euch baden, aber euren alten Adam
mit seinen Lüsten und Begierden kreuzigen wollt ihr auch nicht.
Ihr wollt nicht geradezu Gott verachten, aber den andern
Götzen den Dienst aufsagen wollt ihr auch nicht. Kurz, ihr
dienet zween Herren, ihr hinket auf beiden Seiten, ihr seid weder
Christi offne Feinde noch seine offnen Freunde. O sehet doch
in Pilatus euer eignes Bild! Wohin ist der denn mit seiner
Halbheit gekommen? Hat ihn die goldene Mittelstraße etwa
in den Himmel gebracht? In die Hölle hat sie ihn geführt und
seine Halbheit hat ihn zum Christusmörder gemacht. Meinet
doch nicht, eure Halbheit werde euch an bessere Ziele bringen.
„**Niemand kann zween Herren dienen**", hat der Heiland gesagt.
Hört ihr? **niemand.** Das Wort leidet keine Ausnahme und
duldet keinen Widerspruch. Als seine **ganzen Feinde** betrachtet
Jesus die **halben Freunde.** „Wer nicht mit mir ist, der
ist wider mich", spricht er. Die Erfahrung beweist's, daß er
Recht hat. In jeder Versuchung werden die halben Christen
dem Heiland untreu und bei jeder Gefahr halten sie's mit seinen
Feinden. Daher fordert er von seinen Jüngern, daß sie sich
ihm **ganz und ungetheilt** ergeben. „Wer nicht absagt allem,
was er hat, der kann nicht mein Jünger sein"; davon geht er
nicht ab.

Wenn es freilich einen Christus gäbe, der da sagte: „Lieber
Mensch, du bist nun einmal ein schwaches Wesen und hast die
Welt lieb und schonest gerne dein Fleisch, das will ich dir auch
nicht wehren, du mußt mich daneben nur auch ein wenig respectiren
und lieben; siehe darum habe ich dir zwei Augen gegeben, damit
du mit dem einen siehst nach der Gunst, dem Gut und der Lust der
Welt und mit dem andern nach dem, was der HErr dein Gott
von dir haben will; darum habe ich dir zwei Hände gegeben, damit
du die eine nach der Erde, die andre nach dem Himmel ausstreckst;
darum habe ich dir zwei Füße gegeben, damit du mit dem einen
auf dem breiten, mit dem andern auf dem schmalen Wege wan-
delst" — wenn es einen Christus gäbe, der so spräche, ach der
würde der Freunde in Menge haben. Aber was sagt der HErr?
„Ärgert dich dein rechtes Auge, so reiß es aus und wirf es von

dir; besser mit einem Auge in den Himmel als mit zweien in die Hölle. Ärgert dich deine rechte Hand, so haue sie ab und wirf sie von dir; besser mit einer Hand in den Himmel als mit zweien in die Hölle. Ärgert dich dein rechter Fuß, so hau ihn ab und wirf ihn von dir; besser mit einem Fuße in den Himmel als mit zweien in die Hölle." Wer Ohren hat zu hören, der höre!

Einst trat Elias der große Prophet unter das Volk Israel und sprach: „Wie lange hinket ihr auf beiden Seiten? Ist der HErr Gott, so wandelt ihm nach, ist aber Baal Gott, so wandelt ihm nach." Machet auch ihr dem Hinken auf beiden Seiten einmal ein Ende. Glaubet ihr, daß Jesus Christus euer HErr und Heiland ist, so dienet ihm auch von ganzem Herzen, bekennt ihn vor den Leuten und folget ihm nach. Glaubet ihr, daß die Menschen oder die Güter und Freuden der Erde euer Heiland seien, glaubet ihr das ernstlich, wol, so dienet ihnen und folget ihnen nach. Nur höret auf, schwankende Rohre zu sein, die hüben halb, halb drüben stehen. Gebt endlich einen Ausschlag. Was Jesus Christus euch bietet, wißt ihr; was die Welt euch bietet, wißt ihr auch. Entscheidet euch endlich, mit wem ihr's halten wollt. Die Freiheit und das Himmelreich gewinnen keine Halben.

XII.

Die Rechtfertigung.

Matth. 27, 24 u. 25. Joh. 19, 19—22.

"Da nahm Pilatus Wasser und wusch die Hände vor dem Volke und sprach: ich bin unschuldig an dem Blute dieses Gerechten; sehet ihr zu. Da antwortete das ganze Volk und sprach: sein Blut komme über uns und unsre Kinder."

"Pilatus aber schrieb eine Überschrift und setzte sie auf das Kreuz und war geschrieben: Jesus von Nazareth der Juden König.*) Diese Überschrift lasen viele Juden, denn die Stätte war nahe bei der Stadt, da Jesus gekreuzigt ist. Und es war geschrieben auf hebräische, griechische und lateinische Sprache. Da sprachen die Hohenpriester der Juden zu Pilatus: schreibe nicht: der Juden König, sondern daß er gesagt habe: ich bin der Juden König. Pilatus antwortete: was ich geschrieben habe, das habe ich geschrieben."

Endlich war der Würfel gefallen, der unschuldige Jesus dem Hasse der Juden zum Opfer gebracht. Es war zu viel von dem Landpfleger verlangt, daß er wegen eines ihm gleichgiltigen Mannes die eigne Existenz aufs Spiel setzen sollte. Nachdem ihm nur die Wahl geblieben zwischen Kreuzigung

---

*) Lateinisch: Jesus Nazarenus Rex Judaeorum. Daher über unsern Crucifixen die Überschrift JNRJ; das sind die Anfangsbuchstaben des lateinischen Textes der von Pilatus gewählten Überschrift über das Kreuz.

Christi und Ungnade des Kaisers, da ließ er Gewissen Gewissen
und Gerechtigkeit Gerechtigkeit sein und verurtheilte lieber einen
unschuldig Verklagten, als daß er sich selbst der Gefahr aus=
setzte zu Rom verklagt zu werden. Der Egoismus hatte also
den langen Kampf zuletzt zu Jesu Ungunsten entschieden.

Daß mit dem Bluturtheile eine schreiende Ungerechtigkeit
begangen wurde, das wußte Pilatus, ja er fühlte sich sogar ge=
drungen es auch frei öffentlich auszusprechen. „Er
nahm nämlich Wasser und wusch die Hände vor dem Volk und
sprach: ich bin unschuldig an dem Blute dieses Gerechten; da
sehet ihr zu." Wir wollen zunächst davon Akt nehmen, daß
der eigne Richter den eben von ihm zum Tode verurtheilten
Jesus einen Gerechten nennt. Diese Erklärung will noch
mehr sagen als die schon während der Gerichtsverhandlungen
häufig wiederholten Bekenntnisse: „ich finde keine Schuld an
ihm". Gott hat reichlich dafür gesorgt, daß nicht der aller=
geringste Zweifel gelassen würde über die eigentliche Ursache des
Todes seines Sohnes. Indem der Richter Jesu, obgleich er mit
diesem Ausspruche seine eigne Ungerechtigkeit öffentlich bekannte,
feierlich bezeugt: Jesus Christus ist ein Gerechter gewesen,
so muß ja der Welt das Auge aufgehen über das Geheimniß
unsrer Erlösung: „Wie wunderbarlich doch ist diese Strafe, der
gute Hirte leidet für die Schafe. Die Schuld bezahlt der
HErre, der Gerechte, für seine Knechte."

Die Gerechtigkeitserklärung Jesu, welche unmittelbar auf
das über ihn gefällte Todesurtheil folgt, bezeichnet natürlich
dieses Urtheil selbst als eine Ungerechtigkeit, sie nennt die Kreu=
zigung einen Mord und giebt deutlich zu verstehen, daß die
Mörder eine schwere Schuld auf sich laden. Soweit könnte
man nun mit der Erklärung des Pilatus ganz zufrieden sein,
ja man könnte es ihm fast hoch anrechnen, daß er das Un=
recht, nachdem es geschehen, nicht zu vertuschen oder gar als
Recht hinzustellen suchte, sondern daß er ehrlich genug war dem
Eindrucke, welchen er in seinem Gewissen empfand, einen so un=
mißverständlichen Ausdruck zu geben. „Du willst also wenigstens
deine Schuld nicht leugnen, Pilatus, nachdem du an dem

gerechtesten Manne, ja an dem Sohne Gottes zum Mörder geworden?" „Wie? meine Schuld?" entgegnet ganz verwundert der Landpfleger, „o dann habt ihr mich ganz falsch verstanden, wenn ihr meint, daß ich eigne Schuld bekenne; ich finde allerdings bis diesen Augenblick an Jesu keine Schuld, aber an mir auch nicht, ich erkläre ihn für gerecht, aber mich auch, ich nenne seine Kreuzigung einen Mord, aber ich — ich bin unschuldig an diesem Verbrechen, nicht mich, die Juden trifft die ganze Verantwortung."

Wie geschwind muß man also das bessere Urtheil wieder zurücknehmen, das man etwa über den Landpfleger fällen wollte. Nicht eine Spur von Bekenntniß der eignen Schuld, nicht eine Spur von Selbstanklage und Selbstgericht enthält seine Erklärung, sie ist vielmehr das gerade Gegentheil davon, ein Versuch sich selbst zu rechtfertigen und von aller Schuld freizusprechen. Wenn aber der Sünder sich entschuldigt statt sich zu beschuldigen, sich rechtfertigt statt sich anzuklagen, sich freispricht statt sich zu verurtheilen — kann dann eine Spur von Reue und Verlangen nach Vergebung seiner Sünde bei ihm sich finden? Und macht das nun nicht erst seine Sünde groß, wenn er keine Reue darüber zeigt, sondern so blind und frech ist, sich auch noch selbst rechtfertigen zu wollen? Aber unser Herz ist ein Meister in der Selbstbelügung und versteht sich vortrefflich auf die Kunst Entschuldigungen, Ausreden und Rechtfertigungsgründe zu ersinnen, um nur nicht sprechen zu müssen: ich habe gesündigt und thue Buße. Von Anfang an ist dieses Bekenntniß dem Sünder schwer über die Lippe gegangen. So leicht es ihm in in der Regel wird, die Sünde zu thun, so schwer fällt es ihm die Sünde zu gestehen. Man sollte meinen, wenn die Sünde gethan ist und Gott nun ernst und freundlich mahnend an das Gewissen klopft, jetzt sei der Sünder willig zur Buße, da es ohne diese ja in Ewigkeit keine Vergebung giebt. Aber nein! mit der sündigen That allein ist der Teufel nicht zufrieden, die Hauptsache ist ihm, den Sünder von der Buße fern zu halten. Daher hat er von Anfang an ihm einen gewaltigen Widerwillen gegen die Buße eingepflanzt und gegen alle, welche Buße predigen. Thäte der Sünder Buße, so könnte er ja gerettet werden, dann hätte aber der Teufel seinen Zweck nicht erreicht. Darum sorgt die alte Schlange so angelegentlich dafür, daß der Sünder seine eigne Schuld ja nicht erkenne und niemals um Ausreden und Entschuldigungen verlegen sei, um sich zu rechtfertigen. So wird der Mensch immer tiefer in die Sünde verstrickt und der Rettungsweg ihm abgeschnitten. Wenn jemand sündigt, braucht man noch nicht an ihm zu verzweifeln, es ist keine Sünde zu groß, als daß sie nicht vergeben werden könnte, wenn der Mensch nur mit bußfertigem und gläubigem Herzen Vergebung sucht; aber wer durch eigne Rechtfertigung seiner Sünde noch die Krone aufsetzt, an dem muß man verzweifeln. Die Schrift verheißt wol: „so wir uns selber richten, werden wir nicht gerichtet", aber damit drohet sie zugleich: „so wir uns selber rechtfertigen, werden wir nicht gerechtfertiget." Und leider ist das die Unart und das Unglück der meisten Sünder, daß sie sich selbst freisprechen, wenn ihre Schuld auch offenbar und am Tage ist. Das eigne Herz ist der wichtigste und billigste Ablaßverkäufer, der bis auf den heutigen Tag die besten Geschäfte macht und leider auch in der evangelischen Kirche sich eines sehr großen Zulaufs zu erfreuen hat. Man belächelt und verurtheilt wol die Kinder der zu einer Wechslerbude gewordenen römischen Kirche, die sich Ablaß für Geld erkauften, aber wenn der Sünder durch eine elende Selbstrechtfertigung sich selbst die Sünde vergiebt, wird er nicht einem viel strengeren Urtheile unterliegen als diejenigen, welche doch wenigstens ein Opfer an Geld brachten um von ihrer Schuld befreit zu werden? Allein so glänzend auch die Selbstrechtfertigung gelingen mag, was anders wird im Grunde durch sie bezeugt, als daß der Sünder sich wirklich schuldig fühlt und daß die Advokatenkünste des sophistischen Herzens doch nur Feigenblätter sind um vor den Menschen die Schande seiner Blöße künstlich zu verdecken? Daß man Gott keinen Sand in die Augen streut, ist eine selbstverständliche Sache und das eigne Gewissen, wenn es noch nicht gänzlich ertödtet ist, kann man durch Sophistereien auch nicht zum Schweigen bringen, so viel man sich auch Mühe giebt sie zu glauben.

Doch sehen wir uns den Rechtfertigungsversuch des Pilatus genauer an. Um mit der Erklärung: „ich bin unschuldig an dem Blute dieses Gerechten", auf sich selbst und Andere mehr Eindruck zu machen und ihr durch eine gewisse Feierlichkeit mehr Nachdruck zu geben, ließ der Landpfleger ein Gefäß mit Wasser bringen und wusch sich darin vor dem Volke die Hände. Im jüdischen Gesetz — 5 Mos. 21, 1—9 — war nämlich vorgeschrieben, daß, wenn man einen Erschlagenen fände auf dem Felde und nicht wüßte, wer ihn getödtet, daß dann die Aeltesten der nächsten Stadt über einer geschlachteten Kuh in einem Bache ihre Hände waschen und sagen sollten: „unsere Hände haben dies Blut nicht vergossen, so haben's auch unsre Augen nicht gesehen". Von dieser Ceremonie macht Pilatus Gebrauch, offenbar im Widerspruche mit dem klaren Sinne des Gesetzes; aber wie so viele jüdische und christliche leichtsinnige und ernste Pharisäer war er der Meinung, wenn man sich nur der äußerlichen Ceremonie bediene, die Ceremonie habe eine reinigende Kraft. O du verblendeter Mann, du kannst waschen so lange du willst, eine Ewigkeit lang, kannst waschen bis die Haut von den Händen geht, die Blutschuld kriegst du nicht weg, kein Wasser nimmt sie weg und wenn du's in goldene Waschbecken thust!

Aber wie beliebt ist diese Art Pilatuswaschbecken und wie schnell ist man mit Wasser zur Hand, um darin sein Gewissen zu reinigen! Petrusthränen, über welche Freude ist im Himmel, wie selten werden die geweint, aber Pilatuswasser, das vor Gott ein Greuel ist, wie viel wird das gebraucht! Freilich mit Wasser die Hände waschen das ist bequemer als mit Bußthränen die Herzen waschen — leider werden wir nur auf eine so bequeme Weise die Sünde nicht los und können mit Pilatuswasser nimmer auslöschen das Feuer des göttlichen Zorns. Von den Thränen, die ein bußfertiges, gebrochenes Herz über seine Sünde weint, wird der Zorn des heiligen Gottes entwaffnet, aber das Wasser, mit welchem eine Pilatusseele sich äußerlich die Hände wäscht, das gießt nur Oel ins Feuer. Oder meinet ihr, die göttliche Heiligkeit sei nur ein gemaltes, nicht ein verzehrendes Feuer, wie die Schrift sagt? Was für oberflächliche, unwürdige, unheilige Vorstellungen hat sich doch euer unheiliger Sinn von dem lebendigen Gott gemacht, als ob er eine Strohpuppe wäre, mit der man höchstens die Kinder zu fürchten macht, ein Vater Eli, der nicht einmal sauer dazu sieht, wenn er die Sünden seiner bösen Buben erfährt! O, irret doch nicht, was die Schrift von der Heiligkeit Gottes sagt, das ist keine veraltete Vorstellung, die Liebe hat die Heiligkeit nicht beseitigt, Gott ist die Heiligkeit wie er die Liebe ist und wer nicht erst den heiligen Gott fürchten gelernt hat, der soll sich nur nicht auf die Liebe Gottes berufen, wenn er mit Pilatus=wasser leichten Kaufs seine Schuld wegwäscht.

Doch dem Wasser allein schrieb Pilatus die Kraft nicht zu, ihn von Schuld zu reinigen. Er hielt sich eigentlich schon für rein aus andern Gründen und die äußerliche Ceremonie des Händewaschens sollte wol nur dazu dienen, seine vermeintliche Unschuld vor den Leuten zu constatiren, wie denn natürlich nur ein solcher durch eine äußerliche Ceremonie sich rechtfertigen zu können meint, der ein eigentliches Schuldgefühl überhaupt nicht hat. Und welche sind die Entschuldigungsgründe, auf die Pilatus seine Unschuld stützt? Zunächst meint er offenbar: die Juden hätten ihn zu dem Bluturtheile gedrängt, und wenn er die ganze Verantwortung dafür auf sie wälzte, so machte ihn das frei von Schuld. Es ist das ja ein sehr beliebtes Ent=schuldigungsmittel, daß man sich selbst rein zu waschen sucht, indem man die Schuld seiner Sünde auf andere Menschen, auf die Umstände, auf den Teufel oder gar auf den lieben Gott schiebt. Schon die ersten Sünder im Paradiese machten davon Gebrauch. Adam sprach: „das Weib, das du mir zugesellet hast, gab mir von dem Baume und ich aß". Eva sprach: „die Schlange betrog mich also, daß ich aß". Seitdem hat sich mit der Sünde auch die böse Sucht auf alle natürlichen Nach=kommen Adams vererbt, die Schuld für die Sünde von sich weg auf andere zu wälzen. Kann man sie keinem Menschen aufbürden, so müssen die Verhältnisse, die Temperamente, der Teufel oder selbst der heilige Gott herhalten. Noch in der Hölle macht der reiche Mann den Versuch, die Schuld für seine und seiner Brüder Unbußfertigkeit und Ungläubigkeit darauf zu schieben, daß ihnen keiner von den Todten zugeschickt worden. Aber man kommt vor Gott nicht durch mit diesem Wegschieben der Schuld. Er hat weder bei Adam noch bei Eva diese Entschuldigung gelten lassen, sondern beide bestraft, und Abraham hat den reichen Mann auch ziemlich unsanft abgefertigt. Kein Mensch, kein Verhältniß, kein Temperament, kein Teufel kann uns zur Sünde zwingen. Die Sünde hat nur soviel Macht über uns, als wir selbst ihr einräumen, und sie kann uns nichts anhaben, wenn wir ihr ernstlich widerstehen. Und wer etwa vermessen genug wäre, die Schuld für seine Sünde auf Gott zu schieben, dem ruft Jacobus ernst warnend zu: „irre nicht, von Gott, dem Vater des Lichts, kommt nur gute und vollkommene Gabe". Es ist des Menschen Adel, daß ihm Gott einen eignen, freien Willen gegeben hat, aber gerade weil er sich im Besitz dieser ehrenvollen Gabe befindet, muß er auch die Verantwortung für seine Werke selbständig tragen. Wol wird dein Verführer für den Frevel, den er dadurch an dir begeht, von Gott zur Rechenschaft gezogen und ein sehr strenges Urtheil empfangen, aber nur für sich, nicht für dich leidet er die schärfere Strafe. Seine Schuld kann größer sein als die deine, aber frei von Schuld bist du niemals. Merkwürdig, sonst pflegen die Leute auf ihre Selbständigkeit sich sehr viel einzubilden und sie würden es einem stark übelnehmen, wollte man sie für blose Drahtpuppen erklären, die ein fremder Mechanismus in Bewegung setzt; aber wenn sie gesündigt haben, da erklären sie sich selbst als willenlose Geschöpfe, die auswärtigen Einflüssen hätten nachgeben müssen! Das ist der Fluch der Sünde, daß sie den Menschen erniedrigt und die eigne Würde wegwerfen läßt und doch den von der Erniedrigung gehofften Gewinn nicht gewährt; denn du magst dich als einen Sklaven der Menschen, der Verhältnisse, des Temperamentes u. s. w. hinstellen — dies Bekenntniß, daß du geknechtet bist, wird wol angenommen, aber gerechtfertiget wirst du dadurch nicht. Es ist ja freilich wahr, Pilatus hat als ein Knecht der Feinde Jesu gehandelt und es ist seine wolverdiente Demüthigung, daß er das frank und frei selbst bekennen muß, indem er die ganze Verantwortung für das doch von ihm gefällte Todesurtheil den Juden zuwälzen will — aber war das denn nicht eben seine Sünde, daß er, der oberste Herr und Richter im Lande, sich zum Knechte des Volkshasses machte? Hätte er nicht widerstehen müssen statt nachzugeben und nun will er aus seiner Nachgiebigkeit auch noch einen Grund für seine Unschuld machen? Es bleibt ja bei dem Worte des Heilands: „der mich dir überantwortet hat, der hat es größere Sünde", aber keinen Advokatenkünsten des sophistischen Herzens wird es gelingen, eine Rechtfertigung des Pilatus daraus herzuleiten.

Ebenso unmöglich ergiebt sich dieselbe aus dem andern Grunde, auf welchen der Landpfleger seine Schuldlosigkeit stützen mochte. „Was habe ich denn eigentlich so Schlimmes gethan?" wird er sich sagen, „ich habe eben einmal fünf lassen gerade sein, ich habe es unterlassen, strenge Gerechtigkeit zu üben, aber boshaft bin ich doch nicht gewesen und eine Schandthat habe ich nicht vollbracht u. s. w." O was für ein stumpfes Gewissen und was für eine oberflächliche Moral muß man haben, wenn man sich aus solchen Ursachen für gerechtfertigt halten kann! Ist das denn nicht eben die Sünde, wenn man das Böse geschehen läßt, das zu verhindern unsere Pflicht gewesen, und wenn man das Gute ungeschehen läßt, dessen Vollbringung von uns gefordert wird? Es werden vielleicht mehr verdammt werden, weil sie etwas unterlassen, als weil sie etwas begangen haben. Du brauchst ja nicht gerade ein raffinirt boshafter Mensch zu sein um in die Hölle zu kommen; wenn du ein ungerechter Haushalter, ein untreuer Knecht, ein unfruchtbarer Baum bist, kommst du auch hinein. Nichtsthun ist nicht nur kein Verdienst, es ist eine Versündigung; der alte Eli mochte sich auch entschuldigen, daß er doch nicht könne für die schlechten Streiche seiner ungerathenen Buben — und doch haben sie ihm den Hals gebrochen, weil er nicht einmal sauer dazu sah. Der reiche Mann mochte sich auch entschuldigen, daß er ja eigentlich nichts Schlechtes begangen habe — und doch kam er in die Hölle, weil er eben nichts für den Himmel gethan. Der Priester

und Levit mochten sich auch entschuldigen, daß sie ja keine
Mörder seien — und doch sind sie verworfen von Gottes An=
gesicht, weil sie an ihrem halbtodten Nächsten unbarmherzig vor=
übergegangen. Der Knecht, der sein Pfund im Schweißtuch
vergraben, mochte sich auch entschuldigen, daß er das ihm an=
vertraute Gut nicht durchgebracht habe — und doch band man
ihm Hände und Füße und warf ihn in die äußerste Finsterniß weil
er nicht im Schweiße seines Angesichts Werke Gottes gewirket hatte.
Es bedarf keiner Exempel weiter, um uns die Lust zu einer ähnlichen
Art von Selbstrechtfertigung gründlich zu vertreiben. Und bei Pi=
latus stand die Sache noch schlimmer als bei Eli und seinen eben=
genannten Genossen! Pilatus hatte einen Mord, den Mord des
eingebornen Sohnes Gottes, zugelassen, ja er hatte
ihn feierlich sanctionirt, er hatte das gethan, obgleich er zum
Beschützer der Unschuld und zum Wächter der Gerechtigkeit von
Amts wegen bestellt war — wie soll denn dieser Mann, der
in so grober Weise seine Pflicht versäumt, gerechtfertigt werden
blos darum, weil er eigentlich den Mord nicht gewollt und
nur aus feiger Nachgiebigkeit die Ungerechtigkeit hat geschehen
lassen? Wir müssen wieder darauf zurückkommen: die eigent=
lichen Urheber des Todes Jesu haben größere Sünde; was
kann es aber dem Pilatus helfen, wenn dem Kaiphas die Hölle
doppelt geheizt wird, seine Hölle mit ihrem einfachen Feuer
ist doch dadurch kein Himmel geworden!

Der Rechtfertigungsversuch des Landpflegers offenbart uns
also aufs deutlichste, daß der arme Mann keine wirkliche Er=
kenntniß seiner Schuld besaß und völlig verblendet darüber war,
wie gerade seine Unentschiedenheit, Nachgiebigkeit, Feigheit, Ver=
mittlungssucht und Concessionsmacherei dem unschuldigen Jesus
den Weg zum Kreuze gebahnt. Das ist auch ein Fluch dieser
Vermittlungspolitik, Schwebejustiz und Ja= und Neintheologie, daß
sie gemeiniglich die Leute blind macht gegen das Unglück, welches
sie anrichten, und gegen die Schuld, welche sie an diesem Un=
glück tragen. Gerade die Anhänger der Pilatuspolitik in Staat
und Kirche pflegen voll der ärgsten Selbstgerechtigkeit zu stecken
und trotz der schlagendsten Beweise vom Gegentheil sich den

Wahn nicht nehmen zu lassen, ihre Doctrin sei vortrefflich und
die Schuld des Mißlingens liege nur an den extremen Leuten,
die aus Principienreiterei und Rechthaberei nicht auch mit nach=
geben wollten. Diese Art von Selbstverblendung und Selbst=
gerechtigkeit wird nicht einmal durch Schaden klug.

Da nun die Juden durch die feige Nachgiebigkeit des Pila=
tus ihren Zweck völlig erreicht haben, so weigern sie sich nicht,
das Gewissen desselben dadurch zu erleichtern, daß sie sich bereit
erklären, die Verantwortung für das gefällte Todesurtheil ihrer=
seits zu übernehmen. Es geht einem durch Mark und Bein, wenn
man's nur liest das furchtbare Wort: „sein Blut komme
über uns und über unsre Kinder". O wie leicht dünkt
diesen Menschen die Verantwortung für ein solches Verbrechen!
Den Sohn Gottes haben sie an's Kreuz gebracht und mit la=
chendem Munde erklären sie, sich vor der Rechenschaft nicht zu
fürchten, die wegen dieses furchtbarsten aller Verbrechen von ihnen
gefordert werden wird. Aber der droben über den Wolken hörte
die freche und frevle Herausforderung und — nahm sie an.
Furchtbar hat er diese Mörder seines Sohnes beim Wort ge=
nommen. Das Blut Jesu ist über sie gekommen und über
ihre Kinder in einem Gerichte, das ohne Beispiel in der Welt=
geschichte steht. Einen Geschichtschreiber aus dem gerichteten
jüdischen Volke selber hat die Vorsehung uns aufbehalten, der
uns hat erzählen müssen, wie Gott seine Gerichte nicht ungestraft
herausfordern läßt. Es war an demselben Feste der Ostern,
ungefähr vierzig Jahre später, als die Stadt Jerusalem einge=
schlossen wurde und zwar von einem römischen Heere, welches
sich dafür rächte, daß das jüdische Volk seinen Landsmann Pi=
latus zur Kreuzigung Christi genöthigt. Wegen des Festes waren
mehr als eine Million Menschen in der Stadt. Von außen
drohte und drängte ein furchtbarer Feind und innen brach zwischen
drei Parteien der Bürgerkrieg in hellen Flammen aus. Furcht=
bar wüthete dazu die Hungersnoth, daß man sich nicht scheute,
selbst Menschenfleisch zu verzehren. Die Stadt fiel und wurde
von Grund aus zerstört, selbst das Prachtgebäude des Tempels
ging in Flammen auf. Ueber eine Million Menschen sollen in

jenem Kriege das Leben verloren haben und gegen hunderttausend in die Gefangenschaft geschleppt worden sein. Und nun hörte Israel auf ein Volk zu sein unter den Völkern der Erde, zerstreut durch die ganze Welt; „ohne König, ohne Fürsten, ohne Opfer, ohne Altar, ohne Heiligthum" sind die Juden „ein Scheusal, ein Sprichwort und ein Spott geworden unter allen Völkern, da sie der HErr hingetrieben hat". Nicht vertilgt sind sie von der Erde, daß man sie nicht mehr findet, wie andere Nationen, die auch untergegangen, sie sind erhalten bis auf diesen Tag, eine schwarze Warnungstafel für alle Jahrhunderte, daß Gott wahrhaftig ein Rächer ist über alle, welche seinen eingebornen Sohn verwerfen.

Aber was kann es dem Pilatus helfen, daß das Blut des unschuldigen Jesus in so furchtbarer Weise an den Juden gerächt worden? — Die Blutflecken an seinen Händen werden auch damit nicht weggewaschen. Es giebt auch heute der leichtsinnigen und frechen Verführer nicht wenige, denen es eine Kleinigkeit ist zu erklären, die Verantwortung übernehmen zu wollen für Sünden, zu denen sie andre verführt und die dadurch die Gewissen der sich selbst rechtfertigenden Leute noch mehr einschläfern. Ja viele sehen, den Juden darin völlig gleich, die Verwerfung Jesu Christi als eine so geringfügige Sache an, daß sie alle Bedenken der ihren Verführungskünsten Widerstehenden durch die Versicherung zu überwinden suchen: wir nehmen alle Verantwortung auf uns. Gott nimmt solche Menschen gewiß und wahrhaftig beim Wort, sie müssen doppelte Streiche leiden, aber ihr seid betrogne Leute, wenn ihr denkt, daß euch deshalb die Strafe erlassen sei.

Nun bestand bei den Römern der Gebrauch, daß den Gekreuzigten eine Tafel über ihrem Haupte angeheftet wurde, welche die Ursache ihres Todes angab. Dieses Mal bestimmte der Landpfleger selbst, daß an das Kreuz Jesu geschrieben werden sollte: „Jesus von Nazareth, der Juden König." So faßte er die Ueberschrift ab, weniger um die Juden zu höhnen und zu ärgern, als um sich selbst zu rechtfertigen. Geradezu als einen Mörder wollte sich doch der oberste Richter im Lande nicht ansehen lassen, irgend eine Todesursache mußte er also angeben, daher wählte er diejenige Beschuldigung, auf welche die Juden das Hauptgewicht gelegt und um deretwillen er, obgleich überzeugt von ihrer Grundlosigkeit, zuletzt das Todesurtheil ausgesprochen hatte, um sich beim Kaiser keinem bösen Verdachte auszusetzen. Absichtlich schrieb aber der Landpfleger: „Jesus von Nazareth, der Juden König", nicht mehr; das ließ sich ja auch so auslegen, daß der Gekreuzigte des ihm vorgeworfenen Verbrechens der Auflehnung wider den Kaiser wirklich für schuldig befunden sei, sein Richter also wegen der Verurtheilung gerechtfertigt dastehe. Geradezu mochte Pilatus diese Lüge nicht hinschreiben, aber es ist ja eine bekannte Erfahrung, daß man sich gern zweideutiger Worte bedient, wenn man das Bedürfniß fühlt, sich wegen einer verwerflichen Handlung vor den Leuten (nach oben, besonders aber auch nach unten) zu rechtfertigen und doch nicht unverschämt genug ist oder es nicht wagen darf, eine offenbare Unwahrheit zu sagen. Auch pflegen die Feinde unsres HErrn Jesu Christi, um ihren eignen Unglauben zu rechtfertigen, seinen Jüngern bis auf den heutigen Tag gern solche Titel anzuhängen, welche entweder eine Anklage wider sie sein oder sie in den Augen der Welt lächerlich machen sollen.

Aber gerade diese zweideutige Ueberschrift des Pilatus mußte nach der Weisheit des weltregierenden Gottes dazu dienen, um ein unzweideutiges Zeugniß für seinen unschuldig gekreuzigten Sohn abzulegen, sie mußte Jesu seinen rechten Namen geben, den Namen, mit welchem die Propheten ihn lange zuvor benannt hatten und der nun über alle Namen ist. Jesus von Nazareth ist wirklich der lange verheißene König, „das gerechte Gewächs Davids, der wol regieren wird und Recht und Gerechtigkeit anrichten auf Erden, den man nennt: HErr, der unsre Gerechtigkeit ist", der „König, welcher sanftmüthig und als ein Gerechter und Helfer zur Tochter Zion kommt" u. s. w. Wie die Krone dieses Königs eine Dornenkrone, so ist sein Thron das Kreuz, zum Zeichen, daß sein Reich nicht von dieser Welt und daß das Wort vom Kreuz seine Bürger ihm zuführe. Von

diesem Throne herab erläßt er die große königliche Amnestie,
welche allen Sündern, die an ihn glauben, Vergebung ihrer
Sünden und freie Rückkehr in das himmlische Vaterland verheißt,
aus dem sie wegen ihrer Missethaten verbannt worden waren.
Also gerade durch seinen Tod tritt dieser König seine Herrschaft
an und sein Kreuz ist das Zeichen des Sieges, den er über
seine und unsre Feinde davongetragen. Dazu mußte Pilatus
diese höchst charakteristische Ueberschrift in den drei damals
verbreitetsten Weltsprachen schreiben, wodurch offenbar
gemacht werden sollte, daß dieser gekreuzigte Jesus von Nazareth nicht nur der König der Juden, welche dem Fleische nach
von Abraham herstammten, sondern ein König über das ganze
Israel Gottes sei, ein König aller geistlichen Kinder Abrahams,
die aus allen Völkern und Sprachen in einem Reiche sich sam-
meln und mit allen Zungen bekennen würden, daß Jesus Christus
der HErr sei.

Wenn nun die Juden auch nicht in dem eben angedeuteten*)
Sinne die Ueberschrift verstanden, welche Pilatus über das Kreuz
gesetzt, so fühlten sie doch, daß sich aus dem zweideutigen Aus-
drucke herauslesen lasse, der von ihnen gehaßte Jesus sei wirklich ihr König, daß die Ueberschrift sie also anklagte, Königs-
mörder, Mörder ihres eignen Messias zu sein, die ihre Erlösung von sich gestoßen. Um sich ihrerseits zu rechtfertigen, wollten
sie also die Ueberschrift geändert haben und sie verlangten
von Pilatus, er solle schreiben: „Jesus habe gesagt: ich bin
der Juden König". Auf diese feine Weise sollte die königliche
Würde des Gekreuzigten als eine Anmaßung von seiner Seite bezeichnet werden, um deretwillen er mit Recht zum Tode verurtheilt

---

*) Die eben gegebene christliche Ausdeutung der Kreuzesüberschrift will
nur eine kurze Andeutung sein, wie denn der Verfasser überhaupt nicht
die Absicht gehabt hat, hier eingehende Predigten zu halten über solche Worte
und Werke des Richters und der Ankläger Jesu, welche nach einer besondern
Leitung der göttlichen Vorsehung dazu dienen mußten, das Geheimniß der
Erlösung und des Erlösers Herrlichkeit zu offenbaren. Alle darauf bezüg-
lichen Bemerkungen wollen nur als Aphorismen angesehen sein, als Ara-
besken gleichsam, die dem Hauptgemälde als Schmuck und Einfassung dienen.

und als eine Unwahrheit, durch welche niemand getäuscht
worden sei — wie denn bis auf den heutigen Tag das: „Er
hat gesagt" für gewisse Leute ein sehr beliebtes Fragezeichen
ist, durch welches sich das Wort Jesu auf eine unverfängliche (!)
Weise in Zweifel ziehen läßt.

Aber siehe, dieses Mal kommen die Juden bei dem Land=
pfleger schlecht an. Der vorher so wankelmüthige und nach=
giebige Mann steht auf einmal fest und will sich nicht ferner
commandiren lassen. In einer Kleinigkeit macht sich ein Rest
der Energie geltend, welche Pilatus bei andern Gelegenheiten
an den Tag gelegt hatte. Unwillig über die neue Zumuthung
und verdrießlich über die gezeigte Schwäche erklärt er auf einmal
mit männlicher Entschiedenheit: „was ich geschrieben habe,
das habe ich geschrieben". Ich sehe ganz davon ab, daß
bei diesem Entschlusse wieder Gott seine Hand im Spiele gehabt,
weil er nicht wollte, daß durch eine Aenderung der Ueberschrift
ein Fragezeichen hinter sie gesetzt und die Herrschaft des zum
König des Himmelreichs erhöheten Jesus Christus als etwas
Veränderliches bezeichnet würde. Auch davon sehe ich ab, daß
— wie Rambach fein bemerkt — „die bösen Politici wieder
einlenken und sich nicht länger von der bösen Geistlichkeit wollen
vorschreiben lassen, wenn Christus in seinen Gliedern erst am
Kreuze hänget und das Bluturtheil auf Anstiften des Anti=
christs bereits an ihnen vollstreckt ist". — Es ist höchst cha=
rakteristisch, daß Pilatus in einer, menschlich betrachtet, gering=
fügigen Nebensache seinen Willen mit Entschiedenheit durch=
setzt, nachdem er vorher in der eigentlichen Hauptsache Gewissen
und Gerechtigkeit geopfert hat. Woher jetzt die vorher so schmerz=
lich vermißte Energie? O kennet ihr nicht das häufig an=
gewendete Kunststück des listigen Herzens, daß man gern ein
Mücklein seigt, nachdem man ein Kameel ver=
schluckt hat, und groß ist in einer kleinen Sache,
wenn man recht klein in einer großen gewesen?
Wähnt man nicht für solchen billigen Preis sich einige Ge=
wissensberuhigung erkaufen und in etwas wieder gut machen zu
können, was man versäumt oder schlecht gemacht? Pilatus war

mit sich selbst unzufrieden, obgleich er sich's nicht merken ließ, und wurde das fatale Gefühl unrecht gehandelt zu haben nicht los, obgleich er seine Hände in Unschuld gewaschen; da kam es ihm ganz gelegen, daß er wenigstens in einem kleinen und ungefährlichen Punkte feststehen und zeigen konnte, er wäre doch auch fähig, den eignen Willen durchzusetzen. O es thut dem Sünder so wohl, wenn er auf solche bequeme Weise ein Pflaster findet auf die Wunde, die er durch eine grobe Sünde dem Gewissen geschlagen. Und die Juden hatten nun doch nicht ganz ihren Willen; welch eine Genugthuung für den Landpfleger, daß sie nun auch einmal nachgeben mußten, nachdem er bisher immer der Nachgebende gewesen, und daß ihre Freude über die Befriedigung ihres Hasses doch auch durch einen Aerger getrübt wurde! So meint denn Pilatus dem verdrießlichen Handel, in welchem er so schmachvoll unterlegen, doch noch einen leidlich befriedigenden Abschluß gegeben und aus dem großen Schiffbruche wenigstens einen Rest seines Ansehens gerettet zu haben. Betrogner Thor, ob du auch dies Ende gut nennen magst, der HErr, der dich richtet, nachdem du ihn gerichtet hast, wird zu diesem kläglichen Ende nicht sagen: Ende gut, alles gut. Deine Festigkeit, nachdem Jesus Christus am Kreuze hing, ist im Grunde ja nicht mehr werth als deine Nachgiebigkeit, die ihn ans Kreuz gebracht hat, und wäre sie auch ein löblicher Zug — was du vorher versäumt, das kannst du jetzt nicht mehr einbringen, und was du gethan hast, das hast du gethan und es wird nicht weggewischt, indem du erklärst: „was ich geschrieben habe, das habe ich geschrieben".

Perthes' Buchdruckerei in Gotha.

www.ingramcontent.com/pod-product-compliance
Lightning Source LLC
Chambersburg PA
CBHW020816230426
43666CB00007B/1037